FÁBRICA DE CULPABLES
FLORENCE CASSEZ Y OTROS CASOS
DE LA INJUSTICIA MEXICANA

ANNE VIGNA Y ALAIN DEVALPO

Fábrica de culpables

Florence Cassez y otros casos de la injusticia mexicana

Traducción de
JORGE M. MENDOZA TORAYA

Grijalbo

Fábrica de culpables
Florence Cassez y otros casos de la injusticia mexicana

Título original: *Peines mexicaines, Florence Cassez*
Jacinta, Ignacio et les autres

Primera edición: marzo, 2010

Traducción de Jorge M. Mendoza Toraya

www.rhmx.com.mx

Comentarios sobre la edición y el contenido de este libro a:
literaria@rhmx.com.mx

ISBN 978-607-429-962-5

Impreso en México / *Printed in Mexico*

A los mexicanos y mexicanas
que luchan por la igualdad
de la justicia.

A Sarah y sus catorce años.
[de parte de Alain Devalpo]

A mi amiga Rosalinda Hidalgo,
por haberme hecho querer este país.
[de parte de Anne Vigna]

"Y en todos los casos, en todos, ha habido un escrupuloso esfuerzo por proteger los derechos humanos. Y quienes señalen lo contrario, están obligados a probar un caso, un solo caso en que no haya actuado la autoridad, en que se hayan violado los derechos humanos, en que no hayan respondido las autoridades competentes para castigar a quienes hayan abusado de sus competencias legales: sean policías, sean soldados o cualquier otra autoridad.

Tenemos un compromiso claro con los derechos humanos, y lo hemos cumplido".

FELIPE CALDERÓN HINOJOSA
[Conferencia de Prensa Conjunta de Presidentes
de México, Estados Unidos de América
y el Primer Ministro de Canadá.
Lunes, 10 de Agosto de 2009, Guadalajara, Jalisco.]

"No hay peor ciego que el que no quiere ver".

Índice

Segundo acto

ACUSADOS, DE PIE

(El veredicto)

Tercer acto

USTED TIENE DERECHO A NO GUARDAR SILENCIO

(La apelación)

ADVERTENCIA

Los autores han basado su trabajo periodístico en numerosos documentos (partes policiacos, declaraciones ministeriales, actas circunstanciadas) y en el testimonio, tanto en México como en Francia, de medio centenar de implicados en una investigación que comenzó en mayo de 2006 en el caso de Florence Cassez y los sucesos de Atenco.

La investigación sobre Jacinta comenzó a la par de su aparición en la prensa, bajo la pluma de Ricardo Rocha, el 5 de marzo de 2009.

Emmanuelle Steels, corresponsal del periódico *Libération*, Léonore Mahieux, corresponsal de Radio Europe 1, y Patrice Gouy, corresponsal de Radio RFI llevaron a cabo junto con nosotros la investigación sobre el caso de Florence Cassez. Este libro es producto de un trabajo colectivo.

Todas las versiones orales fueron verificadas. Los autores han conservado en el corazón de cada cita los elementos que fue posible confirmar mediante otra fuente, un documento escrito o una grabación.

Introducción a la edición en español

Después de su publicación en Francia, el libro *Peines mexicaines. Florence Cassez, Jacinta, Ignacio et les autres* suscitó en México un interés que jamás imaginamos. La pregunta más recurrente durante las entrevistas con varios medios mexicanos fue por qué habíamos tratado en conjunto tres casos tan disímiles. Una mujer francesa, una indígena otomí y un líder social, cuyos orígenes y vidas no tienen, en efecto, ningún rasgo en común. Sus casos jurídicos muestran, sin embargo, más de una semejanza: los tres datan de 2006, los medios de comunicación representaron un papel protagónico en su enredo jurídico y la justicia los condenó a los tres por "secuestro".

Nuestro objetivo al dirigirnos al público francés fue explicar que el "caso Cassez" no es el único en su tipo en México, ya que, de manera paralela, tenían lugar historias increíblemente violentas y surrealistas. Una significativa mayoría de los ciudadanos franceses ven en México una gran democracia con un sistema de justicia libre e independiente. La razón principal de esa imagen positiva es que ciertos temas son tratados de manera superficial o errónea por los medios europeos: la violación a los derechos humanos es uno de ellos.

Muchas veces, los comentarios de los internautas franceses a los artículos en torno a Florence Cassez son en este tenor: "México no es el tercer mundo, su justicia es independiente, no somos quién para darle lecciones a nadie". Es verdad, Francia no es la patria de los derechos humanos. Nicolas Sarkozy, su presidente, no puede presentarse como su defensor,[1] al haber debilitado él mismo muchos derechos cuando fue secretario de Seguridad Pública, y hoy como presidente. Los errores jurídicos y la manipulación por parte de los medios también ocurren en el país galo.[2] Pero escribir que México posee un sistema de justicia independiente es un contrasentido, lo cual demuestra lo poco que Europa conoce al gran país latinoamericano.

Es justamente debido a esas lagunas que decidimos hablar de Jacinta y de los sucesos ocurridos en Atenco, dos casos completamente desconocidos para los franceses que aportan infinidad de datos sobre la justicia y las prácticas policiacas mexicanas. Los comentarios que ha recibido el libro son reveladores: la violencia del caso de Atenco llama en particular la atención. "No sabíamos nada de esto", han escrito los lectores con frecuencia.

En México, la situación es distinta. Nadie defiende de manera pública al sistema de justicia ni a la policía. A nosotros, los extranjeros, cualquier mexicano nos habla de eso, usando los términos *corrupción* y *tortura*, y sin sorprenderse en absoluto por los inocentes que están en prisión, por los casos de injusticia y de aprehensión arbitraria, ni tampoco por los maquiavélicos procesos judiciales que se convierten en una pesadilla. "Son capaces de todo", aseguran.

Dudar de la culpabilidad de Florence Cassez, sin embargo, como lo hacemos en este libro, es mal visto e incluso indigna profundamente a algunos mexicanos.

El propósito de este libro no es, evidentemente, lastimar a nadie, especialmente a quienes se han visto afectados, directa o indirectamente, por el drama del secuestro. Pero la investigación que aquí se

[1] Citemos un solo informe, el de Amnistía Internacional de abril de 2009: *Policías por encima de la ley*, y recordemos que Nicolas Sarkozy, más que cualquier otro presidente anterior, ha vulnerado los derechos de los migrantes en Francia.

[2] En este libro se menciona el "proceso de Outreau", pero en lo que al mandato de Nicolas Sarkozy se refiere, citemos el caso de Tarnac (2009), en el que un grupo de jóvenes anarquistas son aún perseguidos, sin prueba alguna, por terrorismo.

expone ejemplifica que se trata de un caso más de violación a los derechos humanos, en el que no se ha procurado ni administrado justicia, así como tampoco se ha esclarecido el caso. La investigación, que llevamos a cabo junto con un grupo de corresponsales franceses en México, se basa en la lectura exhaustiva del expediente jurídico de Florence Cassez. Al filo de las páginas, las incoherencias se multiplican, las pistas de los secuestradores se dejan en el olvido y la ficción se mezcla con la realidad.

La verdadera dificultad en el caso de Florence Cassez estriba en abordarlo con una mirada nueva, haciendo a un lado las imágenes que nos han sido presentadas como la verdad. Y en no perder de vista que la función primordial de la justicia es castigar a los criminales y no la de fabricar culpables. Tal es, sin duda, el mensaje que Ingrid Betancourt deseó resumir con una declaración sobre el caso Florence Cassez que fue muy poco difundida en Mexico:

> Sólo hay algo peor que la falta de justicia, la falta de culpables. El condenar a inocentes. Que no se nos olvide [...] Lo único que pido para Florence Cassez es un juicio imparcial. Quiero que le den la oportunidad, con todas las pruebas que existen en contra de ella, las vi, no son muy sólidas, de presentarse ante de un juez y de defenderse con justicia, y no con un juicio falseado.

Las páginas que el lector tiene en sus manos son un acto de solidaridad con todas aquellas personas que se encuentran injustamente encarceladas en México. Es, asimismo, un pensamiento compartido con los periodistas mexicanos que desempeñan su labor día con día, a pesar de los riesgos que el ejercicio de su oficio implica.

PRIMER ACTO

En nombre de la ley…
(La detención)

I

Florence

Fue un viernes en la mañana. Acabábamos de levantarnos para preparar a los niños y llevarlos a la escuela. Eran alrededor de las 6:45. Sonó mi teléfono celular. Contesté, sorprendido de que alguien me llamara tan temprano. Era un compañero de trabajo, que me dijo: 'Prende la tele, que está pasando algo importante'. Apenas había colgado, cuando el celular sonó de nuevo. Ahora era un amigo. En los siguientes minutos, el teléfono no dejó de sonar.[1]

Sébastien Cassez enciende el televisor en el canal 2 de Televisa. En la pantalla, el reportero Pablo Reinah, agitado, informa a Carlos Loret de Mola, conductor del programa *Primero Noticias*:

De último minuto, Carlos, un duro golpe a la industria del secuestro se está dando en estos momentos, y es que la Agencia Federal de Investigación trabajó durante semanas, y esta madrugada lo que está haciendo es liberar a tres personas secuestradas. Yo me encuentro en la carretera México-Cuernavaca, es la carretera libre; ellos están, como tú ves, ingresando a lo que es un rancho...

El 9 de diciembre de 2005, Televisa abre su programación matutina con bombo y platillo: el rescate, en vivo, de las víctimas de un

[1] Entrevista con los autores, mayo de 2006.

secuestro. Esa mañana, la televisora interrumpe su programación diaria para dar paso a la primicia.

El *reality show* corre a cargo de la Agencia Federal de Investigación (AFI), policía de élite entonces dirigida por Genaro García Luna.

Reinah y su camarógrafo corren tras un grupo de elementos policiacos fuertemente armados. La imagen trepida, la cámara jadea. El televidente despierta con una noticia que lo paraliza. Entre la audiencia se encuentra el abogado Jorge Ochoa, quien desayuna en casa con su familia.

Nosotros estamos también aquí, pues, conociendo los datos en estos momentos, de lo que está pasando prácticamente en vivo —se escucha decir a Pablo Reinah.

A la luz de las linternas que rompen el amanecer, varios grupos de hombres vestidos de negro toman posiciones frente a un inmenso predio. Si bien el muro de piedra tallada que lo resguarda alcanza varios metros de altura, el imponente portón de hierro está abierto. El camarógrafo se aferra a los pasos del primer grupo y después vira a la derecha. Cuatro policías que parecen *ninjas* enchamarrados y encasquetados, apuntando con sus rifles de asalto, aguardan al acecho. Basta una palmada en la espalda del primero para que, uno por uno, se abalancen hacia el interior. El camarógrafo se precipita, siguiendo sus movimientos. El grupo desemboca en una amplia explanada cubierta de pasto. En parejas, los hombres se dispersan a paso veloz. A lo lejos, detrás de una arbolada, en la construcción principal de la finca, las ventanas ya están iluminadas. A la izquierda aparece de pronto una camioneta. Una toma panorámica permite entrever, justo después del portón de hierro, una cabaña de fachada semicircular que parece recién encalada.

Lo que te puedo adelantar, Carlos, es que se trata de tres personas. Hay un menor de edad y una mujer que es su madre. Este pequeño, al parecer, tiene ocho años, y hay una persona también que no tiene nada que ver con ellos. Estamos hablando de un "secuestro en paquete", para que me entiendas.

La lente se mantiene fija en la cabaña, cuya puerta se abre, pero se cierra al acercarse el equipo de televisión. Cuatro efectivos policiacos aparecen en cuadro. La puerta se abre nuevamente y los agentes entran de manera tumultuosa. En el interior, la luz es intensa. Una figura masculina se aparta para dejar libre el paso. Es la misma figura que cerró y abrió la puerta anteriormente. La toma de la cámara, fuera de foco, no permite identificarlo. Viste ropa de civil, lleva los zapatos lustrados y una gabardina negra. En el transcurrir de la acción, dominada por el paso de las botas de los agentes de la AFI, su presencia pasa inadvertida.

Un hombre aparece tirado en el suelo, sometido por las fuerzas federales. Está vestido y lleva las manos esposadas en la espalda. La cámara escruta cada rincón: fotos familiares, tarjetas de presentación. Entonces, la imagen se concentra en dos rifles que descansan sobre un sillón, justo antes de aproximarse hacia una silueta que, en cuclillas, oculta el rostro. La larga cabellera deja suponer que es una mujer.

Lo que sabemos es que también el jefe de la banda es un hombre casado con una mujer de origen francés. Esto, por supuesto, como te comento, son datos que estamos conociendo al momento.

El presunto secuestrador que estaba contra el piso es puesto en pie. Su rostro refleja el rictus del dolor. A punto de desvanecerse, sus captores lo sujetan con fuerza. Viene un movimiento a primer plano. El reportero cuestiona:

—¿Quiénes son las personas que tienes aquí secuestradas? ¿Hay un menor de edad?

El hombre se tambalea una vez más y profiere una queja. La toma se abre. Una mano rodea con fuerza su nuca, pertenece al hombre con atuendo de civil, el de la gabardina negra, que es ahora quien lo interroga:

—¿Te duele algo? ¿Te lastimaste ahorita...?

El detenido lo mira de soslayo y en un arranque de osadía responde:

—Usted me pegó.

Lo que parece una llave aplicada sobre la clavícula lo hace flaquear nuevamente.

Micrófono en mano, sin aliento, Reinah dispara una ráfaga de frases.

Estamos siendo testigos de la captura de la banda denominada "Los Zodiaco", presuntos responsables de al menos ocho secuestros. Una mujer de origen francés está implicada.

La desbocada secuencia de imágenes continúa. La cámara se acerca a la misteriosa figura de cabello largo. Es una mujer, presa del pánico, al abrigo de una manta azul marino. Una mujer joven y atractiva, de unos treinta y tantos años de edad, con el espanto en la mirada. Nadie conoce aún su identidad; se trata de Florence Marie Louise Cassez Crepin. El reportero la interroga:

—¿Quién es usted? ¿Qué hace aquí? ¿Sabe que aquí había tres personas secuestradas?

—No, yo no sabía. Yo no sabía nada. No soy su esposa. No tengo nada que ver.

Pablo Reinah insiste:

—*Al lado de usted...*

—*No, no lo sabía. No, no lo sabía.*

Para millones de mexicanos el caso está cerrado. El veredicto mediático es inapelable. Los responsables de la seguridad pública nacional pueden pavonearse. La AFI y el gobierno de Vicente Fox han demostrado su compromiso, su entrega, en cuerpo y alma, a la lucha contra la nefanda industria del secuestro. La sangre fría, el profesionalismo y la osadía de los elementos de la AFI han permitido la liberación de tres víctimas de secuestro y el desmantelamiento de un grupo delictivo internacional. "El gobierno federal trabaja por tu seguridad", proclaman a los cuatro vientos los *spots* televisivos en turno.

Sébastien Cassez, el hombre que descubre aquella mañana el rostro de su hermana menor en la pantalla chica, ha vivido en México desde hace 10 años. Decidió migrar al país por invitación de una mexicana, Vanesa, a quien conoció en el país galo debido a sus actividades profesionales. Se casaron y tuvieron dos hijos. Su primera visita a México lo deslumbra. La megalópolis ofrece inagotables oportunidades a cualquier espíritu emprendedor. A su regreso a Francia se organiza, consulta su agenda y contacta varias empresas de productos cosméticos para proponerse como su representante en México.

Hasta 2002 fue director comercial de la empresa Welden International, importadora de insumos de fabricación francesa, italiana y estadounidense para el cuidado médico y estético. Es en esos días cuando Sébastien conoce a Israel Vallarta, quien se presenta como vendedor de autos usados. Su negocio consiste en adquirir flotillas automotrices de empresas, acondicionarlas y venderlas por unidad. El primer encuentro se produce cuando el mexicano compra el material necesario a la empresa de Sébastien para abrir un *spa* en Guadalajara, a nombre de su esposa. El negocio se cierra por 80 000 dólares. Como parte de su relación comercial, los dos hombres coinciden en diversas ocasiones y simpatizan.

Welden International es también distribuidora de la tecnología láser estética (depilación definitiva) de una empresa israelí, cuyos dueños le proponen a Sébastien abrir una filial en México y lo ponen en contacto con un influyente empresario, Eduardo Margolis, quien cuenta con 14 empresas en su portafolio, entre las cuales destaca una compañía de ventas por televisión que tiene nexos con Televisa. Hombre ambicioso, no puede rechazar la oportunidad que representa un nuevo negocio sólidamente cimentado y contribuye con el 90% del capital.

La empresa queda constituida en 2002 y Sébastien Cassez renuncia a Welden International. La ocasión de presentar a su hermana con Margolis ocurre durante una visita de Florence a suelo mexicano; aquél, cae rendido ante los encantos de la joven y le propone hacerse cargo de diversos proyectos; entre ellos, la reapertura de un restaurante. Nada se concretará.

La sociedad con Margolis no llegará a buen término. Al no recibir las comisiones acordadas, y ante la negativa de que se le paguen los dividendos que le corresponden por derecho, Sébastien decide probar suerte por cuenta propia. A comienzos de 2004, le propone a su socio la venta de su participación, sin llegar a ningún acuerdo, y emprende una nueva aventura comercial a la que bautiza como SSB, sigla de Sistema de Salud y Belleza.

Pese a su separación, la relación con su ahora ex socio continúa siendo tensa. A mediados del mismo año, 2004, la empresa SSB es llevada ante la justicia por Eduardo Margolis, quien acusa a Sébastien Cassez de robo de equipo de la compañía y abuso de confianza. El ciudadano francés se ve obligado a contratar los servicios de un abogado y a librar una batalla jurídica, aún en curso el 9 de diciembre de 2005, día de la detención de Florence.

Amén de la estupefacción que le provoca saber que su hermana está detenida y es acusada de ser cómplice de una banda de secuestradores, hay un detalle que capta poderosamente la atención de Sébastien Cassez: las tarjetas de presentación que forman parte de la escena de la detención son las mismas que su hermana usaba cuando trabajaba con él, pero hace más de un año que la relación laboral se dio por terminada.

Sin apagar el televisor, Sébastien Cassez hace una llamada telefónica a Francia. En Beuvry, cerca de Béthune, en el norte de Francia, Bernard Cassez responde. La conversación no se prolonga demasiado. "Tengo malas noticias", anuncia el hijo al padre. A la llamada le sigue un correo electrónico que indica la liga a la página web de un diario que informa en detalle del secuestro *à la française.*

"Nos enteramos de todo en la tarde, regresando de trabajar", recuerda Charlotte Cassez, la madre. Atónita, la pareja descubre la fotografía de su hija junto a Israel Vallarta en las primeras planas de la prensa mexicana. Están al tanto de la relación sentimental, la cual no atraviesa su mejor momento desde meses atrás, pero sus conocimientos de español son rudimentarios. "No entendí de inmediato de qué se trataba. Creí que los habían asesinado. Buscamos más información. La historia nos pareció desde un principio rocambolesca, totalmente inaceptable e increíble."

La familia de Florence Cassez no es la única que tiene cuestionamientos. En México, las escenas difundidas por Televisa también suscitan el interés del abogado Jorge Ochoa. El ojo perspicaz del especialista en materia judicial mexicana advierte detalles invisibles para el común de los espectadores. No ha terminado su café cuando concluye que todo aquello es "absurdo". Una vez contratado como el primer abogado defensor de la acusada, tiene interrogantes:

> Por qué había personas vestidas de civil en la escena de la detención, por qué nadie hablaba [...] Analizando después los videos con detenimiento nos dimos cuenta de que estaban [...] los directores de la AFI, del Ministerio Público, también. Autoridades que no debían estar ahí. Es inexplicable la forma de actuar de los agentes y la forma de actuar de las mismas televisoras que insistían en tomar declaraciones a Florence en público. Es insólita la pregunta del dedo anestesiado a uno de los secuestrados.

¿Qué creer, entonces? La versión oficial anuncia el desmantelamiento de un terrible grupo delictivo la mañana del viernes 9 de diciembre de 2005, en el kilómetro 29.5 de la carretera a Cuernavaca, en el rancho Las Chinitas, como queda asentado en el parte informativo firmado por un agente de la Subprocuraduría de Investigación en Delincuencia Organizada (SIEDO). Dicho documento señala la liberación de tres personas secuestradas: Cristina Ríos Valladares y su hijo Cristian Ramírez Ríos, así como de un joven de aproximadamente 20 años de edad, Ezequiel Elizalde. En el lugar de los hechos la policía incauta un arsenal digno de un pequeño ejército.

O acaso sea necesario aceptar la versión que Florence Cassez refiere en su primera declaración, la cual se extiende varias fojas. "Una vez que se me han hecho saber los delitos que se me imputan, quiero expresar lo siguiente..."

Florence Cassez pisa suelo mexicano el 11 de marzo de 2003. No es la primera vez, ya que ha visitado antes el país para pasar sus vacaciones. Le gusta. Los colores y el clima son más amables que el cielo gris de la región Norte-Pas de Calais (Norte de Francia), de donde es originaria su familia. Los mexicanos tienen un gran corazón y el gusto por compartir. Florence, de carácter un tanto huraño, nació en noviembre de 1974 y es independiente desde los 16 años; esta vez, decide que los próximos años de su vida transcurrirán en México.

Vida nueva, empleo nuevo. Después de haber trabajado como decoradora en Francia, abre junto con su hermano y su cuñada la empresa SSB, antes de volar con alas propias en el corazón de la capital y sus 20 millones de almas. A comienzos de 2005, un despacho de arquitectura la contrata por un breve periodo como decoradora de interiores. Mientras tanto, comienza su escarceo amoroso con Israel Vallarta, a quien conoció en agosto de 2004. Él, en pleno proceso de divorcio, padre de dos hijos, sucumbe ante los encantos de la joven francesa. Al principio, ella se muestra reticente. "Me sentía sola. Terminé cediendo a sus acercamientos. Yo no estaba enamorada; él, sí.

Nunca le cuestioné nada para poder guardar las distancias. No vivíamos juntos."[2]

A las autoridades, la joven les describe una relación complicada: un compañero celoso del tiempo que ella consagra a su trabajo. La muchacha se plantea varias veces poner fin a la relación. En junio de 2005 regresa a su país natal para pasar el verano en compañía de su familia. Antes de partir entrega las llaves del departamento que comparte con una amiga en la colonia Roma. De manera generosa, Israel Vallarta acepta guardar los muebles en el rancho que renta desde hace seis años. Hay espacio suficiente. Si ella no regresa, él podría venderlos.

Transcurre el verano, momento poco propicio en Francia para encontrar empleo. Ningún proyecto se concreta. Florence toma un vuelo de regreso. En México, la situación es diferente: su atractivo físico, su energía para las ventas y su nacionalidad francesa son valiosas ventajas. Israel Vallarta acepta que pase una temporada en Las Chinitas, mientras busca establecer un domicilio permanente. La intención no es continuar con el idilio, por lo que duermen en cuartos separados y hacen su propia vida.

Un importante hotel de la capital la contrata como *hostess*, encargada de recibir a los huéspedes VIP. Su contrato estipula jornadas de 15 a 26 horas y los sábados como día de descanso. Con una visa en regla en el bolsillo, su mente está llena de proyectos. El director general del hotel, encantado por su desempeño, le propone hacerse cargo del restaurante ubicado en el mezzanine.

Su búsqueda de un nuevo departamento rinde frutos cuando firma un contrato de arrendamiento para vivir en la calle de Hamburgo, a 15 minutos a pie del hotel. Sólo falta amueblarlo. Florence se comunica con su ex compañero sentimental con el fin de recuperar sus últimos enseres. Acuerdan verse al día siguiente, jueves 8 de diciembre. Él la recogerá en el restaurante de Alma, muy cerca del rancho y del

[2] Periódico *Ouest France*, 31 de julio de 2009.

que Israel es asiduo desde hace un tiempo. El marido de Alma es el encargado de Las Chinitas. Cassez sólo deberá llegar hasta ahí en taxi.

Son las 10 de la mañana. La camioneta Voyager blanca cargada con los muebles de la joven se perfila hacia la ciudad de México. A la salida de una curva, un camión de una compañía de gas bloquea el paso. Israel Vallarta frena. Un pequeño grupo de hombres se aproxima y le pide identificarse. "Revisión de rutina." La situación da un giro inesperado. Sin revelar su identidad, los hombres abren la portezuela con violencia y obligan al conductor a bajar la cabeza, asiéndolo con fuerza por la nuca, y lo conducen hacia una camioneta. Un individuo toma el volante de la Voyager. El camión del gas libera el paso y la camioneta cambia su rumbo.

El tiempo se detiene. Florence Cassez se halla prisionera dentro de la camioneta, que por fin se ha estacionado, sin luz ni ventilación. Oye el ruido del tráfico. Afuera, hay gente discutiendo. Reconoce furtivamente el monumento a la Revolución, que se yergue frente a la SIEDO. Al principio, recibe buen trato por parte de los elementos de Seguridad Pública, si bien dos guardias, armados y encasquetados, no le quitan la vista de encima. Una agente viene a preguntar por su estado varias veces y le ofrece café y cigarros. "También quiero agregar que cuando me llevaban en la camioneta me dijeron desde cuándo investigaban a Israel, que se dedicaba al secuestro, y que sabían que yo no tenía nada que ver", se lee en su declaración inicial.

Al caer la noche, la situación da un giro. Florence es interrogada dentro de la Voyager, de la cual no ha salido desde la mañana. Frente al haz de una lámpara de mano, le son presentados una serie de documentos y fotografías. "¿Reconoces a alguien?" Florence Cassez responde con sinceridad. Unas manos revuelven su bolso y se apoderan del juego de llaves del departamento que acaba de arrendar. Ella les indica el domicilio; no tiene nada que esconder. Se marchan. Imposible conciliar el sueño. La reclusa queda postrada en su improvisada celda sobre ruedas. El calor convierte la prisión metálica en un infierno a lo largo del día. En mitad de la noche es el frío lo que cala, pese a la cobija que le dio la mujer policía.

Cerca de las cuatro o cinco de la madrugada la policía recibe una llamada telefónica. En ese momento, los vehículos arrancan a toda velocidad y corren desaforadamente durante 40 minutos, acaso una hora. Nueva escala. La joven es arrancada del encierro por el cabello y llevada a otro vehículo. Llueven los insultos. Violentas luces la ciegan. Tiene que confesar que secuestró a víctimas inocentes. "¿Perdieron la razón?" Está aterrada. No confiesa nada, pese a las amenazas que recibe. Por enésima vez repite no tener nada que declarar mientras alcanza a ver a Israel Vallarta, en medio de dos hombres, tambalearse y vomitar. Al mirarla, Vallarta estalla en cólera y la emprende contra ellos. En respuesta, recibe una golpiza.

Esposada, es llevada sin miramientos a la cabaña del rancho. Allí, se encuentra con efectos personales provenientes de su nuevo departamento. Un hombre vestido con una gabardina negra la golpea. Las cámaras de Televisa hacen su arribo al despuntar el alba con el objeto de capturarla "en delito flagrante".

"En ese momento, cuando llegó la gente de la tele, dejé de sentir miedo [...] Mientras permanecía en la camioneta pensé que iban a matarme. Estaba muy asustada. Al llegar la tele supe que no iban a matarme, fue lo único positivo que sentí en ese momento preciso."[3]

En Francia, el matrimonio Cassez no se apresura a salir en el primer vuelo. Prefieren creer que es una pesadilla que llegará a su fin. La detención de su hija tiene más visos de espectáculo que de operación policiaca. La mediatización a ultranza ha puesto todo de cabeza. La AFI va a constatar su error y le devolverá a su hija la libertad.

La familia se comunica con el consulado de Francia en México, que se ocupa de tomar las previsiones del caso. Por acuerdo con su hijo, Sébastien, Jorge Ochoa será el abogado defensor. "Teníamos la

[3] Radio France Internationale, 7 de julio de 2006.

impresión de ser de más ayuda en Francia que en México, donde no conocíamos a nadie y nos habríamos convertido en una carga más. Parecía, incluso, peligroso. Al principio, hubo quienes nos aconsejaron no desplazarnos", comenta Charlotte Cassez, la madre.

En México, alguien más sospecha que aquello no es sino un montaje mediático: Yuli García. Al igual que Pablo Reinah, la periodista trabaja a la sazón en Televisa, como colaboradora del programa *Punto de Partida*. García no tarda en expresarle sus inquietudes a la productora y conductora de la emisión, Denise Maerker.

II

Florence

"México... quién no ha soñado con visitar ese país maravilloso de mil facetas, con sus pueblos, sus playas llegadas directamente del paraíso y sus pirámides, testigos del paso de varias civilizaciones", escribe en un sitio de internet un enamorado del país.

México, país de grandes injusticias, donde la opulencia de algunos hombres, como Carlos Slim, poseedor de una de las fortunas más cuantiosas del planeta, contrasta con la miseria en la que vive la mayor parte de la población. Federación mosaico, gracias a sus 56 grupos étnicos: otomíes, mazahuas, purépechas, mayas, mixtecos y tarahumaras, entre otros. México, segunda potencia de Latinoamérica —después de Brasil—, el país de habla hispana más poblado del mundo, con sus 105 millones de habitantes, presenta una de las historias políticas más singulares a lo largo del siglo XX.

El escritor Juan Villoro resume así en su ensayo "La alfombra roja" ese periodo de la vida nacional:

> Ajeno a la transparencia y la rendición de cuentas, el modo mexicano de gobernar transformó el lenguaje vernáculo con una gramática de sombra. La política se rebautizó como la "tenebra" y los arreglos importantes se hicieron en lo "oscurito". La llegada de la luz resultaba peligrosa; el conspirador debía actuar al cobijo de la nocturnidad y adelantarse a su adversario para "madrugarlo".

De paso por París, en junio de 2009, el también periodista declara en un hotel de Montparnasse:

—¿Cómo recuerda usted los años de gobierno del PRI?

—Mi ingreso en la vida democrática fue muy significativo. Yo voté por primera vez en 1976 cuando tenía 20 años. En esa ocasión no había más que un solo candidato a la presidencia, José López Portillo. Los partidos de oposición, hartos de la simulación en donde siempre ganaba el PRI, por primera vez se negaron a participar, para evidenciar que se trataba de una farsa. Un cronista muy bueno del periódico *Excélsior* escribió un artículo poco antes de esa elección, que comenzaba diciendo: "El domingo son las elecciones. ¡Qué emocionante! ¿Quién ganará?"

A comienzos de la década de 1980 estalla la peor crisis institucional de la historia contemporánea nacional. El fracaso de las instituciones es evidente. El tráfico de drogas gangrena el ejercicio del poder público y la corrupción se generaliza. La delincuencia explota a partir de 1990; durante ese decenio, centenares de mujeres desaparecen en Ciudad Juárez.

—¿Cuáles eran los ánimos en el año 2000, con el supuesto cambio de poder?

—Había una gran ilusión. No sólo de la gente que apoyaba concretamente a Fox, sino de la gente que había apoyado lo que se llamó "el voto útil"; es decir, votar por Fox para sacar al PRI, partido que llevaba más de 70 años en el poder. Había una plataforma ciudadana que rebasaba las intenciones del PAN que Fox representaba.

Vicente Fox Quesada nació en 1942, en Guanajuato; segundo de una familia católica de nueve hijos. Cursa estudios de administración de empresas y se integra a Coca-Cola en 1964. Al retirarse de la empresa lo hace con los honores que corresponden al cargo de presidente para América Latina. De manera paralela, emprende su carrera política al afiliarse al PAN en 1988. Electo al Congreso local, se convertiría después en gobernador de su estado. En 1997 lanza su candidatura para la presidencia del país como representante de Alianza por el Cambio, una especie de crisol de varios partidos políticos. El futuro verdugo del PRI es un candidato contradictorio; pilar del México conservador, atrae el voto popular haciendo vibrar las cuerdas del populismo. En su rancho, ataviado con sombrero y botas de vaquero, proyecta la imagen de un hombre de campo, trabajador y honesto. Su carisma le vale la mayoría en los comicios y le permite comenzar su mandato con un capital de simpatía de la que pocos presidentes han disfrutado antes de él.

El 2 de julio de 2000 la hegemonía piramidal del PRI se desmorona como el imperio azteca frente a los conquistadores españoles. Libre de siete décadas de tutela priísta, el país inicia una etapa de reconstrucción. Las expectativas son infinitas.

Una vez instalado en Los Pinos, Fox se centra en el cambio. El nuevo gobierno proclama "su compromiso" y "su apertura" a una serie de libertades. En el rubro de los derechos humanos, el presidente transforma la materia judicial y jurídica con que se abordaban los casos. En el plano internacional, firma acuerdos que dan nuevo lustre a una imagen muy deteriorada. Esta transición sin dolor coloca a México en el Olimpo de las democracias del mundo. El país se convierte en un reputado miembro de la comunidad internacional y se suma, en mayo de 2006, al Consejo de Derechos Humanos de Naciones Unidas, en Ginebra. En materia de política interna, queda la promesa de "una casa transparente con paredes de cristal donde todo se puede ver".

Las nuevas autoridades manejan maravillosamente la pluma y el discurso, pero la realidad es distinta.

La peor de las posibilidades se abre paso. Los cárteles mexicanos comienzan a tener un poder inusual, surgen nuevas mafias, y el pulpo que es el crimen organizado perfecciona el desplazamiento de uno de sus tentáculos: el secuestro con rescate.

AFI. 31 de agosto de 2005. Asunto: Se rinde informe

El día de los hechos, por órdenes de la superioridad, me trasladé al domicilio ubicado en la calle Marco Rodríguez, número X, colonia presidentes Ejidales, delegación Coyoacán, Distrito Federal, donde, previa identificación como Agente de la Policía Federal Investigadora, me entrevisté con la señora María T.,[1] madre de la víctima, quien manifestó que el 31 de agosto del presente, fue secuestrada su hija Valeria, a las 06:30 horas, aproximadamente, cuando se trasladaba de su domicilio a la escuela "Vermont", ubicada en San Jerónimo, a bordo de un automóvil Seat Ibiza, color rojo, modelo 2003, placas de circulación [...]

Asimismo, manifestó la señora María T., madre de la víctima, haber recibido una llamada, a las 07:53 horas, aproximadamente, a su teléfono [...] en la cual su hija Valeria, víctima, le indicó se encontraba bien. Posteriormente, un sujeto tomó la llamada, mencionándole tenerla secuestrada, indicando pensaba pedirle 10 millones de pesos, pero Valeria les había comentado de sus problemas económicos, por lo que sólo les pediría 5 millones (sin especificar denominación), a cambio de su libertad, respondiendo la señora María T., no contaba con esa cantidad.

Asimismo, el secuestrador preguntó a la señora María T., cómo lo quería llamar, respondiendo la señora María T. lo llamaría como él quisiera; preguntando el secuestrador cuál era el nombre de su padre, respondiendo la señora María T. el nombre de su padre era "Humberto", indicando el secuestrador, desde ese momento lo identificaría con dicho nombre, interrumpiéndose la comunicación.

[...]

Por lo anterior, procedí a explicar el método aplicable en estos casos, aceptando la señora María T., madre de la víctima, sin ningún incon-

[1] Este nombre ha sido cambiado.

veniente, la asesoría, así como la instalación de un equipo de grabación de llamadas, en los números telefónicos [...], instalado en su domicilio, y en el teléfono celular [...] de su propiedad.

Miércoles 31 de agosto de 2005, 6:30 horas. Valeria, una joven de 18 años de edad, sale de su domicilio, en la delegación Coyoacán, al volante de su automóvil Seat. Cinco minutos después de desplazarse entre el enjambre de vehículos que da forma a los famosos embotellamientos de la ciudad, un automóvil se detiene de súbito frente al suyo. Valeria frena. Queda atrapada; en el espejo retrovisor observa una camioneta y ante sus ojos un Volvo blanco. De pronto, aparecen dos hombres de negro. El vidrio de la ventanilla del lado del conductor estalla de un cachazo; los individuos la obligan violentamente a desplazarse al asiento trasero. El Seat emprende otra vez la marcha; detrás suyo, la camioneta.

Al llegar a un crucero, el auto se estaciona. La muchacha es forzada a bajar del vehículo y subir a la camioneta. Tres hombres la rodean. La orden de que le pongan vendas en los ojos proviene de un hombre a quien, declara la muchacha, "identifiqué como el patrón".

¿Cuánto están dispuestos a pagar tus papás por tu libertad?

La estudiante explica: problemas económicos familiares y el divorcio de sus padres. El jefe no parece conmovido en lo más mínimo; todos los secuestrados dicen lo mismo.

La camioneta echa andar durante 30 o 40 minutos hasta cruzar la puerta de un garaje. Valeria ha llegado a su destino. No sabe dónde se encuentra ni cuánto tiempo permanecerá allí. Con los ojos vendados, es llevada al interior de una habitación, hasta un sillón. "Siéntate. Hay un televisor encendido." Al menos podrá escuchar las noticias. La pequeña pantalla será su único medio de contacto con el mundo exterior y el ritmo de sus días será el de la programación televisiva. Algunos minutos transcurren. El patrón aparece y le ordena telefonear a su casa.

El lucrativo negocio del secuestro se convierte en una pesadilla para la clase media mexicana, la bestia negra de la opinión pública. El abogado penalista José Antonio Ortega, con más de 30 años de ejercicio profesional y presidente del Consejo Ciudadano para la Seguridad Pública y la Justicia Penal, se ocupa de este tema en su libro *El secuestro en México*, publicado en 2008. Su exhaustiva investigación se basa en su experiencia al haber auxiliado a más de 500 familiares de víctimas de ese flagelo. "Los primeros casos de secuestro se remontan a los años setenta. Eran obra de grupos armados clandestinos, como el EPR [Ejército Popular Revolucionario], grupo guerrillero asentado en el estado de Guerrero, los cuales financiaban de esta manera sus operaciones."

El hampa toma el mando del lucrativo negocio a mediados de los años ochenta. El fenómeno cobra nuevas dimensiones en el transcurso de la década de 1990. Tráfico de drogas, robo de vehículos, prostitución; con el secuestro, el virus del crimen se extiende indefinidamente. Las cifras se disparan a partir de 1992. La prensa comienza a hablar de una industria del secuestro.

¿Cuál va a ser la respuesta del gobierno del cambio ante la incredulidad de una población que no confía ya en las corporaciones policiacas, a las que considera corrompidas y al servicio de los intereses políticos? Vicente Fox se compromete a redoblar los esfuerzos. Promete la depuración de los órganos de seguridad pública que se han visto infiltrados por el crimen. En 2001, por decreto presidencial, se instituye, inspirada en el modelo del FBI estadounidense, una policía especializada, la Agencia Federal de Investigación. La medida va acompañada de un blindaje legal que eleva las penas en vigor.

La pandemia no cesa. Los secuestradores asestan golpes a todas horas. Sus víctimas, hombres, mujeres, niños, son raptadas en zonas de negocios, centros comerciales, a la salida de la escuela, en cualquier lugar, a cualquier hora. En 2004, el diario madrileño *El País* informa de la desaparición de dos ciudadanos españoles. La publicación cita la cifra "oficial" de 523 secuestros en suelo mexicano en lo que va del año, pero el dato real podría aproximarse a los 3000 raptos, ya que en la mayoría de los casos no existe denuncia. "En México, 60% de los casos de secuestro no se denuncian, ni siquiera son conocidos por autoridades ni medios de comunicación", afirma la agencia noticiosa Notimex.

En ocasiones, el resultado es trágico. Jean-Michel Caroit, corresponsal del diario francés *Le Monde*, informa:

> Ambos jóvenes, ingenieros españoles, fueron asesinados por sus captores poco tiempo después de que su familia pagara un rescate de 500000 euros. Los cadáveres de Vicente y Sebastián Gutiérrez Moreno, ejecutados de un balazo en la cabeza, fueron hallados en un basurero el 24 de mayo, tan sólo una semana después de su secuestro. La familia, propietaria de varias concesionarias automotrices, había recurrido a los servicios de una agencia privada de negociadores y no dio parte a las autoridades por temor de que los secuestradores tuvieran cómplices dentro de la policía.

La sociedad civil, indignada, se moviliza. Un grupo de organizaciones civiles encabeza la marcha blanca, a la que asisten cientos de miles de ciudadanos para concentrarse en el Zócalo capitalino. La muchedumbre vestida de blanco expresa su enojo ante la falta de resultados. La lucha contra este flagelo se convierte en prioridad de la agenda política.

31 de agosto, 7:53 horas. Un teléfono suena en Coyoacán. María T., la madre de Valeria, descuelga. Es la primera llamada de una semana que transcurrirá al compás del timbre telefónico.

—¿Ya juntaron lo del rescate?

Aterrada, María T. explica una vez más a su interlocutor que atraviesa por dificultades económicas y que necesitará uno o dos meses para reunir semejante suma. El secuestrador se mantiene impasible y señala que el dinero del rescate debe ser entregado en billetes de 100, 500 y 1000 pesos.

El 2 de septiembre el teléfono suena a las 7:42 horas. María T. anuncia que logró reunir 100 000 pesos. El hombre al otro lado de la línea rechaza esa cantidad y cuelga no sin antes lanzar una amenaza.

—No hagas pendejadas.

El tiempo transcurre. Hace seis días que Valeria desapareció. Otra vez el teléfono. La negociación cambia de tono; los secuestradores están de acuerdo con la cantidad ofrecida.

Registro de conversación telefónica

María T.: Y... este... y ¿cómo a qué horas va a ser eso, Humberto...?

Voz masculina: No se preocupe, esto 'tovía no acaba hasta que se termine, ¿entendido?

María T.: Sí, gracias.

Voz masculina: Estamos bien, ya se cumplió. Ya usted cumplió, déjeme cumplir a mí, permítame terminar mi trabajo.

María T.: Sí.

Voz masculina: Después yo le contesto lo que usted me pida, lo que yo le pueda contestar, ¿le parece bien?

María T.: Gracias, señor, gracias.

Voz masculina: Relájese, por favor.

María T.: Gracias.

Voz masculina: Ya, ya tiene usted mi confianza al cien.

María T.: Sí.

Voz masculina: Ahora permítame demostrarle que yo soy; hasta en esto también yo sé cumplir, señora.

María T.: Que, que Dios lo bendiga. Le agradezco.

Voz masculina: No, gracias, señora, y a usted también.

María T.: Confío en usted.

Voz masculina: Cuídese mucho, cuide mucho a su hija, su seño... a su madre.

María T.: Gracias.

Voz masculina: Perdóneme.

María T.: Que se alivie mi mamacita, ahora.

Voz masculina: (*Inaudible*) Señora, pero cuídese mucho por favor, y cuídese de los, cuídese de los ojetes que tiene usted alrededor, señora.

María T.: Sí, sí.

Voz masculina: Pinche gente envidiosa.

María T.: Sí, señor, sí.

Voz masculina: No le voy a decir de dónde, pero puede ser un vecino, puede ser un, un familiar, puede ser inclusive alguien de su trabajo.

María T.: Sí, señor.

Voz masculina: Cuídese, señora.

María T.: Gracias. Que Dios lo bendiga. Gracias, gracias.

Óscar N., empleado de la familia, es el encargado de entregar el rescate, según las instrucciones que Humberto le señala vía telefónica.

> Me volvió a llamar, indicándome que circulara por División del Norte hasta encontrar Avenida Aztecas y después llegaría a una bodega Gigante, y en el semáforo daría vuelta a la izquierda, que debería contar cinco calles, pero me pasé, cosa que le molestó, por lo que me dijo que nuevamente me regresara hasta donde estaba una camioneta amarilla y que diera vuelta a la izquierda, que encontraría una calle cerrada con macetones, que vería un puesto de tacos de los callejeros, el cual, por cierto, estaba cerrado, y que me bajara del vehículo y que en el macetón más cercano al puesto de tacos, dejara el paquete con el dinero, como si fuera basura; por lo que procedí a cumplir con las instrucciones recibidas, dejando el dinero en un macetón que se encuentra aproximadamente a tres metros del puesto de tacos.[2]

De acuerdo con un informe de la SIEDO, fechado el 7 de septiembre de 2005, Valeria regresó a su domicilio el 5 de septiem-

[2] Expediente judicial de Florence Cassez.

bre, alrededor de las 21:25 horas, en buen estado de salud, después de seis días de haber permanecido en cautiverio y tras el pago de un rescate de 180 000 pesos. En dicho documento, la policía pone a disposición del agente del Ministerio Público "una fotografía, la cual muestra el monto del pago del rescate, un video casete Mini DVD, marca Panasonic, el cual muestra los números de serie del monto del pago del rescate y diez audio casetes, los cuales contienen las grabaciones originales de las llamadas de negociación". Para la AFI, arranca una nueva averiguación previa.

III

Florence

Declaración ministerial de Christian Ramírez Ríos ante la SIEDO. 9 de diciembre de 2005

El día miércoles 19 de octubre del año en curso me secuestraron; pero un día antes, en la tarde, no recuerdo la hora, fui a la papelería de la esquina de mi casa; ahí, vi a un señor de aproximadamente 43 años, delgado, cabello negro, moreno, con bigote, vestido con pantalón de mezclilla, camisa negra, el cual no me dio confianza, porque hacia donde yo me movía, él movía su teléfono en mi dirección, no lo comenté con mis padres porque pensé que estaba exagerando.

Declaración ministerial de Cristina Ríos Valladares ante la SIEDO. 9 de diciembre de 2005

Mi esposo circulaba sobre la avenida Ferrocarril Hidalgo, a la altura de la calle Tesoro, en la Colonia Estrella, y de repente una camioneta tipo Express, color claro, le cerró el paso, por lo cual mi esposo detuvo la marcha; de la camioneta bajaron entre tres y cuatro personas armadas con pistolas, la cara la tenían tapada con pasamontañas y con lentes oscuros, el orificio de la boca del pasamontañas lo tenían cubierto con tela oscura; yo consideré que nos querían robar el carro por lo que mi esposo les ofreció las llaves, pero uno de estos sujetos lo amagó con una pistola y lo bajó por la fuerza del carro y lo obligó a subir a la camioneta.

Declaración ministerial de Christian Ramírez Ríos ante la SIEDO. 9 de diciembre de 2005

Yo no quería salir del auto, porque me apuntaban con las armas, me jalé hacia el carro, pero uno de los hombres me jaló de la muñeca, este hombre guardó la pistola, y me subieron en un vehículo, no recuerdo sus características; mi mamá pudo haber escapado, por lo que la bajaron y se echó a correr, pero los encapuchados le dijeron que le podían hacer daño y a mí también, entonces ella se regresó y nos metimos al carro.

Declaración ministerial de Cristina Ríos Valladares ante la SIEDO. 9 de diciembre de 2005

Una vez a bordo nos ordenaron que nos tiráramos en el piso e inmediatamente nos taparon con cobijas gruesas y nos dijeron que no gritáramos ni hiciéramos nada; antes de que nos subieran, yo volteaba para todos lados para ver si había alguna patrulla o si alguien nos ayudaba, pero sólo veía que los ocupantes de los vehículos que por ahí pasaban, se agachaban o se volteaban, como evitando ver lo que sucedía. La camioneta en la que nos subieron sólo tenía los asientos del conductor y copiloto, no tenía ventanas traseras; el vehículo se puso en marcha por aproximadamente dos horas.

[...]

Escuché que abrieron las puertas traseras y me bajaron a mí primero, tenía una cobija cubriéndome y entre dos sujetos me guiaron hasta el interior de una casa, esto lo intuí porque había un aroma como si estuvieran cocinando alimentos; me condujeron hasta un sillón y me sentaron; me colocaron algodón en los ojos y enseguida me colocaron una venda; en esos momentos supliqué a los sujetos que me llevaran a mi hijo, y ellos me dijeron que me tranquilizara, que enseguida me lo traían y momentos después lo llevaron y también le colocaron algodones y venda en los ojos; a mi esposo lo llevaron a otro lugar de la casa, esto lo sé porque escuchaba su voz, como si estuviera contestando algunas preguntas que le hacían; yo le pregunté a mi hijo que qué era lo que decían.

Declaración ministerial de Christian Ramírez Ríos ante la SIEDO. 9 de diciembre de 2005

Llegó el jefe de ellos, deduzco que era el que los mandaba, porque daba las órdenes, él le preguntó a mi papá los apodos de mis tíos y él respondía, también escuché que hacían preguntas de mi familia y mi papá sólo contestaba cierto o falso, escuché que le pedían a mi padre 30 millones, él dijo que era imposible y me di cuenta que lo golpearon.

Declaración ministerial de Cristina Ríos Valladares ante la SIEDO. 9 de diciembre de 2005

Minutos después también llevaron a mi esposo junto a nosotros, nos pusieron muy juntos y nos pusieron una cobija encima y escuché que le dijeron a mi esposo "platiquen"; en ese momento, mi esposo nos dijo que tenía que irse, pero regresaría pronto, que iba a conseguir lo que le pedían, que no nos preocupáramos por nada porque los secuestradores habían prometido que no nos harían daño; a mí me dijo que cuidara a nuestro hijo, y a mi hijo le dijo que me cuidara, después nos quitaron la cobija y mi esposo se fue; en ese sillón permanecimos aproximadamente siete horas.

20 de octubre de 2005. Un agente de la AFI toma nota de la denuncia del secuestro de una madre de familia de 43 años de edad que se dirigía con su hijo de 11 años a la escuela. La mujer, de nom-

bre Cristina, mide 1.65 metros. El día de los hechos vestía un pantalón y sandalias color beige y una blusa de lycra rojo oscuro. La estatura del niño es de 1.45 metros, pesa 45 kilogramos, tiene el cabello castaño oscuro y como seña particular, en la cabeza tiene varias cicatrices causadas por caídas. Viste el uniforme de su escuela.

El denunciante es Raúl Ramírez Chávez, esposo de la secuestrada, el cual también estuvo en cautiverio durante unas horas a manos de los mismos delincuentes. Durante su corto rapto, Ramírez Chávez es confrontado por un hombre de voz ronca de entre 40 y 45 años de edad. El sujeto le pide al padre de familia "ponme un nombre", por lo que éste lo llama Hilario, segundo nombre de pila de su hijo Cristian; el secuestrador lo interroga sobre su situación económica. Después le presenta a un joven que dice tener 21 años de edad y haber pasado 28 días secuestrado. El muchacho estrecha la mano de Ramírez Chávez, quien tiene los ojos vendados. Sus manos, eran "gruesas y ásperas". Es Ezequiel Elizalde.

Cerca de las 13:00 horas, el padre de familia es esposado y obligado a entrar en la parte trasera de un auto que circula durante aproximadamente 40 minutos. Liberado en la colonia Lázaro Cárdenas, en San Juanico, Estado de México, lleva como consigna reunir el monto del rescate; éste asciende a 15 millones de pesos. Como atentos recordatorios, el teléfono suena a las 23:21, 23:23, 23:36, 23:44 y 23:56 horas.

El procedimiento habitual de la AFI es puesto en marcha. Las negociaciones, a cargo de Hilario, son grabadas.

Declaración ministerial de Cristina Ríos Valladares ante la SIEDO. 9 de diciembre de 2005

> Por la noche nos condujeron, a través de unas escaleras de concreto, con aproximadamente catorce escalones, hacia un primer nivel; nos metieron a un cuarto y nos ordenaron que no tratáramos de hacer nada, que

si queríamos algo teníamos que tocar la puerta y ellos acudirían y que cuando ellos entraran teníamos que cubrirnos completamente con la cobija; ese cuarto medía aproximadamente 6×6 metros, estaba dividido en dos por una cortina de tela color azul rey con estampados amarillos con figuras; de un lado de la cortina había una cama matrimonial con base de madera y colchón; también había un anaquel metálico color negro, en el entrepaño más alto estaba una televisión a color marca Philco, de aproximadamente 20 pulgadas; en la cabecera de la cama había un bafle de color gris oscuro con malla azul y la leyenda Sony, en el techo había un foco; las paredes y el techo tenían pasta color blanco, el piso era de mosaico cuadrado color beige, del otro lado de la cortina estaba el baño, había una taza con caja color beige, también había una regadera, en este espacio había una ventana con medidas aproximadas de 1.20 × 1.20 metros, la cual estaba totalmente cubierta con madera y tornillos; los secuestradores me ordenaron que no podía apagar la luz ni bajar el volumen de la televisión, pero sí me dieron el control remoto y le podía cambiar a cualquier canal.

Declaración ministerial de Christian Ramírez Ríos ante la SIEDO. 9 de diciembre de 2005

Al parecer, había en la casa siete personas, las cuales identificaba como: Ángel, porque nos daba buenas noticias en relación a las negociaciones, de voz ronca; Margarito, así le decía porque su voz era como el personaje que sale en la televisión [...] a otro como Miguel, esta persona maltrataba a mi mamá, ya que la amenazaba con causarle daño, y a un sujeto que hacía la voz fingida, y decía que era el jefe, pero él no era el jefe, decía que le dijéramos Gabriel; también la voz de otra persona que llegaba diario en los primeros días y que en una ocasión me prestó un Nintendo, a esta persona le decían Hilario, quien yo considero que es el jefe.

Para comunicarse con el padre de familia, el secuestrador utiliza el teléfono celular del que lo despojó previamente. El 3 de noviembre, la hermana de Ramírez Chávez, de nombre Gloria, recibe una llamada de Cristina, quien le pide que presione a Raúl para que éste termine de negociar el pago del rescate. Acto seguido, el plagiario comienza a efectuar llamadas telefónicas, en plena noche, a los familiares cercanos, para hacerles llegar mensajes de texto; cada paso de Ramírez Chávez es vigilado y hay amenazas de daño físico "a su chavo". Hilario se dice experto en ejercer presión psicológica. Alcanzar un acuerdo resulta arduo. El captor accede a otorgar una primera prórroga de 15 días. Las últimas llamadas de las que las autoridades tienen conocimiento ocurren el 9 de noviembre.

Declaración ministerial de Christian Ramírez Ríos ante la SIEDO. 9 de diciembre de 2005

> Ángel en una ocasión dijo que le iba a permitir a mi mamá hablar con mi papá. Es el caso que, después de la llamada, Hilario saca a mi mamá de la habitación y me quedo yo solo. Hilario me sacó sangre de la vena de mi brazo izquierdo, me dijo que era para hacer los mismos análisis, ya que ellos tenían un doctor. Me puso un algodón en el oído izquierdo, después un líquido y una toallita, me dijo que lo hacía porque tu papá quiere que le mandemos algo tuyo; eso me puso muy nervioso porque pensé que me iban a hacer daño, pero no me hicieron nada. Hilario me da la instrucción de escribir una carta a mi papá, en la cual pongo que lo quiero mucho, que quitara a la policía y que mi mamá me había cortado la oreja izquierda, que pagara, porque yo quería estar con él. Otro día, llegó Gabriel, nos dijo que si en una semana mi papá seguía teniendo a la policía metida, iban a continuar con la segunda etapa, que era cortarme una oreja.

Durante ese mismo periodo, la AFI continúa con sus pesquisas sobre el caso Valeria. Seis días después de su liberación, la estudiante narra con minucia los hechos al agente del Ministerio Público, Alejandro Fernández Medrano. El *modus operandi* permite suponer que se trata de los mismos hampones: el uso de un auto Volvo blanco y una camioneta tipo Van, una cobija para cubrir completamente a las víctimas, la estancia de la víctima durante un día entero en un primer espacio, los ojos cubiertos con algodón y el traslado a una habitación del primer nivel de la casa de seguridad, cuya descripción corresponde con los detalles ofrecidos por Cristina.

Los plagios tienen en común el doble juego ejercido por el patrón quien, por un lado, profiere amenazas contra la familia y, por el otro intenta granjearse la confianza de la joven:

> La primera noche que estuvo conmigo el secuestrador, al que le decían patrón, se puso a platicar conmigo y me refirió que yo le recordaba mucho a su hija y que me podía asegurar que no iba a estar mucho tiempo secuestrada y que no iba a permitir que nadie me tocara; posteriormente, le comencé a tener confianza y le pedí que esa primera noche no se fuera, ya que desconfiaba de los cuidadores; posteriormente, en el segundo día de mi secuestro, el patrón entró a mi habitación en la mañana y desayunó cereal conmigo; ya en confianza, me comenzó a decir que ya quería que me fuera y que no iba a pedir ningún tipo de rescate, ya que era una niña muy valiente, e incluso en una ocasión, cuando yo empecé a llorar, él me tomó de la mano.[1]

Los análisis efectuados a las grabaciones telefónicas confirman que Hilario y el patrón son la misma persona. Una consulta del banco de voces de la AFI permite identificar que este negociador aparece en varios secuestros, el primero de los cuales se remonta al 6 de junio de 2001; la víctima fue un comerciante de 33 años de edad, liberado tras el pago de 1 515 000 pesos. La serie de secuestros continúa:

[1] Expediente judicial de Florence Cassez. A.P.PGR/SIEDO/UEIS723372005.

—Un empresario de 38 años de edad, secuestrado el 13 de junio de 2001 y puesto en libertad el 27 del mismo mes contra el pago de un rescate de 997 000 pesos.
—Una estudiante de 17 años, levantada el 29 de octubre de 2002 y liberada el 30 de noviembre a cambio de un pago de 1 412 000 pesos.
—Un empresario de 44 años de edad, quien vivió el cautiverio del 29 de enero al 26 de marzo de 2003 y cuya familia pagó la suma de 3 997 000 pesos y 30 centenarios por su libertad.
—Un estudiante de 21 años de edad, privado ilegalmente de su libertad el 30 de septiembre de 2004 y liberado el 8 de diciembre del mismo año, después de 70 días de cautiverio y tras el pago de 1 300 000 pesos.
—Ignacio Abel Figueroa, comerciante de 33 años de edad, raptado el 4 de abril de 2005 y hallado sin vida el 5 de julio de 2005.[2]

El 4 de diciembre de 2005, tres meses después de haber recuperado la libertad, Valeria amplía su declaración ministerial.[3] La joven ha olvidado declarar un detalle que imprime un nuevo rumbo a la investigación: en algún momento de su cautiverio, logró atisbar la identidad de "el patrón". El motivo: haber logrado, gracias a la relación de cordialidad establecida con el jefe de los secuestradores, que en la habitación donde estaba cautiva se colocara un espejo. La joven comparece: mientras el hombre hacía rectificar la ubicación del espejo, "me levanté un poco la sábana y logré ver a través del espejo la media filiación de quien identifiqué por la voz, como el jefe de la banda". La furtiva visión le permite describir a un hombre de "aproximadamente treinta y cinco años de edad, complexión regular, es decir, no estaba gordo, ni flaco y de aproximadamente un metro con setenta y cinco centímetros, color de piel blanca y cabello corto, un poco quebrado".

[2] Expediente judicial A.P.PGR/SIEDO/UEIS/074/2005.
[3] Su declaración ministerial inicial tuvo lugar el 13 de septiembre de 2005.

La estudiante declara, también, haber acompañado en días previos a un grupo de elementos de la AFI en una investigación de campo por las calles de la capital mexicana. ¡Lotería! En la inmensidad de la urbe, en medio del tráfico monstruoso, la muchacha reconoce al patrón, quien transita al volante de un Volvo similar al que el día de su plagio le cerró el paso. Una vez identificado el sospechoso es puesto en marcha un operativo de vigilancia. La AFI logra encontrar un nombre para la persona del patrón, alias "Hilario", alias "Humberto": se trata de Israel Vallarta.

Valeria, Cristina y Florence, los destinos de tres mujeres se entrelazan. El fiscal de la Unidad Especializada en Investigación de Secuestros de la SIEDO gira una orden de localización y presentación de los presuntos plagiarios de Valeria el 6 de diciembre. En el membrete aparece el nombre de Genaro García Luna, director de la AFI.

IV

Florence

El encuentro con la periodista Yuli García transcurre en el elegante salón de un hotel de la capital. Joven, de complexión menuda, Yuli es una mujer de origen colombiano apasionada por su trabajo, como lo demuestra el ritmo torrencial de sus palabras. Al igual que Pablo Reinah, trabaja en Televisa como colaboradora de *Punto de Partida*, el programa de análisis político producido y conducido por Denise Maerker. Los debates en vivo entre sus invitados, aderezados con interesantes reportajes, cobran regularmente un tono acalorado, pero el domingo 5 de febrero de 2006 llegaron al rojo vivo. Yuli logró convencer a Denise de dedicar la emisión de ese día a la historia de Florence Cassez, quien para ese momento había permanecido arraigada durante casi tres meses.

Al filo del sillón donde está sentada, la periodista hace un repaso de los acontecimientos: "Desde el momento en que ellos fueron detenidos, había muchas dudas de que el rescate hubiera sido efectivamente en vivo, como decían las autoridades, y nosotros queríamos hablar con Florence, obtener su testimonio".[1]

Aquella mañana del 9 de diciembre, el ojo de la profesional nota una serie de extraños detalles: la tranquilidad que muestra el equipo técnico, el aplomo del reportero, conocedor del sitio de donde emergerán, presurosos, los agentes de la AFI, así como del espacio donde se

[1] Entrevista con los autores, mayo de 2006.

encuentran los secuestrados. A la periodista no deja de sorprenderle, tampoco, la calma que proyectan las víctimas que están siendo liberadas. Por regla general, al salir de la traumática experiencia que significa ser privados ilegalmente de la libertad y mantenidos entre la vida y la muerte a lo largo de semanas enteras, los cautivos prorrumpen en sollozos, estallan de alegría y desatan, de un modo u otro, la presión a la que se han visto sometidos. Pero ésta es una excepción.

¿Qué sucedió en realidad? ¿Se prestó la Agencia Federal de Investigación, la AFI, el cuerpo policiaco de élite, a un montaje mediático para legitimar sus acciones contra los secuestradores y lograr una buena imagen ante la opinión pública? Creerlo no parece descabellado. Después de todo, distinguir lo real de lo falso en las notas sobre crímenes que difunden los medios del país se ha convertido en una tarea complicada. En provincia, las fuerzas policiacas se sirven de la prensa local para promover sus acciones cada vez que su trabajo se encuentra bajo el fuego de la crítica, de manera notable a raíz de los feminicidios en Juárez.

El primer caso registrado por Amnistía Internacional, responsable de la publicación de un extenso informe[2] sobre estos sórdidos sucesos de la ciudad fronteriza, se remonta al 12 de mayo de 1993, día en que fue descubierto el cuerpo de una joven no identificada, con señales de haber sido objeto de violencia. La causa de la muerte se establece como asfixia por estrangulación. Entre mayo y octubre son encontradas 10 víctimas más. Al año siguiente, son denunciados siete casos de mujeres que fueron violadas y asesinadas. En 1995, la cifra se dispara con el descubrimiento de 42 cadáveres, de los que 18 muestran huellas de violencia sexual. En 1996 se suman a la infame lista Elizabeth Castro, de 17 años, Angélica Márquez Ledezma, de 16 años, Adriana Torres, de 15 años, y muchas otras, de quienes sólo queda

[2] *MÉXICO. Muertes Intolerables. Diez años de desapariciones y asesinatos de mujeres en Ciudad Juárez y Chihuahua.*

como recuerdo una cruz rosa con letras negras. Al cabo de un decenio, 370 mujeres jóvenes, humildes trabajadoras de las maquiladoras o las fábricas, en la mayoría de los casos, son asesinadas. Muchas otras han desaparecido sin dejar rastro: cuatrocientas, de acuerdo con las organizaciones locales. Todos son crímenes cometidos en completa impunidad, bajo la mirada de las autoridades, impotentes, en el mejor de los casos, cómplices, en el peor.

En un principio, el gobierno de Chihuahua puso sobre los cuerpos el velo de la negación, preocupado de que las noticias llegaran a oídos de los inversionistas extranjeros, quienes podrían optar por explorar tierras más apacibles. Para la policía, exhumar cuerpos hechos trizas a la orilla de la carretera o bajo montones de escombros se convierte en una rutina. Cuando el problema se convierte en un escándalo, la memoria de las víctimas es vilipendiada: se les tacha de hijas de la mala vida que merecían terminar muertas en medio de terrenos desolados o en pleno desierto, mujeres desechables, basura.

Pero el engaño no dura mucho tiempo. El número de muertes aumenta vertiginosamente y la indignación de las familias que portan las cruces en memoria de "sus muchachas" se desborda. Las madres de Juárez comienzan a organizarse y se movilizan, con el dolor clavado en el corazón. Bajo la presión que reciben, la policía, las autoridades de Chihuahua y el gobierno federal cambian su estrategia mediática. Para hacer del conocimiento público su determinación apelan a la prensa local y nacional. Las pesquisas se interrumpen y los cargos resultan improcedentes; lo importante es que la televisión ofrezca a la opinión pública una cabeza en bandeja, como en el caso del egipcio Abdul Latif Sharif Sharif, encarcelado en octubre de 1995.

Latif es un ingeniero químico con una exitosa carrera en Estados Unidos, país al que emigró en 1970. Hombre brillante, logró destacar en la industria cosmética y la petroquímica. Su trabajo se concentró en la investigación y es responsable del registro de 26 patentes. Su ascendente carrera, sin embargo, se precipita cuando cae en el alcoholismo. Su dependencia le provocaba conductas agresivas hacia sus compañeras y es, entonces, objeto de diversas querellas. Acusado de daños y lesiones, es hallado culpable y expulsado de Estados Unidos.

Abdul decide establecerse en Ciudad Juárez, adonde llega en el verano de 1995, justo en el momento en que el número de los asesinatos de mujeres se multiplica y la opinión pública exige resultados a las fuerzas del orden. A principios de octubre tiene un altercado con una sexoservidora que lo acusa de tentativa de violación. Las autoridades policiacas locales, en el candelero, lo acusan de inmediato de ser el asesino de Juárez. Su detención viene como caída del cielo. "Era el chivo expiatorio por excelencia —dice—; extranjero, sin familia, sin arraigo en esta sociedad, soltero con buenos ingresos económicos y, sobre todo, con antecedentes delictivos en Estados Unidos."[3]

Lo medios son convocados para anunciar que el "monstruo" estaba por fin tras los barrotes, que la furia criminal estaba por terminar. "A escasos seis días de ser detenido por un delito que no cometí, era ya el criminal más terrible del continente americano." El optimista presagio no se cumple y nuevos crímenes ocurren. Las autoridades acusan entonces al ciudadano egipcio de haber encomendado las muertes, desde el encierro, a una banda delictiva, y anuncian tener en su poder 320 testimonios en su contra.

Un periodista que da cuenta de estos hechos es Sergio González Rodríguez. Su exhaustiva investigación, realizada durante varios años en Ciudad Juárez, ha dado vida al libro *Huesos en el desierto*, en el cual detalla la manera en la que en México "las instituciones que procuran la justicia gastan más dinero en propaganda que en cumplir sus fines. Poco hacen contra los poderes fácticos suprainstitucionales que potencian la complicidad entre la clase política y el crimen organizado, juegan con uno u otro partido y tienden a convertir la transición democrática en una farsa injusta".

[3] *Huesos en el desierto* (ver bibliografía).

En las periferias del país, el clima general de corrupción permite a las autoridades ejercer presión sobre los medios locales sin mayor dificultad. Las imágenes de la detención del 9 diciembre tienen otra dimensión. La acción se sitúa en las afueras del Distrito Federal. ¿Podría la AFI, la nueva policía de élite, la crema y nata de la lucha contra el crimen organizado, sucumbir ante las mismas manipulaciones que el más remoto de los ayuntamientos de Chihuahua? Para Yuli y Denise, el sistema exige una investigación a fondo.

Contactada mediante su abogado, Florence Cassez responde sin vacilar a la solicitud de las periodistas, contenta de saber que hay alguien que se interesa por escuchar su versión de los hechos. Ésta es su primera oportunidad de réplica pública frente a quienes la inculpan. Para ella, es impensable desaprovechar la oportunidad, a la que se aferra como un náufrago a una balsa. "Nuestro objetivo no era esclarecer si Florence era culpable o no, sino saber qué sucedió la mañana del 9 de diciembre. ¿Había sido un rescate en vivo, frente a las cámaras de televisión, como decían las autoridades, o no? Nuestro papel llegaba hasta ahí."

La joven francesa le relata a la periodista su versión de los hechos. Su arresto, ocurrido, en realidad, el jueves 8 de diciembre durante su mudanza hacia la ciudad de México, la noche que pasó encerrada en una camioneta y la llegada de las cámaras de televisión al alba del día siguiente. Sus palabras inquietan a Yuli, quien decide acceder a los archivos de Televisa. Para comprobar las palabras de la detenida, necesita tener en su poder las imágenes que complementen a las que fueron transmitidas. Al formar parte de la empresa, su solicitud parece un simple formalismo, pero es rechazada en diversas ocasiones por la videoteca de la televisora. Sorprendida, pone todo su empeño para que el video original llegue a sus manos. En su disección literal del material en bruto, encuentra este diálogo entre el reportero Pablo Reinah y Carlos Loret de Mola, conductor en el estudio:

—*Todavía no. No vamos a entrar contigo, Pablo. Déjame ir a la nota de deportes. ¿Ya están listos?*

—*Sí, ya estoy listo.*

Pablo Reinah se dirige entonces a los policías:

—*No se muevan. Vamos a meter una nota de deportes y luego seguimos nosotros.*

Acto seguido, el reportero da "el *cue*", la señal de entrada a escena. Las conclusiones a las que lleva el video son claras: se trata, efectivamente, de un montaje.

Otro elemento apoya las sospechas de Denise y Yuli: el abogado defensor de Cassez les remite una copia del parte policial de la detención de su cliente, Israel Vallarta. El documento oficial está fechado el 8 de diciembre, tal como afirma la joven francesa, y describe el recorrido que realizaron los agentes junto con los detenidos, el cual llegó a su fin frente a las oficinas de la SIEDO.

La investigación es, en ese momento, una bomba. Falta aún conocer la reacción del Procurador General de la República. Yuli García avanza con cautela. Solicita una entrevista con Daniel Cabeza de Vaca, argumentando que desea tratar el tema de los secuestros, pero no precisa la razón de su petición. El funcionario la recibe el 3 de febrero, dos días antes de que difunda su reportaje. La comunicadora cuenta con un sólido *dossier* que le muestra al procurador.

> Los tomamos por sorpresa. En la primera entrevista, el procurador no sabe qué responder. Lo único que responde es: "No hay actuación, no hay actuación. No hay utilización política de estos rescates". Llevamos las pruebas, las imágenes originales que evidenciaban que había sido un montaje. El Procurador no tenía conocimiento de nada o quería hacernos creer que no lo tenía. La posición de la Procuraduría y la AFI fue siempre: "No fue un montaje, no fue un montaje".

El cordial recibimiento da paso a las amenazas.

> A mí, personalmente, me presionaron, me intimidaron para que no diera a conocer ese material. Recuerdo mucho que durante una de esas entrevistas un agente de la Procuraduría me dijo: "Tú no le vas a hacer ningún bien ni a la sociedad mexicana ni a la sociedad colombiana sacando eso. Así que, piénsalo".

En el México del año 2006, más vale tomar en serio las amenazas de esta índole. En materia de libertad de prensa, entre las declaraciones oficiales y la realidad, hay una brecha enorme. Las buenas intenciones del gobierno se traducen en la creación de una fiscalía especializada en atención a delitos cometidos en contra de periodistas, una comisión especial para los mismos efectos en el Congreso y un programa dentro de la Comisión Nacional de Derechos Humanos. Del otro lado de la moneda, los ataques a la libertad de expresión son cada vez más graves. Reporteros Sin Fronteras destaca al respecto:

> En 2005, México se convirtió en el país más letal del continente americano para los periodistas. La plaga del crimen organizado, que con frecuencia disfruta de la complicidad de las autoridades locales corruptas, tiene la culpa del deterioro de la situación de la libertad de prensa en México y, en particular, en los estados costeros y fronterizos con Estados Unidos, donde los tráficos asolan. Traumatizados por los asesinatos de sus colegas, muchos periodistas prefieren autocensurarse para no arriesgarse a represalias.

El 2006 será también un "año negro" para la libertad de prensa mexicana debido al asesinato de 10 periodistas, cifra apenas superada por Irak. Los crímenes citados tienen un punto en común: permanecen impunes.

Ese panorama viene a la mente de Yuli García mientras ella y su equipo técnico abandonan las oficinas de la Procuraduría. A pesar del cariz que ha tomado el asunto, la joven periodista, fiel a su profesión, no piensa ni un momento en ceder. A su partida, el humor de Daniel Cabeza de Vaca y sus asesores es sombrío, pero la tormenta está aún por estallar.

Los relámpagos comienzan tres horas después. De regreso en su oficina, Yuli recibe una llamada telefónica de la misma Procuraduría; su interlocutor afirma que han logrado localizar a una de "la víctimas", la cual insiste en atestiguar que la mujer francesa es culpable de su secuestro. "La intención de nosotros no es saber si Florence es inocente o culpable, sino saber si ustedes montaron o no montaron [la detención del 9 diciembre]." Yuli García acepta, sin embargo, realizar la entrevista y regresa a la sede de la Procuraduría.

Esta vez, la recepción es glacial; un grupo de aproximadamente 10 hombres en actitud intimidante la encaran. En las miradas, la periodista lee: "No saquen esto o se van a meter en problemas. Nosotros somos el poder y a ver si ustedes son capaces de seguir adelante con esto".

Entre los presentes se encuentra Genaro García Luna, dispuesto a evitar que estalle el escándalo y convencerla de lo inútil de su propósito. "Esa reacción es como el temor, rabia y enojo. Genaro García Luna estaba muy nervioso. No podía ni hablar, se enredaba. Me acusó de ser la abogada de Florence. Estaban fuera de sus casillas porque sabían que se les iba a caer el numerito."

Ante la obstinación de Yuli, Genaro García Luna abandona la reunión. Los ánimos están más que exaltados. Uno de los hombres se dirige a gritos a la periodista: "¡A mí no me vas a venir a enseñar lo que es un secuestro! ¡Un secuestro es lo peor que le puede ocurrir a una persona!"

A Yuli le piden que espere a la "víctima" en un cuarto aparte, a solas, sin su equipo de televisión. La presión se vuelve insoportable.

Ezequiel Elizalde hace acto de presencia. Es el tercer secuestrado por el grupo de Israel Vallarta, liberado el 9 de diciembre. Desde el primer momento, el joven afirma que Florence Cassez pertenece a la banda de Los Zodiaco y repite frente a Yuli, palabra por palabra, lo que ya ha declarado frente a las cámaras.

Para contener la ira de la AFI y la Procuraduría, se decide entonces invitar a la mesa de *Punto de Partida* a Genaro García Luna y al responsable de la Unidad Especial de Investigación sobre el Secuestro.

Esa noche, al abandonar Yuli los estudios de Televisa, el productor del programa, Jorge Rosas, le hace una recomendación:

—No estés sola. No te vayas sola a tu casa y estos días trata de estar siempre acompañada.

V

Ignacio y los otros...

Otra periodista está interesada en el "caso Cassez". Si bien en febrero de 2006 su destino y el de Florence Cassez estaban lejos de converger, la comunicadora se cuenta entre el gran número de personas azoradas por las escenas de la detención de la francesa. Para Anabel Hernández, el nombre de Genaro García Luna no es desconocido. Las referencias al funcionario son moneda corriente en sus investigaciones en torno a los nexos entre funcionarios públicos y el narcotráfico. Comunicadora franca y sin concesiones, Anabel nunca ha se ha arredrado ante temas que enmudecerían a muchos de sus colegas. La apasionada periodista, que antes de descubrir que el periodismo podía ser una tribuna de denuncia planeaba convertirse en abogada litigante, ha sido colaboradora en numerosos diarios del país.

En febrero de 2006, Anabel se prepara para la publicación de un libro que sin duda causará revuelo, *Fin de fiesta en Los Pinos*, en el cual asegura que la fuga, en 2001, de una prisión de alta seguridad del más célebre de los narcotraficantes mexicanos, Joaquín *el Chapo* Guzmán, no se debió al ingenio del narco, sino a la corrupción imperante. Anabel acusa a la familia de Vicente Fox de haber recibido dinero del cártel de Sinaloa para facilitar la evasión carcelaria. De acuerdo con la versión oficial, el jefe del cártel de Sinaloa escapó oculto en un carrito donde se transportaba la ropa sucia.

La fuga del Chapo inaugura un periodo de protección del que aún goza el cártel de Sinaloa. "Nunca recibí ninguna amenaza, nunca recibí ningún desmentido por los libros", confirma la periodista, mientras que la familia presidencial ha llevado ante la justicia cuanto libro y periódico ha podido. Si bien sus revelaciones de los escándalos de la familia de Vicente Fox no la han llevado ante un juez, le han valido algunas de las amenazas "habituales": sus teléfonos han sido intervenidos y sus superiores laborales reciben presiones para despedirla. Anabel ha logrado demostrar, sin embargo, con mayor vehemencia que cualquier otro informador, que las promesas de cambio encabezadas por el PAN en materia de la lucha contra la corrupción se quedaron, al igual que las del PRI, en el papel.

Tan pronto como se asentó en el centro del poder, el círculo familiar del presidente se manejó como en los tiempos del priísmo. En su libro anterior, *La familia presidencial*, escrito al alimón con Arelí Quintero y publicado en 2005, Anabel denuncia "el enriquecimiento personal e inexplicable" de la familia de Fox, así como las partidas presupuestales secretas de que dispone a discreción la presidencia y que quedan evidenciadas en casos como el tristemente célebre *toallagate*, motivo de encabezados y de que dichas cuentas fueran canceladas.

La periodista investiga también la transformación del rancho del ex presidente regional de Coca-Cola, que en pocos años pasa de ser una finca en ruinas rodeada de tierras yermas a un edén de lagos artificiales y abundante producción agrícola. Los excesos de Martha Sahagún ocupan un lugar central en la investigación de las autoras: los millones de pesos destinados a adquirir joyas y ropa, las empresas erigidas de la noche a la mañana por los Bribiesca Sahagún, hijos de su primer matrimonio, y el desvío de fondos de Vamos México, asociación que presidió. La salida a la luz pública de las irregularidades da pie a la creación de una comisión parlamentaria que confirma su veracidad, pero cuyos trabajos suspenderá Felipe Calderón al asumir el poder. Agrega Anabel:

> La comisión no podía decir otra cosa del nivel de vida del matrimonio Fox. Yo considero que más que cualquier otra persona, los funcionarios

> públicos deben conducirse con integridad. Pero en México, los políticos se aprovechan de su función para enriquecerse porque no existe ninguna sanción real. Sólo la indignación de la opinión pública puede frenarlos. Las toallas de 400 dólares son un escándalo con mayor razón si la mitad de la población es pobre.

Anabel se siente, como tantos otros mexicanos, decepcionada del gobierno panista que tantas expectativas había generado. Electo con el 43% de los votos, Fox logró transmitir la imagen de un hombre del campo, trabajador. En su viejo rancho, con sombrero y botas, comienza su mandato con un capital de popularidad que pocos presidentes mexicanos habían disfrutado antes que él. "Fox estaba en la ruina cuando llegó a Los Pinos", no cesa de repetir la periodista, "en 2006 salió siendo muy rico".

Las promesas de cambio vertidas durante la campaña electoral siguen siendo una ilusión. Una vez electo, Vicente Fox continúa prometiendo avances en temas vitales para la sociedad civil, como los derechos humanos, la democratización del país y la libre información. Nace una fiscalía especial para movimientos sociales y políticos del pasado, con la consigna de investigar y sancionar a los responsables de las masacres estudiantiles de 1968 y 1971, así como los crímenes perpetrados durante la llamada guerra sucia de 1970 a 1980. Una fiscalía sin futuro, como hará notar Human Rights Watch en un informe:

> A pesar de que el fiscal especial obtuvo una decisión importante de la Suprema Corte —que autorizó el enjuiciamiento de casos de "desapariciones" ocurridos hace décadas—, su oficina solamente consignó quince de los más de 600 casos que está investigando. Al momento que este informe fue enviado a imprenta, los procesos iniciados por la fiscalía no habían llevado a condena alguna.[1]

[1] *México. El cambio inconcluso. Avances y desaciertos en derechos humanos durante el gobierno de Fox*, Human Rights Watch, 2006.

La situación es tanto más decepcionante cuanto que los responsables son por todos conocidos y siguen vivos.

En 2001, Vicente Fox asegura ser capaz de "arreglar el problema de Chiapas en 15 minutos", "terminar con los abusos y la brutalidad policiaca", "combatir, cueste lo que cueste, la impunidad" y "apoyar la libre información". Seis años más tarde, el problema de Chiapas sigue irresuelto, los periodistas son objeto de una violencia sin precedentes en el país: durante el mandato del guanajuatense, 26 periodistas fueron asesinados y tres permanecen en calidad de desaparecidos. Todos estos casos coinciden en un punto: permanecen impunes.

La declaración de buenas intenciones del Ejecutivo federal en materia de derechos humanos no viene acompañada de la voluntad política necesaria. El mismo Vicente Fox será protagonista de diversos y graves episodios que trascenderán a la escena mundial: los sucesos de San Salvador Atenco.

En 2001, Fox anuncia la construcción de un aeropuerto internacional que habrá de complementar al de la ciudad de México, por demás saturado, sobre tierras comunales. El primer mandatario anuncia una multimillonaria inversión, en el que será, dice: "el proyecto más grande de mi mandato". El presidente de la nación no se preocupa por explicar que ninguna de las comunidades afectadas por la expropiación de 5 091 hectáreas fue consultada, ni que las indemnizaciones correspondientes alcanzan la irrisoria oferta de siete pesos por metro cuadrado. Los habitantes de Atenco saben cuáles son las consecuencias de una expropiación: la pérdida irremediable de su patrimonio y, en consecuencia, el verse obligados a migrar al Distrito Federal o en dirección al Río Bravo, hacia "el otro lado". Son millones de mexicanos los que han conocido el mismo destino: "si pierdes tu tierra, pierdes tu medio de subsistencia".

Vicente Fox parece ignorar que en este municipio la lucha por la tierra se remonta al siglo XIX y que sus pobladores han logrado entramar un tejido social comunitario. Para combatir el analfabetismo, abrieron una biblioteca pública y una casa de la cultura. Fox denigra la fuerte e impetuosa identidad cultural que reivindican quienes se consideran descendientes del gran rey poeta Nezahualcóyotl, muerto en 1472, y subestima a una población, a sus ojos, pobre, ignorante e incapaz de oponerse a su gran proyecto.

Las 13 comunidades afectadas por la expropiación de tierras se unen en el Frente de Pueblos en Defensa de la Tierra (FPDT), y no tardan en demostrar su imaginación e ingenio, sobre todo en su relación con los medios: "Sólo aceptan entrevistas en vivo frente a las cámaras, para que las televisoras no puedan hacer montajes. Aun cuando no vayan en gran número, enarbolando el machete comunican una sensación de poder", relata Fabrizio Mejía, quien ha cubierto el conflicto de Atenco para la revista *Proceso*.

En cada manifestación, campesinos a caballo bloquean las principales arterias del Distrito Federal. Familias enteras abarrotan las calles con cazuelas para el desayuno, empuñando retratos de Zapata y azotando el concreto citadino con su herramienta de trabajo: el machete. "¡Tierra sí, aeropuerto no!" es el grito de batalla de un movimiento que jura que no venderá un solo milímetro de tierra.

El movimiento crece, gana la simpatía de los habitantes de la capital y recibe la atención de la comunidad internacional.

En respuesta a la "rebelión de los machetes", el gobierno envía a las fuerzas del orden, cada vez más numerosas, a dispersar las protestas a punta de tolete y gases lacrimógenos. "¡Zapata vive! ¡La lucha sigue!", responden los manifestantes.

El 11 de julio de 2002, 20 ejidatarios resultan gravemente heridos y 14 miembros del FPDT son detenidos, entre ellos su líder, Ignacio del Valle. La represión, de acuerdo con el Centro de Derechos Humanos Miguel Agustín Pro Juárez, desata el levantamiento de los pobladores de Atenco, quienes llegaron incluso a la retención de funcionarios para obtener la liberación de sus compañeros. El gobierno cede, pero uno de los detenidos, José Enrique Espinoza, muere tras sufrir una golpiza a manos de la policía que le provocó traumatismo craneoencefálico. El FPDT le da sepultura en una de las parcelas expropiadas; los acompaña el pueblo entero, los instrumentos de viento y los sombreros y machetes al aire. Ignacio del Valle promete en su memoria que nadie perturbará el descanso eterno de su compañero.

El 5 de agosto de 2002, después de nueve meses de enconadas confrontaciones, el proyecto de construcción del nuevo aeropuerto en Texcoco queda cancelado. El FPDT se alza, entonces, como un actor esencial en la región: la conquista de esta lucha lo aproxima a otros movimientos, como el de los zapatistas, en Chiapas, que le externan su apoyo.

Lograda la victoria, Ignacio del Valle y sus compañeros se proponen mejorar las condiciones de vida de su comunidad y solidarizarse con las otras luchas en pro de la tierra en el país. Se vuelve costumbre observar a una representación del FPDT, guiados por su líder, participar en mítines para levantar la moral de una comunidad en lucha: "nosotros pudimos, somos la prueba de que es posible ganar, aunque se trate del proyecto más grande del presidente", claman. "Ánimo, compañeros", prorrumpen con orgullo, machete en mano.

No ignoran que la policía vigila cada uno de sus movimientos, sobre todo en el caso de los dirigentes, pero subestiman el terrible poder del Estado mexicano.

VI

Florence

Denise Maerker forma parte del reducido grupo de periodistas que se ocupan de cubrir con profesionalismo el conflicto de Atenco y ofrecer un espacio de expresión a los manifestantes y representantes del FPDT. Colaboradora de CNI Canal 40, televisora que sale del aire por turbias maniobras político-mediáticas, acepta colaborar con Televisa conduciendo el programa dominical *Punto de Partida.*

Dueña de una reputación intachable en el medio periodístico mexicano, sus colaboraciones en los diarios son numerosas y sus entrevistas a personajes como Felipe Calderón, Vicente Fox, Carlos Salinas de Gortari, Danielle Mitterrand y José Saramago son de altos vuelos.

En febrero de 2006, su programa de análisis político se vuelve referencia obligada en el periodismo televisivo. En el ejercicio de una profesión vulnerable a adquirir compromisos con los poderes políticos y económicos, las preguntas y cuestionamientos de Denise Maerker causan, a menudo, la incomodidad de sus invitados. Respecto a la experiencia de Yuli en las oficinas de la Procuraduría, Maerker le dice: "Me parece que lo mal que te trataron tiene que ver con la gravedad de lo que encontramos". Surge así una razón más para no descartar la emisión programada sobre las condiciones del arresto de Florence Cassez, que tendrá como uno de los invitados al director de la AFI.

Dos meses antes de que las periodistas comenzaran su indagatoria, la captura televisada de Los Zodiaco se convierte en un bálsamo para el "FBI mexicano". Después de la marcha blanca en protesta por la oleada de secuestros y la impunidad, el nivel de popularidad y aprobación de la AFI va en caída libre. La agencia arrastra un pesado lastre. La aparición de un video que muestra a cuatro narcotraficantes golpeados y encadenados a las sillas que ocupan, cuyas revelaciones podrían comprometer a altos mandos, y el momento en que uno de ellos es ejecutado por un agente uniformado de la AFI, conmociona a la opinión pública. En todo el país se habla de dichas imágenes, pese a las tentativas de hacerlas caer en el olvido. En ese contexto, revelar la probabilidad de que la detención de Florence Cassez e Israel Vallarta se trató de una puesta en escena con el fin de desviar la opinión pública y desempañar la imagen de la institución, es necesario.

Aquel 5 de febrero, en el foro televisivo, Genaro García Luna adopta una actitud más pasiva. El funcionario ha tenido tiempo suficiente para formular sus argumentos. Su alegato de defensa resulta sólido: lo dicho por Florence Cassez es mentira. "Si prestáramos oído a los criminales, todos se dirían inocentes." Qué peso puede tener la intención difamatoria de una secuestradora frente a la voz de un oficial con el prestigio de ser "el mejor policía del país".[1]

Denise Maerker expone, entonces, el parte policial que demuestra que la detención se llevó a cabo el 8 de diciembre y no el 9, día en que la detención es grabada en vivo. García Luna contesta: "Se ingresa al domicilio, se libera a las víctimas; llegan los medios, posterior al hecho, y sus colegas de los medios nos piden mostrarles cómo fue la intervención al domicilio. Lo que está en el video es a petición de los periodistas".

En la casa de arraigo, Florence Cassez mira la televisión. Es impensable dejar pasar la oportunidad, aun mínima, de dar un paso

[1] Apelativo que le confiere la asociación civil México Unido contra la Delincuencia.

en su camino hacia la verdad, de recuperar la libertad y no permanecer encerrada a la sombra de un calabozo décadas enteras. La mujer francesa descubre el rostro de quien la ha llevado ante la justicia, arrastrando la pesada carga de ser acusada de secuestro.

Detrás de su aspecto rubicundo, el corte de cabello militar y el impecable traje, el funcionario se mantiene erguido y se jacta de sus hazañas como servidor público.

En cuanto la periodista le muestra a García Luna el documento obtenido por el abogado defensor, Jorge Ochoa, el director de la AFI lo desdeña. La indignación de la joven arraigada se desborda. Sabe el número directo del programa, por lo que se dirige a la caseta telefónica a disposición de los detenidos.

"Si Florence nos hubiera dicho que ella tenía la intención de llamar le hubiéramos dicho que no, porque ya la habíamos entrevistado, ya tenía su espacio y era momento de que los otros dieran su versión. Fue algo que no estaba preparado", dice Denise Maerker.

Florence Cassez no tenía planeado hacer la llamada telefónica a Televisa, pero el aplomo que muestra el director de la AFI bajo los reflectores y su negativa ante las evidencias la hacen perder los estribos. Necesita denunciar la trama de mentiras; en aquel momento, descuelga el aparato telefónico.

En el momento en que el productor de *Punto de Partida* se comunica al foro para informar a Maerker sobre la llamada telefónica de Cassez, la comunicadora se enfrenta a un dilema: "Era muy delicado. Ser secuestrador en México no es cualquier cosa, porque es un delito muy grave en donde la población se ha sentido muy desprotegida". Denise Maerker se pregunta entonces si, por ética periodística, debía propiciar un careo al aire entre un secretario de Estado y una presunta secuestradora. "Decidí que no iba a hacerlo."

Bajo la presión que significa una transmisión en vivo, no puede pedirle a la acusada que cuelgue. Aprovecha una pausa comercial para comunicarle al funcionario que tiene a la arraigada francesa en la línea y que al volver de los anuncios publicitarios le dará la oportunidad de expresarse, pero sin permitir que se suscite un debate o careo entre los dos. La tensión en el foro se hace palpable.

Desde la casa de arraigo, Florence Cassez da voz a los sentimientos que ha contenido durante ocho semanas: aclara que su detención se llevó a cabo el 8 de diciembre y no el 9, que permaneció encerrada en una camioneta, y habla de la llegada del equipo de televisión al rancho Las Chinitas. Rechaza los cargos que se le imputan y denuncia la mala fe del director de la AFI. Frente a miles de espectadores estupefactos se despliega un duelo entre dos verdades, un encuentro que, por primera vez, perturba la prestancia de la máxima figura nacional en la lucha contra el crimen organizado. Maerker recuerda a un Genaro García Luna "tenso" al final del programa e insiste en que, vista con detenimiento, la *mise-en-scène* es tan ridícula, que resulta "increíble que no haya sido un escándalo a los cinco minutos" de aquel mismo 9 de diciembre.

Sin lamentar su decisión, Maerker sospecha por un segundo haber rebasado la línea y se apresta a que los directivos de la televisora la despidan. No sucede así, pues no hay lugar a dudas. Una parte del subterfugio ya fue confesado: la verdad fue convertida en una representación teatral. Hecho que, a fin de cuentas, no resulta una verdadera sorpresa en el panorama audiovisual mexicano.

Al enterarse el director del Centro Nacional de Arraigo de la PGR de que una de las detenidas está contradiciendo en cadena de televisión al alto mando y acusándolo de perjurio, el verdadero zafarrancho de combate da comienzo. Más de una docena de vigilantes se precipitan hacia el lugar donde se encuentra la detenida. Al abrirse las rejas la detenida termina y cuelga, con el alivio de quien juega su última carta, aterrada por el avance de los guardias, dispuesta a lo peor.

Ni un solo golpe, ni una sola agresión. La mujer es llevada ante el director de la casa de arraigo, atónito de que la francesa haya logrado hacerle semejante afrenta a un alto mando, y delante de decenas de millones de compatriotas. Cassez no se desmorona. Le responde al funcionario que le basta con llamar a Televisa para ser escuchada, segura de haber logrado inclinar la balanza mediática en su favor. La misma prensa que causó su perdición ayudará a su resurrección. Esta vez recibe sólo un regaño y una súplica del director, quien sabe que lo ocurrido le valdrá una severa reprimenda por parte de las altas esferas. "No vuelva a llamar a los medios." De regreso en su celda, Cassez concilia el sueño, convencida de haber ganado una batalla importante.

Al día siguiente, la detenida nota un ambiente distinto. La mirada de las celadoras deja de ser inquisidora; las guardias se muestran atentas. En la sala de visitas la saludan desconocidos, estrechan su mano, la felicitan por haber puesto en jaque a un funcionario de tan alto nivel. Le llevan las notas de periódicos donde se habla de ella y la confortan: "No vas a estar encerrada mucho tiempo. Vas a salir".

En las oficinas de la AFI y de la Procuraduría, la reacción es distinta. La francesa puede proclamar su inocencia a los cuatro vientos; lo cierto es que está involucrada con un peculiar personaje: Israel Vallarta Cisneros.

09/12/2005

> Declaración del inculpado ISRAEL VALLARTA CISNEROS, rendida ante esta Representación Social de la Federación en fecha nueve de Diciembre de dos mil cinco, quien en su calidad de probable responsable dijo: "Que una vez que se me ha dado lectura del Parte Policial, signado por elementos de la Agencia Federal de Investigación, al respecto deseo manifestar que estoy en parte del contenido del mismo, por lo que en este acto manifiesto lo siguiente: Que hace aproximadamente tres años, conocí a un apersona que únicamente responde al nombre de SALUSTIO alias 'Sagitario' ".

En este documento oficial de cinco fojas de apretada escritura, el ex compañero sentimental de Cassez ahonda en su confesión de unas horas antes frente a los medios. Narra que conoció a Salustio por motivos laborales. Vallarta se dedicaba a la compra de vehículos accidentados que reparaba y vendía después entre particulares.

Después de una primera compraventa, Salustio le pregunta un día si puede conseguirle camionetas robadas para "levantar" personas. Poco a poco, Vallarta irá conociendo a una serie de personajes patibularios: *el Perro*, *el Piojo*, hasta prestarse a ser conductor en el secuestro de un ciudadano argentino. Su parte en las ganancias es de 45 000 pesos y así comienza a trabajar en la organización.

A lo largo de su declaración, otros nombres van surgiendo: Eustaquio, alias *Capricornio*; Pedro, alias *Tauro*; Gilberto, alias *Géminis*, pero el jefe es Salustio, encargado de contactarlo cada vez que requiere sus servicios. La banda de Los Zodiaco en pleno. Vallarta reconoce su participación en seis secuestros, incluidos los más recientes, los de Valeria, Cristina y su hijo, y Ezequiel Elizalde.

En el documento puede leerse que, dos semanas antes, se produjo una desavenencia con Salustio. Al negarse Vallarta a que las víctimas sean mutiladas, Salustio le responde: "si las quieres mucho, llévatelas a tu casa". Por ese motivo, los secuestrados se encontraban en el rancho que él rentaba. Su testimonio da pie a que pueda suponerse la complicidad, en cualquier modalidad y así sea indirectamente, de su ex pareja Florence Cassez.

Un punto queda en el aire: ¿en qué condiciones se tomó esta declaración? La pregunta no es anodina. México es signatario de diversos acuerdos internacionales que condenan la tortura. Si bien existe un arsenal jurídico y penal en vigor, esta práctica persiste y es la forma en que se resuelven muchos casos policiacos. El recurso de la tortura en México ha sido denunciado por organizaciones internacionales, como el Comité de las Naciones Unidas contra la Tortura, y nacionales, como la Comisión Nacional de Derechos Humanos. Ésta describe las prácticas más usuales:

> traumatismos por golpes con manos, pies u objetos contundentes, golpes con tablas en glúteos y oídos, asfixia o ahogamiento con aplicación de agua simple o gaseosa en nariz, boca y orejas, e inmersiones en ríos, pozos, piletas o cubetas, así como colocación de bolsas de plástico en la cabeza; descargas eléctricas en testículos, recto, pies, piernas y tórax; quemaduras con cigarrillos, con fierros calientes o escapes de motor; lesiones permanentes, tales como, heridas de arma de fuego; violencia sexual; suspensión colgado de los pies, los dedos o el cuello, exposición a sustancias químicas con la introducción de estopa con gasolina en la boca, y tortura a partir de posiciones o posturas que afectan tendones, articulaciones y músculos.[2]

La lectura del dictamen médico sobre el estado físico de los detenidos no expone nada en particular en cuanto a Cassez, pero en el caso de Israel Vallarta resulta revelador: "… presenta equimosis violácea de dos centímetros en cara posterior del brazo derecho en su tercio distal, zonas equimóticas irregulares y violáceas en cara externa del brazo derecho en su tercio medio, hombro derecho, regiones pectorales…". Tal como hacen suponer las imágenes de un Israel Vallarta vacilante por el dolor ante las cámaras la mañana de su detención televisada, presenta huellas inequívocas de tortura. Su declaración preparatoria pierde credibilidad.

El 22 de febrero de 2006, en presencia de su abogado defensor, el inculpado se retracta:

> […] uno de ellos, antes de golpearme me dijo que iban a empezar las clases de anatomía y golpearon en el hígado […] También en el tiempo que me golpearon estuve en el mismo lugar; me hicieron hacer varias anotaciones en diferentes listas, unas con nombres y números telefónicos, y en ellas hacer anotaciones como empleado, tío, hijo, sobrino,

[2] CNDH, comunicado de prensa 135, 22 de noviembre de 2005.

> vecino; otras blancas para hacer numeraciones, y en una hoja especial que me llamó la atención por tener rayas [...] y cuadros para poner nombres de los signos zodiacales con una diagonal. Me mostraron fotografías de [ilegible] e incluso de algunos que ya no tengo, me decían que Florence ya estaba como yo y que ya la habían violado. En esos momentos, creía todo.

¿Existen en realidad Los Zodiaco? ¿Es Israel Vallarta uno de ellos? Al día siguiente de su detención, el enigma prevalece. Un último detalle en la comparecencia de Israel, con fecha del 9 de diciembre de 2005, es de suma importancia. Pese al dolor, pese a las presiones que ejercen los agentes de la AFI para firmar la declaración que esperan (e incluso escriben ellos mismos), Israel Vallarta afirma:

> Florence Marie Luise Cassez Crepin, la cual conozco desde hace aproximadamente un año (cuando me la encontré en un elevador), misma que actualmente se pasa todo el día trabajando en un hotel de nombre Fiesta Americana de Polanco, motivo por el cual ella no estaba enterada de las personas que tenía secuestradas dentro de mi casa ni participó en ninguno de los secuestros que he narrado.

VII

Ignacio y los otros...

El revés televisado aquel febrero de 2006, parte del caso de Florence Cassez, no es una señal propicia para el poder en turno, que se prepara para las elecciones presidenciales del 2 de julio. El país vive en estado de tensión visible. Pocos son los interesados en las maniobras de García Luna, aun cuando es del dominio público su cercanía con la primera dama de México, cuyo poder e influencia no cesó de crecer durante el sexenio foxista. Los periodistas que han dado seguimiento al fenómeno debaten en torno a su papel. Para la periodista argentina Olga Wornat, Martha Sahagún de Fox no es otra que "la Jefa", como expone en su libro homónimo,[1] a quien sitúa al lado de un Fox débil e influenciable; para Anabel Hernández, a ella "le toca la peor parte, por proteger a su marido, pero la corrupción es una práctica común".

Los medios polemizan por saber si es Martha o Vicente quien orquesta los ataques en contra de Andrés Manuel López Obrador, candidato presidencial del Partido de la Revolución Democrática (PRD). Una certeza es absoluta a principios de 2006: existe una estrategia en marcha para provocar la caída del favorito en la carrera presidencial del 2 de julio.

López Obrador logró un *tour de force* al echar por tierra la tentativa de sus adversarios, en abril de 2005, de impedirle participar en la con-

[1] *La Jefa: Vida pública y privada de Marta Sahagún de Fox.*

tienda electoral. Un presunto desacato judicial, tan tenue como estrafalario, es el pretexto ideal de la PGR para lanzar un embate contra la candidatura del favorito de la izquierda. La presunta violación de un decreto de amparo, expedido por la negativa de detener las obras en marcha, en un terreno expropiado, para construir una vía de acceso a un hospital, fue la argucia legal con la que pretendieron el desafuero y encarcelamiento de Andrés Manuel López Obrador, entonces jefe de gobierno del Distrito Federal.

Una alianza entre el PRI y el PAN valida aquella maniobra en el Congreso. Una vez más, la respuesta viene de las calles: un millón de personas marcha en abril de 2005, en protesta por el *impeachment* a la mexicana. El resultado de los sondeos públicos es unánime: 80% de los encuestados dice no creerle a Vicente Fox y su gobierno cuando aseguran que no intervinieron en un "asunto puramente judicial".

Diversos juristas aseguran que el jefe de gobierno del Distrito Federal es perseguido por un delito inexistente y un hecho menor. La balanza de la justicia se inclina hacia la indignación de una buena parte de la sociedad mexicana, conmocionada ante el uso de una estrategia digna de los tiempos priístas. Los instigadores del despojo esperaban asistir a una tormenta en un vaso de agua en la ciudad de México, pero no previeron el tsunami nacional e internacional que se avecinaba. No imaginaron que el Parlamento Europeo consagraría una de sus sesiones al tema, ni que habría protestas en Londres, París, Madrid y Washington, mucho menos la denuncia de la maniobra en la prensa extranjera. Un editorial del *New York Times* proclama: "¡Dejen que los electores mexicanos voten!"[2] En pocas palabras, tal parece que Vicente Fox prefirió dar mil vueltas alrededor de las encuestas y las intrigas palaciegas antes que tomar la ruta de acceso más famosa de México… al hospital de la política.

[2] 7 de abril de 2005.

Es él mismo quien informa de la "renuncia" del procurador general de la República, el general Rafael Macedo de la Concha, el 27 de abril de 2005, y asegura: "Mi gobierno a nadie impedirá participar en la próxima contienda federal". El asunto concluye con un Andrés Manuel López Obrador cargado de un renovado prestigio y un doble fracaso para sus oponentes.

En febrero de 2006, el PAN va a la zaga en las encuestas y lanza su nueva campaña, basada en atacar al aspirante que representa a la izquierda. Estrategas del Partido Popular Español llegan a México y ofrecen una cura para el PAN con propuestas desmedidas: de ahí en adelante, López Obrador es "un peligro para México" en los medios. Los spots dejan de promover la figura de Felipe Calderón y muestran los retratos de López Obrador y Hugo Chávez superpuestos; una voz en *off* alerta: "Obrador es amigo de Chávez". El político tabasqueño y el presidente de Venezuela en realidad no se conocen, pero el objetivo central es causar alarma entre el electorado. Por su parte, Vicente Fox, cuya investidura le impide pronunciarse durante la campaña, aprovecha cada una de sus apariciones públicas para recordar la clase de peligro que representa López Obrador. El Instituto Federal Electoral (IFE), árbitro de todo escrutinio a partir del año 2000, protesta por la campaña televisiva del PAN y las intervenciones del presidente, pero no dicta ninguna sanción. Para fines de mes, el tono de agresividad de la campaña contra el candidato del PRD se recrudece. El partido Acción Nacional goza del respaldo absoluto de la representación patronal, que se encarga de pagar una cantidad innumerable de spots contra López Obrador. La intervención ilegal de la Confederación Patronal de la República Mexicana (Coparmex) tampoco es motivo de sanciones. La estrategia brinda sus primeros frutos: López Obrador desciende en las encuestas. Los spots finales del PAN muestran a un joven López Obrador estrechando la mano del subcomandante Marcos: *¿puede un hombre capaz de aliarse con la guerrilla ser un buen gobernante?*, inquiere el spot. Sin embargo, durante su campaña, López

Obrador pierde credibilidad frente a la izquierda, a raíz de las severas críticas por parte del mismo subcomandante Marcos, quien deja claro que bajo ninguna circunstancia formaría alianza con el tabasqueño. Desde hace varios años, los zapatistas reiteran: "Ya no creemos en los partidos políticos, llámense el PAN, el PRI o el PRD, sólo cambia el nombre, pero las prácticas son las mismas: todos defienden el liberalismo económico que nos mata". También ellos están en campaña. En 2005, el subcomandante Marcos tomó su pluma acerba para la redacción de un nuevo *¡Ya basta!* Aquellos a quienes se creía "sosegados", incluso "muertos", proponen entonces a los mexicanos: "comenzar otra campaña, distinta a la campaña electoral, que no sirve de nada ni nos sacará nunca de la miseria".

Hace años que el Ejército Zapatista de Liberación Nacional (EZLN), sublevado en Chiapas en 1994, no ocupa las primeras planas de la prensa mexicana. En 2001 organizan una gran caravana que llegará hasta la ciudad de México, la marcha del color de la tierra; los indígenas llegan hasta el Congreso para hablar de la importancia de que se respeten los Acuerdos de San Andrés. El pacto político en que los zapatistas renunciaban a las armas y que reconocería cierta autonomía a las comunidades indígenas en materia agraria, organización política y educación, entre otras cuestiones. ¡México se situaría a la vanguardia en materia de derechos indígenas! ¡El país daba pruebas de tolerancia hacia los pueblos indígenas! No bien regresan a Chiapas, los zapatistas reciben la noticia de que los acuerdos no se ratificarán jamás; ninguno de los tres partidos políticos hegemónicos en México vota a su favor.

Contrariados, deciden, para demostrar su utilidad, llevar a la práctica en Chiapas los acuerdos: dan vida a los caracoles zapatistas, comunidades que se caracterizan por tener autonomía cultural, económica y política, bajo el precepto escrito en grandes letras a la entrada de cada caracol: "Aquí manda el pueblo y el gobierno obedece". El ejército zapatista ha dejado, progresivamente, que las organizaciones civiles —Juntas de Buen Gobierno— tomen las riendas en su sustitución, después de 21 años de lucha, de los cuales un decenio sucedió en la clandestinidad. El resultado de los caracoles en cuanto a los objetivos de los zapatistas, como la instauración de una verdadera democracia, la salud, la educación, el respeto al medio ambiente, la cultura y los derechos de las mujeres es evidente. Logrado esto, hombres y mujeres con pasamontañas alzan una vez más la voz hacia el país:

> llegó la hora de arriesgarse otra vez y dar un paso peligroso, pero que vale la pena [...] O sea que, como quien dice, invitamos a las organizaciones políticas y sociales de izquierda que no tengan registro, y a las personas que se reivindiquen de la izquierda y que no pertenezcan a los partidos políticos con registro, a reunirmos en tiempo, lugar y modo que les propondremos en su oportunidad, para organizar una campaña nacional, visitando todos los rincones posibles de nuestra patria, para escuchar y organizar la palabra de nuestro pueblo. Entonces es como una campaña, pero muy otra, porque no es electoral.[3]

Durante el verano de 2005 convocan a una serie de reuniones preparatorias en un caracol: las principales organizaciones indígenas, ecologistas, sociales y feministas de México participan. Representantes sindicales, de colectivos culturales, de grupos homosexuales, de la Iglesia y estudiantes contribuyen; todo el mundo toma notas de manera concienzuda para informar a sus grupos respectivos sobre las propuestas nacidas en el nutrido encuentro, que en lo sucesivo será conocido como "la otra campaña". En enero de 2006 el subcomandante Marcos emprende el camino desde Chiapas, a la cabeza de una pequeña caravana. Asiste adonde lo convidan. Las reuniones tienen lugar en las plazas públicas, en centros culturales, en recintos comunitarios. Algunas veces son miles los asistentes, otras apenas una

[3] Sexta Declaración de la Selva Lacandona, junio de 2005.

docena, pero el ritual es el mismo: los ciudadanos exponen a la delegación zapatista sus vicisitudes, sus luchas. Marcos, ahora "Delegado Zero", señala las reivindicaciones de la sociedad y elabora una radiografía de los combates en el país. El 27 de abril llega a San Salvador Atenco, donde la batalla contra el proyecto foxista de construir un aeropuerto en Texcoco se ha transformado en una lucha permanente para obtener mejores escuelas, proteger el medio ambiente y ayudar a los más pobres. Una mayoría significativa de atenquenses se sumaron a "la otra campaña", por lo que una pequeña delegación, abanderada por Ignacio del Valle, viene acompañando al delegado Zero desde hace varios días. Los pobladores de Atenco no son desconocidos; la caravana entra en el estado de Morelos, cuna de Emiliano Zapata, justo en el momento en que la policía intenta dispersar a un grupo ecologista que se opone a la construcción de una carretera. El arribo de hombres del FPDT montados a caballo ahuyenta de inmediato a los uniformados. Después de Morelos enfilan hacia el Estado de México, donde los reclamos de los pobladores retumban: la región es pobre, pues alberga un grupo de zonas marginadas o es eminentemente rural, como Atenco. Pero, además, los pobladores se quejan de que las autoridades echan mano de la fuerza pública para "resolver" los problemas sociales. Casi en todas partes, Marcos se encuentra con vendedores ambulantes, tan numeroso en México como los desalojos de que son objeto. En Texcoco, a unos 20 kilómetros de Atenco, un grupo de floristas informa que el gobierno municipal planea cerrar el mercado para que se construya una tienda de la cadena Wal Mart. Ignacio del Valle, líder del FPDT, se compromete personalmente a defender el mercado central, lleno de colores y aromas; el activista sabe que todos los pequeños productores de la región acuden al mercado a ofrecer sus productos.

El 1° de mayo, Ignacio del Valle aparece nuevamente al lado de Marcos, enarbolando el machete sobre la plancha del Zócalo capitalino. Marcos alude justamente a los ambulantes:

Y hemos escuchado a los pequeños comerciantes, desalojados por las policías de los gobiernos del PRI, del PAN, del PRD, del PT, del Verde Ecologista, de Convergencia. Todo para que no se vea sucia la ciudad, para que los grandes centros comerciales: Sams, Wal-Mart, Comercial Mexicana, Soriana puedan tener sus clientes de lujo, sin que esos clientes tengan que ofender su olfato con nuestro olor, que es el olor del trabajo. Los pequeños comerciantes, las pequeñas comerciantes, nos dijeron: "hasta morir si es preciso".

La víspera había dicho, durante el Encuentro Nacional Obrero:

Los ricos y los poderosos lo son porque quitan a otros la riqueza, porque explotan a los que trabajan en las ciudades, en los campos, en las montañas, en los ríos, debajo de la tierra, en el mar. Decimos también que el capitalismo convierte todo en mercancía y organiza a toda la sociedad para que se hagan mercancías, para que se compren y se vendan. Entonces, nosotros, nosotras, los zapatistas, vemos que el responsable de nuestras penas y desgracias es el sistema, el sistema capitalista. Entendemos que el capitalismo es el enemigo y que no podremos vivir con dignidad y paz hasta que sea destruido ese sistema y todo lo que lo sostiene.

Al final de ambos discursos, el delegado Zero, llevado por los aplausos, lanza un llamado a recuperar la riqueza que las clases privilegiadas han robado, encarcelar a los políticos, quitarle "la propiedad de los medios de producción" al sistema capitalista y comenzar la revolución. Los "orejas" del gobierno, como se conoce a los infiltrados en eventos de tal naturaleza, llevan el mensaje a las autoridades. Un funesto heraldo, como lo probarán los sucesos que dos días después acontecerán en Atenco.

VIII

Jacinta

26 de marzo de 2006. Un domingo cualquiera en la comunidad de Santiago Mexquititlán, 200 kilómetros al norte de Texcoco. Desde el amanecer, Jacinta y su esposo, don Memo, cargan la vieja pick up con grandes ollas. La noche anterior, Jacinta terminó de preparar las aguas frescas y los helados que desde siempre han vendido en el tianguis y a la salida de las escuelas. Cada domingo visitan varios mercados sobre ruedas antes de instalarse en el de su pueblo, Santiago, comunidad otomí.

En el seno familiar, como todos aquí, nadie se comunica en español, "nomás con la gente de fuera, con las autoridades", como explica don Memo. En la cartografía del Instituto Nacional de Estadística, Geografía e Informática, el pueblo de Santiago pertenece a dos categorías: "pobre" e "indígena". Comprobarlo no es difícil: la región es un paraje semidesértico repleto de nopaleras, rematado por una aldea donde aparecen, por supuesto, la iglesia, la plaza y, en derredor, las casas, cubos de tabicón. Pobre e indígena, indubitable, pero con el calor y los colores de una comunidad unida. En estas tierras se cultiva maíz negro, blanco y rojo, gramínea ancestral, alimento primigenio del mexicano.

En la plaza principal, los vendedores se saludan, se instalan y comen. Las mujeres comienzan a primera hora a preparar las tortillas: "como antes"; en este pueblo no hay tortillerías, donde grandes máquinas escupen discos de maíz parecidos, pero insípidos. El café de olla compite con el Nescafé, que se sirve al mismo precio. La Coca-Cola es omnipresente, como en el resto del país. Pero la cultura indígena se transparenta en cada rostro, en cada gesto. El ocasional extranjero hispanoparlante viene desde Querétaro —la "Cuna de la Independencia", como se lee en los letreros de bienvenida—, a 70 kilómetros de distancia. Una de las ciudades del país con más recursos, declarada Patrimonio de la Humanidad por su arquitectura colonial.

Querétaro vio a un grupo de nobles sublevarse en 1810 contra la potestad española. En las tierras otomíes de los alrededores es bien sabido que ese episodio de la historia mexicana no habría sido posible sin ellos. Evangelizados desde la fundación de Querétaro —"la tumba de los héroes nacionales para muchos mexicanos"— en 1748, los otomíes se alzaron y pelearon durante años. Fueron muchas las promesas a cambio de su sangre, pero la Independencia jamás les ha hecho justicia.

En Santiago prevalece aún la misma pobreza, la misma devoción.

Aquél, como cada domingo, Jacinta va a misa. Las únicas vacaciones que se concede en la vida son durante la semana de penitencia en el Santuario de Atotonilco, a las que suma un peregrinaje a pie hasta la Basílica de Guadalupe, en diciembre.

En Atotonilco, las mujeres, en su mayoría otomíes, dedican una semana al ejercicio espiritual: los rezos, el recogimiento y la penitencia son su única actividad. Desde hace varios años, Jacinta tiene la figura de "celadora": ella es responsable de su comunidad durante la semana de penitencia. Para alcanzar ese rango es necesaria una devoción fervorosa. También durante la peregrinación a La Villa es "jefa de grupo". En su casa pueden verse varias fotografías donde aparece a la vanguardia del grupo, portando el emblema de Santiago Mexquititlán. En su comunidad, Jacinta es conocida por visitar a los enfermos, a los ancianos, "los necesitados" y, durante todo el año, acompañar con sus plegarias los cortejos fúnebres. Sus seis hijos han ido a la escuela, su marido es trabajador y no bebe alcohol. Jacinta es vista como un ejemplo por su comunidad.

Desde hace poco tiempo, al tianguis dominical acuden también vendedores de discos y DVD piratas. Antes no había televisiones y mucho menos reproductores de DVD, pero estas malas copias, con un costo que oscila entre los 10 y los 20 pesos —como en el resto del país—, ya están presentes en Santiago. Algunos jóvenes otomíes han comenzado a venderlos también. La piratería es oficialmente ilegal en México. La primera protesta contra este fenómeno provino de la Motion Picture Association of America, que representa a los cuatro estudios cinematográficos más grandes de Hollywood. El gobierno mexicano reconoce la validez de sus reclamaciones y acepta que un filme en cartelera se vende en las calles, en DVD pirata, por la quinta parte del precio del original, el mismo día de su estreno; a veces, inclusive antes del estreno. Una queja recurrente, sin duda. "En efecto, pero no hay nada que podamos hacer", responden las autoridades. En el país hay cuando menos 50 millones de pobres, la mitad de la población económicamente activa vive del "comercio informal", vendiendo en las calles lo que puede. Trátese de lustrosas baratijas "made in China" o de DVD piratas, la impotencia contra unas y otros es evidente. Los grandes corporativos han elevado el tono de sus protestas y amenazado con demandar a México frente a la Organización Mundial de Comercio. En el entretanto, la policía federal ha asestado varios golpes a los falsificadores, a la vista de todo el mundo, incluido Hollywood.

Así, pues, en distintos rincones del país la policía despliega espectaculares operativos para desmantelar, de madrugada, laboratorios donde se replican las copias ilegales. Las cámaras de los medios son convocadas a presenciar el retiro de cientos de bolsas de basura repletas de discos. A la par, se confiscan drogas y armas; al lado, algunos hombres esposados.

Hollywood ha dejado en el olvido las acusaciones, como quien comprende que todos los estratos del país están implicados en el negocio: en los estratos más bajos, los ambulantes se llevan unos billetes a los bolsillos, mientras que en la cúpula, las organizaciones criminales reciben nutridos dividendos del tráfico. Por definición, son las drogas, las armas y la prostitución los motivos de tráfico ilegal. Ahora, la piratería se ha sumado a la lista. Y nadie parece atreverse a definir la numeraria de los beneficios de la nueva actividad ilegal, que se antoja una gran mina. Si bien la venta de discos piratas es ilegal, está presente en las calles, los mercados, en la salida de las estaciones del metro, de las escuelas e incluso de los cines.

Los golpes espectaculares en contra de la piratería han menguado. Jacinta los ha visto en la televisión, en los noticieros, ya que ocurren en la ciudad, no en las comunidades. Ella no conoce ese mundo; nadie de su familia vende piratería. Con todo, la piratería será el principal tema de conversación ese domingo 26 de marzo entre los vendedores de Santiago Mexquititlán y la policía. Nadie sabrá nunca qué pasó por la cabeza de seis agentes de la AFI, la policía de élite, al aproximarse al tianguis de Santiago. ¿Llevarse unas monedas al bolsillo? ¿Hacer alarde de poder frente a "esos pinches indios", como tanta gente los llama? Tampoco saldrá a la luz por qué eligieron Santiago Mexquititlán, una comunidad con apenas 3 000 almas y tan sólo un puñado de vendedores de DVD piratas. La verdad jamás será dicha, y menos delante de un juez.

Aquel domingo, los seis policías ministeriales avanzan, determinados, hasta los puestos de DVD. Nadie adivinaría que se trata de policías, ya que no van uniformados ni portan identificación visible. Frente a los jóvenes vendedores se presentan como policías especiales de la AFI y amenazan con decomisar la mercancía. "En ese momento, nos tranquilizamos, sabiendo que no eran ni delincuentes ni narcos", recuerda un comerciante que acude cada domingo a Santiago.

La tardanza de los vendedores en obedecer las órdenes provoca el enojo de los policías, que comienzan a causar destrozos. "Vi que comenzaron a pisotear los discos y otros dos me llevaron aparte y me dijeron: 'si nos pagas nos arreglamos, te dejamos tus discos. Si no, nos llevamos todo'. Traté de calmarlos, diciéndoles que les iba a pagar, pero ya habían pisoteado la mitad de mi mercancía en un ratito." El hombre que afirma conocer perfectamente los métodos de la policía ya que hace varios años vende discos DVD piratas, declara: "No me sorprendió ver cómo actuaron, sino de verlos aquí, en una pequeña comunidad indígena, donde nunca hay problemas".

Al llegar frente al puesto de Gabriel, un joven otomí de la comunidad que vende DVD piratas desde hace unas semanas, ya han destruido tres puestos. El suyo está al ras del suelo, es exiguo, sólo tiene los últimos estrenos del mes: "Mi hermana Alberta vio todo y les pidió su identificación. Fue la primera en ponérseles enfrente. Hasta ese momento, los vendedores todavía intentaban negociar, ofreciéndoles dinero". Los policías no olvidarán el rostro de Alberta, cuya figura, en ese momento, rodean ya los hombres del pueblo, quienes también exigen que se identifiquen; no entienden el motivo de tal violencia. La policía pisa el suelo de esas comunidades en raras ocasiones; allí los hombres del pueblo se encargan de la seguridad y los problemas se arreglan en la comunidad. Sin más opción, los policías se ven obligados a dar sus nombres, que de inmediato son anotados por los pobladores. "Con su actitud nos mostraron que no estaban actuando legalmente y que nomás tenían la intención de robarnos, pero no nos desinflamos y les dijimos que tenían que pagar por lo que habían roto", prosigue Gabriel. La rebelión de los indígenas no estaba prevista. Al verse impedidos para salir de la comunidad, los policías llaman a sus superiores para pedir ayuda. Aparecen en escena Gerardo Cruz Bedolla, agente del Ministerio Público, y Omar Evaristo Vega Leyva, jefe regional de la AFI.

El tono de las negociaciones cambia. En contraste con la arrogancia inicial de los agentes, los jefes se deshacen en disculpas frente a los comerciantes. Reconocen que sus subalternos se excedieron y ofrecen la reparación de los daños. Los pobladores asienten, pero rechazan la mercancía que les es ofrecida: "eran DVD viejos que seguro acababan de quitarles a los de otro tianguis, no eran estrenos", explica Gabriel. Los mandos están de acuerdo en pagar, entonces, pero no llevan efectivo con ellos. La desconfianza se instala entre los vendedores: ¿cómo saber que verdaderamente volverán? El jefe propone dejar a un agente desarmado y en el ayuntamiento, en garantía. Todos de acuerdo: las autoridades se marchan y los comerciantes escarban entre el destrozo para contar el número de discos estropeados. El policía que se queda a esperar a sus compañeros intenta distender la atmósfera mandando a varios niños a comprar bebidas para los comerciantes. Reina la confianza, incluso brindan con él. El delegado municipal lo instala en su oficina y le permite usar su teléfono.

Las campanas repican, la misa ha terminado. Cuando Jacinta sale de la iglesia, cada quien ha vuelto a sus ocupaciones. La mujer indígena no presenció el sainete, pero su hija Lety le relata lo que sabe, por rumores. El puesto de la familia se encuentra a 150 metros del ayuntamiento, pero, justo frente a sus garrafas de agua fresca, hay un puesto de discos. A lo lejos, Jacinta escucha a la gente que se congratula por su actitud: "Todos estaban contentos porque los policías les iban a pagar, que las cosas habían cambiado, 'por una vez'. Hablaban en español y yo no estaba segura de haber entendido todo. Yo no creí que fueran a pagar".

La tarde pasa sin incidentes. Los jóvenes se relajan en los puestos, alternando la venta en el tianguis con el futbol. Hombres y mujeres tienen su propio equipo. Estela, la hija mayor de Jacinta, termina su partido. Su madre necesita ir a la farmacia, como cada semana, para recibir una inyección. Le pide a su hija que la acompañe. "Me dan miedo los piquetes." Las dos cruzan la plaza y entran en la farmacia justo en el momento en que los policías por fin regresan al pueblo. Jacinta tampoco asistirá a la siguiente escena. Los mandos policiacos están de vuelta con refuerzos y acompañados de un periodista local. Los comerciantes se reúnen y cuentan el dinero de la "indemnización". El intercambio dura poco; para Jacinta, el suspiro de un piquete.

Mientras madre e hija recorren la plaza de regreso la policía sigue allí, redactando sobre una hoja de papel un acuerdo en que se comprometen a no volver a molestar a los vendedores del tianguis de Santiago. Los dos jefes de la policía firman el papel y lo entregan al edil. Jacinta no tiene prisa; espera a su marido, don Memo, y la pick up para cargar los garrafones. Son las siete de la noche; el viento enfría. A paso lento, sobre la plaza, aliviada de que el "piquete" haya quedado atrás, Jacinta se sorprende ante la muchedumbre que se reúne frente al ayuntamiento a esa hora. Se cuela para observar; un policía estrecha la mano del presidente municipal. Jacinta no se percata de la presencia del periodista que, justo en ese instante, toma una foto. En primer plano está Alberta; detrás se encuentran, de pie, Gabriel y su esposa, Teresa. Al fondo, la cabeza de Jacinta, que pasa caminando. Al lado de su madre, se observa a Lety.

Don Memo regresa por fin, y los tres vuelven al puesto para recogerlo. Jacinta no sale del asombro por la historia que le han contado. "¿Tú crees que la policía les pagó? Pero si era piratería", le dice a su esposo. Don Memo no conoce la historia y tampoco le interesa. Está fatigado, desea volver a su casa cuanto antes, ha recorrido varios mercados vendiendo helados. Las ganancias son magras, pero permitirán pasar la semana.

Al salir de Santiago, los policías montan en cólera. Han debido pagar a los pobladores 40 000 pesos, casi cuatro meses de su sueldo, pidieron dinero prestado a los 50 policías que vinieron como refuerzo, recibieron de sus superiores una reprimenda severa y maldicen haber tenido que obedecer a los indígenas. ¡El mundo al revés! Incluso se vieron obligados al compromiso de no regresar a Santiago, ellos, agentes de élite, normalmente temidos por la gente. Un puñado de indios de pueblo los ha ridiculizado. Contrariados, deciden fraguar una fábula grotesca; faltaba más, que para eso son la policía, la ley, y nadie se atreverá a dudar de su palabra contra la de un grupo de indígenas analfabetas, y, mucho menos, sus compañeros de la PGR-AFI.

La tarde de ese domingo, apenas vuelven al cuartel, redactan un informe donde se entreteje la realidad y la ficción y los roles se truecan. Sobre el papel, los seis agentes declararon que se habían apersonado en Santiago en atención a una denuncia telefónica anónima que implicaba a una persona conocida como *la Güera* en la venta de cocaína dentro del tianguis. En su relato imaginario, los seis agentes descubren una bolsa con cocaína oculta bajo una lona en un puesto de discos DVD piratas. En ese momento, continúa el parte policial, *la Güera* hace doblar las campanas de la iglesia en señal de alarma para impedir su arresto. "Estuvimos bloqueados durante dos horas por los autos de los habitantes que, además, estaban armados con piedras y picos. Fuimos amenazados por 'La Güera' y un hombre, diciendo que si queríamos salir vivos de allí teníamos que pagar 80 mil pesos."

Así, pues, los policías de élite, en peligro de muerte, inermes ante una masa enfurecida, abandonan a un compañero en prenda y corren despavoridos en busca del dinero. De acuerdo con su declaración, *la Güera* es Alberta, la mujer que se atrevió a exigirles una identificación. Poco importa el hecho de que Alberta jamás haya tenido un puesto en el tianguis, ella y un hombre que no logran identificar son los responsables. Los agentes no han puesto punto final a su reporte, pero tomaron precauciones: mientras volvían con el periodista, ya habían urdido la trama en sus cabezas. Por otro lado, le dictan la historia al periodista acompañante, quien más tarde admitirá que en ningún momento vio a ninguna persona secuestrada. Al día siguiente, sin embargo, la fotografía aparece en el periódico junto a la cabeza: "100 personas secuestran en Santiago a un agente de la AFI". Por la nota desfilan *la Güera*, la cocaína y la cólera de la masa. Jacinta no aparece jamás en el informe de los agentes. Ignora que su rostro aparece en esa edición del periódico. Lo sabrá más tarde, cinco meses después, tras las rejas…

IX

Florence

"Farsa policial en México. Agentes federales recrean la captura de un grupo de secuestradores para dar una buena imagen en la televisión", se lee en el diario español *El País* del 16 de febrero de 2006. La emisión del 5 de febrero de *Punto de Partida* no pasa inadvertida. No es la intervención de Florence Cassez en vivo la piedra que golpea y perturba las aguas de la farsa, sino el hecho de que Genaro García Luna acepte, si bien a regañadientes, la existencia de un engaño, aun cuando señale a los periodistas como instigadores de éste. La recreación del arresto fue para complacer el sensacionalismo de los medios; parece ser su argumento de defensa. Las ondas de choque que la noticia provoca se propagan a todas las redacciones, y las autoridades no pueden evadir convocar a una conferencia de prensa.

El 10 de febrero, frente a una nube de micrófonos, García Luna acepta que las imágenes difundidas por Televisa y TV Azteca no pertenecen al rescate en vivo de un grupo de víctimas de secuestro. Pero la culpa es compartida; sin inmutarse, el jefe máximo de la AFI repite lo ya dicho en el programa de Denise Maerker: "A petición de ustedes, les mostramos cómo fue el ingreso a la casa de seguridad". Daniel Cabeza de Vaca, procurador general de la República, remacha la versión de que la "reconstrucción" del arresto se realizó en beneficio de la verdad: "lo único que hemos tratado nosotros es, en primer lugar, de servirlos a ustedes como medios informativos".

El trago es amargo, pero pasará. Televisa opta por hacer rodar una cabeza en la búsqueda de asegurar su imagen, a todas luces deontológica. El reportero Pablo Reinah cargará con la cruz de la culpa. Después de casi 10 años de prestar buenos y leales servicios a la televisora, es despedido. En alguna de las escasas declaraciones que hará públicas posteriormente, afirma: "nunca, en ningún momento, a nombre propio ni de Televisa, solicité, pacté o participé en un montaje. No acepto, ni acepté, ni aceptaré, haberme prestado a un montaje".

En lo sucesivo, rechaza cualquier contacto con colegas que busquen saber qué sucedió aquella mañana fatídica para su carrera.[1] La turbación agita también las aguas de la clase política. Surgen las reacciones por parte de las bancadas en el Congreso. Un diputado del PRD no oculta su ofuscación: "Nadie puede defender semejante falta de probidad por parte de la policía actualmente llamada Agencia Federal de Investigación". La manga ancha del poder se cobija bajo otra manga ancha: ninguno de los responsables de la superchería recibe sanción disciplinaria, administrativa o penal. Por el contrario, algunos de ellos ascenderán a las más altas esferas del poder.

Febrero de 2006 es un mes de resurrecciones y resurgimientos. El día 8, Cristina Ríos Valladares amplía su declaración ministerial ante la SIEDO, en la que expone "algo muy importante" que había olvidado mencionar en diciembre y que atañe al episodio del secuestro en que a su hijo Christian le es extraída sangre de un brazo. El menor, según se lee en el documento, le relata a la madre que "no había sido un doctor, sino que había sido una persona del sexo femenino, que hablaba con acento raro, ya que no podía pronunciar la palabra 'aprieta', esto porque dicha persona le pedía que apretara el puño". El nombre de Florence Cassez no aparece en el documento, aunque se hace alusión a ella. Su hijo, en cambio, la menciona sin cortapisas en su respec-

[1] Contactado por los autores, el reportero se rehusó a responder cualquier pregunta.

tiva ampliación de declaración, fechada seis días más tarde, el 14 de febrero, en San Diego, California, lugar donde la familia dice haber buscado refugio para dejar atrás la pesadilla del secuestro. Con el tiempo, también el menor recuperó la memoria: "la mano que sentí y observé era muy delicada, suave y de piel blanca". El niño se percata de la delicadeza de la mano a través de un resquicio abierto al levantarse la cobija que cubre su cabeza.

Las acusaciones van *in crescendo*. Al día siguiente, Cristina es categórica:

> mi hijo y yo escuchamos la voz de una persona extranjera con acento muy peculiar, por lo que una vez que he analizado esta voz, con la voz que he escuchado en los medios de comunicación (televisión) de la persona que se identifica con el nombre de Florence Marie Louise Cassez Crepin, y sin temor a equivocarme, reconozco que es la misma voz que escuché en varias ocasiones en las dos casas de seguridad en las que estuvimos en cautiverio mi hijo y yo.

A esas revelaciones se suma la efímera aparición de un testigo providencial el 10 de febrero de 2006. Leonardo Cortés López vende verduras en la misma colonia donde vive la familia Ramírez Ríos. Durante años, Cristina Ríos acude casi todos los días a su puesto metálico sobre ruedas, ubicado en la calle, frente a una farmacia de nombre Río Blanco, para comprar legumbres. A finales de octubre de 2005, Leonardo comienza a notar la ausencia de su clienta y supone que ésta cambió de domicilio, pero cierto día, al acudir a su puesto, el hermano de Cristina le informa que ella está muy enferma y no puede salir a la calle. Un mes más tarde llega a sus oídos que la señora viajó a Estados Unidos para recibir atención médica.

El miércoles 8 de febrero Leonardo descubre, para su grata sorpresa, que Cristina se aproxima a su puesto de verduras.

—¿Cómo sigue de salud, señora?

—La verdad es que me secuestraron.

—Oí que a uno de los vecinos lo habían secuestrado.

—Fue a mí.

Al filo de la conversación, Cristina menciona a la mujer francesa que fue detenida. ¿Una francesa? Leonardo recuerda entonces:

> antes de que la señora Cristina se ausentara, logré darme cuenta de que en varias ocasiones, es decir dos o tres veces, cuando la señora Cristina Ríos iba a mi puesto de verduras a comprar, inmediatamente después llegaba una persona que nunca había visto, y que por su forma de vestir y de hablar se me hacía rara, ya que era una persona que vestía bien y que su forma de hablar era diferente, es decir que no podía pronunciar bien el español.

Aclarando que cuando esta persona iba a comprar, siempre lo hacía inmediatamente después que acababa de despachar a la señora Cristina Ríos,

> incluso en una ocasión como se me hizo raro la presencia de esa mujer, fue que la comencé a seguir con la vista, lográndome percatar que iba atrás de la señora Cristina; es decir, observé que la señora Cristina se metió a la farmacia y atrás de ella se metía la otra señora, y cuando salía la señora Cristina, salía con una bolsa, como si hubiera comprado algo en la farmacia y atrás de ella salía la otra persona y únicamente con lo que me había comprado, por lo cual quiero suponer que estaban siguiendo a la señora Cristina.[2]

Una fotografía oficial de Florence Cassez, de frente y de perfil, complementa la declaración ministerial. Debajo de la imagen, una nota de torpe caligrafía y varios renglones de extensión la acusa de ser

[2] Expediente judicial de Florence Cassez.

la misma "rara" mujer que frecuentaba puesto. La firma es de "Leonardo C.L." ¿Qué hay detrás de este testimonio? No se sabrá jamás; el testigo muere atropellado poco tiempo después. El documento, sin embargo, forma parte del expediente judicial.

Han pasado tres meses desde la detención de Cassez. Una avalancha de documentos y datos ha ido dando cuerpo, gota a gota, a un expediente judicial que, con todo, resulta menos fatigoso que el expediente mediático. A mediados de enero, la prensa tiene en sus manos las declaraciones que Cristina, Christian y Ezequiel Elizalde hacen a una televisora francesa, y en las cuales implican de manera directa a Florence Cassez en sus secuestros. Las acusaciones que se filtran a la prensa acallan los rumores en torno del montaje mediático, pero la emisión del 5 de febrero equilibra la balanza. Los testigos son entonces requeridos para hacer empatar el expediente judicial con las acusaciones en público, hecho que no sorprende al abogado defensor de la acusada, Jorge Ochoa, que ante el micrófono de Radio France Internationale declara:

> Estas denuncias son hechas por presión de funcionarios de la AFI y la Procuraduría General de la República, quienes le dicen a los testigos: "Denúnciala, porque si no la denuncias va a salir libre y el resto de la banda te va a buscar para matarte". La falsedad de declaración se castiga con una pena mínima, por lo que las personas deciden correr el riesgo. Lo que piensan es: "Si así dejo de tener problemas...". Es una práctica común.[3]

El penalista mexicano José Antonio Ortega confirma este tipo de prácticas tanto en su libro *El secuestro en México* como en la entrevista que concede a los autores. Después de todo rescate, la angustia

[3] Programa *Parlez-moi d'elles*, transmitido por Radio France Internationale el 7 de julio de 2006.

que experimentan las víctimas cede el paso a una gratitud sin límites hacia sus libertadores. Así, pues, si un policía al que han conferido esa aura de respeto les pide que distorsionen de una u otra manera la verdad para facilitar la lucha contra los criminales, la mayoría de las víctimas no vacila en hacerlo. "Si me hubieran dicho que Mickey Mouse fue el responsable de mi secuestro, yo lo hubiera acusado", le confió alguna vez una víctima.

Una ojeada a los registros de ingreso a las oficinas de la SIEDO, los cuales forman parte del expediente judicial de Cassez, deja ver, en los días posteriores a la emisión de *Punto de Partida* del 5 de febrero, un extraño ajetreo. El 10 de febrero es un día clave: Cristina y su esposo se presentan en la SIEDO en tres ocasiones a lo largo de la jornada. Christian, el hijo de ambos, pasa cuatro horas con un oficial, rindiendo su nueva declaración. La familia aún permanece en las instalaciones de la SIEDO al llegar la medianoche. Acto seguido, vuelan a Estados Unidos, donde la madre y el hijo rinden las primeras declaraciones en las que incriminan a Florence Cassez. ¿Qué sucedió? ¿Cuál fue el carácter de las conversaciones entre la familia y los agentes policiacos? Es un enigma.

Para Jorge Ochoa, el primer abogado defensor de la ciudadana francesa, el misterio no es tanto. Su estrategia consistirá en buscar la invalidación de esos testimonios como parte de la averiguación. El sistema jurídico mexicano confiere una influencia preponderante a las primeras declaraciones ministeriales sobre las subsecuentes (se conoce como "principio de inmediatez procesal"). Así, pues, en sus comparecencias de diciembre de 2005, ni Cristina ni Christian apuntan la presencia de Florence Cassez. En todo momento, mientras dura la confrontación posterior al espectáculo del 9 de diciembre, sus palabras son concluyentes: ninguno de los dos la ha visto ni ha escuchado su voz jamás. Consta, con letras imborrables, en su primera declaración.

X

Florence

Al conocerse en Francia la noticia de la detención de Florence Cassez, gracias a un comunicado de la agencia noticiosa AFP, pocos medios reaccionan. El semanario *VSD*, excepcionalmente, dedica al caso un artículo de varias páginas a comienzos de enero de 2006.[1] Amén de una serie de lugares comunes de la joven presa del pánico, la publicación se apropia de las declaraciones de la AFI que campean en la prensa mexicana. El artículo es, en realidad, una copia al carbón aderezada con aposiciones sensacionalistas: "La diabólica de México", "Bonnie y Clyde versión mexicana". El autor nunca se toma la molestia de descolgar el teléfono y establecer contacto con los padres de Florence Cassez. Esta omisión provocará, a la postre, una demanda por daños y perjuicios a la familia, que la publicación perderá.[2]

El artículo de *VSD* logra despertar, sin embargo, la curiosidad de algunos periodistas. Jacques Yves Tapon, a la sazón colaborador de France Bleu Nord, emisora local de Radio France en la ciudad de Lille, en el norte del país, será quien se decida a remover el velo de las simples apariencias. Al igual que sus colegas, su reacción inicial es archivar la nota, pero un detalle capta su atención: la detenida es originaria de la región norte de Francia. Telefonea a los padres de Cassez,

[1] *VSD*, núm. 1480, 4 de enero de 2006.

[2] Tras la publicación del artículo, Charlotte Cassez, la madre de Florence, es despedida de la notaría donde labora.

mientras que su olfato periodístico lo lleva a detectar minucias en los escasos documentos que llegan a sus manos.

Bernard y Charlotte Cassez lo ponen al día sobre el curso de los acontecimientos que han desembocado en la inculpación de su hija en una sórdida historia de secuestros. Luego lo ponen en contacto con Jorge Ochoa, entonces abogado defensor de la joven gala, con quien establece un intercambio de correos electrónicos varias veces por semana y gracias a los cuales comenzará a germinar la idea de que su compatriota tal vez no sea "tan culpable".

Para la familia Cassez, abrazar la batalla mediática deviene en prioridad. Es obvia la necesidad de ejercer el derecho de réplica frente a la versión oficial que ofrecen los medios mexicanos y lograr suscitar el interés de los medios galos. Sébastien Cassez, el hermano de Florence, crea un sitio en internet para dar a conocer los alegatos en favor de ésta.[3] Este sitio se convertirá en un espacio de expresión para un grupo de usuarios anónimos que, cada vez en mayor número y conmovidos por la suerte de la joven, le envían mensajes de apoyo. También se ocupa del caso *Le Petit Journal*, publicación destinada al lector francófono de las grandes capitales del mundo, incluida la ciudad de México, donde ofrece a la comunidad gala del país el seguimiento del "affaire Cassez" desde el momento de la detención.

Le Petit Journal. *26 de enero de 2005.*
Relato recabado por C. V y Valentin Bontemps

> *Le Petit Journal*: Después de varias semanas, usted y su familia han decidido romper el silencio respecto al problema que involucra a su hermana, ¿por qué?
>
> Sébastien Cassez: Cuando estalló el escándalo, todo el mundo nos decía: "Sean discretos". Incluso nuestros abogados nos aconsejaron pru-

[3] www.florence-inocente.com.

> dencia, por tratarse de un asunto delicado. Pero cuando vimos el matiz que cobraban los sucesos decidimos cambiar de estrategia [...] Aunque todo el mundo conoce la historia de Florence, nadie la entiende. La policía y los medios mexicanos tienen una versión y Florence otra: la gente se pregunta por qué. Pues nosotros conocemos el porqué.

La iniciativa encuentra cierto eco. El 12 de enero de 2006 la televisora pública France 3 dedica al caso una nota de tres minutos en su informativo vespertino. La televisora privada TF1, la más antigua de Francia, es la primera en asignar un equipo para cubrir la nota en México. Los periodistas de TF1 son recibidos con especial cordialidad por la AFI. De ninguna manera viajaron para irse con las manos vacías; los resultados de su visita deben ser tangibles. Así, pues, la PGR les ofrece en exclusiva una conferencia de prensa con Cristina, Christian y Ezequiel Elizalde en esa especie de "fuerte Knox" que resguarda a la institución. Los testimonios llevan la clara intención de convencer a las autoridades francesas de que la detención de la ciudadana francesa se ejecutó en el marco de la ley. El 29 de enero la nota aparece en el programa *Sept à Huit*. El primer artículo publicado en el periódico *Le Monde* corresponde a la edición del 2 de febrero, pero, sobre todo, es la prensa del norte de Francia la que se ocupa del tema. El diario *Nord Éclair* despliega en su edición del 17 de enero el encabezado "Florence Cassez podría pasar 50 años en prisión" a un lado de la fotografía de sus padres. Los periodistas se ciñen a los hechos: la detención y su alta carga mediática, las acusaciones de las autoridades mexicanas, entre las que le imputan 10 secuestros a la banda de Los Zodiaco, los padres que claman la existencia de un "complot" y "una sarta de mentiras". "Están buscando un culpable, y lo han encontrado en nuestra hija, pero ella es inocente —espeta una Charlotte Cassez de rostro extenuado", escribe Matthieu Millecamps en el *Nord Éclair*.

Por su parte, Jacques-Yves Tapon no consigue aún convencer a la redacción de Radio France de realizar un reportaje *in situ*. Para satisfacer su curiosidad profesional, decide mezclar el trabajo con el placer y pasar las vacaciones de febrero con su familia en México. Una vez en suelo azteca, se reúne con el abogado defensor y su compatriota inculpada. "Para obtener un pase de visita me presenté ante las autoridades como integrante de la familia, como su tío, y dejé mi credencial de prensa en el auto."[4] Al dirigirse a la casa de arraigo donde se encuentra Florence, al tío "postizo" lo invade la sensación de ser parte de una mala novela policiaca. "El abogado me pareció una persona francamente extraña. Me confió que, dada la importancia del caso, tal vez estábamos siendo seguidos. Nos detuvimos frente a un centro comercial, entramos y salimos por otra puerta." ¿Paranoia, acaso? ¿Medidas de precaución innecesarias tomadas por el abogado mexicano sólo para impresionar al reportero francés? "En la cárcel, Florence me entregó unas hojas de cuaderno en las que narraba todo lo sucedido hasta el momento. Al regresar a mi cuarto de hotel las dejé sobre una mesa, antes de salir con mi familia a dar un paseo. Cuando regresamos, las hojas habían desaparecido." Al inquirir en la recepción del hotel, un empleado le informa que en su ausencia un grupo de policías se había presentado en el lugar para registrar su habitación. Hay gato encerrado. El asunto ha cobrado un giro político, afirma el abogado. El periodista no tiene duda alguna: cueste lo que cueste, lo investigará a fondo.

A pesar de las solicitudes que la familia dirige al gobierno francés, el Ministerio de Asuntos Exteriores se rehúsa a tomar partido. "México es una república soberana y Francia no tiene derecho de intervenir en sus procesos judiciales", responde la instancia. Impensable para la familia, entonces, la posibilidad de aspirar a recibir la protección consular habitual, aquella que se brinda a cualquier ciudadano francés cuando está en problemas en el extranjero, bien en caso de catástrofes naturales, bien por problemas de salud o por enfrentar dificultades jurídicas.

[4] Entrevista con los autores, 18 de julio de 2009.

En la capital mexicana, Jacques-Yves Tapon recibe del cónsul galo una respuesta que también hace eco de prudencia: "Ya la visité. Me aseguré de que su arraigo tenga lugar en condiciones aceptables. Y que el tratamiento que reciba sea, cuando menos, igual al que se reserva a los ciudadanos mexicanos detenidos en las mismas circunstancias. Hemos mantenido un contacto estrecho con ella, al igual que con su familia y su abogado". El funcionario francés concluye la entrevista afirmando que los poderes públicos del país europeo se encuentran "en franca movilización en torno a este tema, al que prestan considerable atención".

De acuerdo con las leyes mexicanas, aun cuando la Procuraduría General de la República no haya aportado las pruebas formales de sus acusaciones, basta con la existencia de indicios para confirmar la aprehensión de las personas.

Le Petit Journal. *14 de marzo de 2006*

> El pasado viernes, Florence Cassez fue trasladada al penal de Santa Martha Acatitla. Después de 88 días de arraigo la juez federal Olga Sánchez Contreras decidió, al término de una audiencia de casi siete horas, fincar responsabilidad penal a ella e Israel Vallarta. La juez estimó que las pruebas de culpabilidad aportadas por la Procuraduría eran suficientes para que Vallarta y Cassez fueran juzgados, a pesar de las irregularidades cometidas durante su detención por la AFI. La ciudadana francesa, quien deberá responder ante las acusaciones de secuestro, portación ilegal de armas y delincuencia organizada, sigue, sin embargo, clamando su inocencia.

De regreso en Francia, Jacques-Yves Tapon enfrenta grandes dificultades para despertar el interés de sus jefes de redacción en los resultados de su viaje. Su íntima convicción, nacida de su visita a la inculpada y de la información que recibe, no se sustenta aún en pruebas tangibles. Entre sus interlocutores priva la incredulidad. Cada vez que toca el tema escucha en respuesta una frase que terminará siendo un estribillo: "Cuando el río suena…". Sólo no quitando el dedo del renglón, y empeñando su larga experiencia en el oficio, obtiene los recursos para cubrir la apertura del proceso judicial.

La segunda estancia de Tapon en México inicia la víspera del 1 de mayo de 2006; el enviado especial entrega una crónica carcelaria que se difunde en la frecuencia de Radio France:

> La vida no es fácil en la cárcel de mujeres de Santa Martha. Desde comienzos de marzo, Florence Cassez comparte una celda con otras reclusas. No hay agua caliente. Los días en que debe ser trasladada al juzgado para una audiencia que no tendrá lugar la despiertan a las 4 de la mañana para salir a las 7. El trayecto se realiza en un camión de la policía y las mujeres son obligadas a sentarse en el suelo, a falta de asientos. Hace dos días, para la joven originaria del norte de Francia terminó una semana en una celda de castigo por una falta que no entiende. Afortunadamente no faltan las muestras de solidaridad: algunas la ayudan a calentar el agua en un tambo con una resistencia eléctrica, otras simplemente comparten con ella las provisiones que reciben. En este universo, me comenta su madre: "Florence no quiere perder la confianza; ésta es su motor y también su único recurso: la confianza en el futuro".
>
> México, Jacques-Yves Tapon, *France Bleu Nord.*

XI

Ignacio y los otros...

Mientras que Jaques-Yves Tapon comienza su investigación periodística, *la otra campaña* aprovecha la llegada del Día del Trabajo para convocar a un mitin en el Zócalo capitalino. Ignacio del Valle, el dirigente del FPDT, hace el viaje desde Atenco. Al día siguiente, recibe una llamada urgente desde Texcoco. Los floricultores despertaron con la noticia de que las inmediaciones del mercado donde acostumbran ofrecer sus productos desde hace 15 años están ocupadas por la policía. Una vez más, suponen, la razón de su desalojo tiene que ver con la vieja historia del ayuntamiento de promover un supermercado y la "revitalización del Centro Histórico". El día siguiente, 3 de mayo, Día de la Santa Cruz, en que se celebra a los albañiles y se adornan las construcciones con flores, es sinónimo de buenas ventas para ellos.

Un mes antes, las autoridades municipales anuncian su decisión de desalojar a 1 200 comerciantes ambulantes que ocupan el perímetro del mercado Belisario Domínguez. La gran mayoría de los vendedores que ocupan regularmente las inmediaciones del mercado son, en realidad, campesinos que venden sus productos de manera directa. Quince días antes se había producido un enfrentamiento con cerca de 1 000 policías, durante un violento desalojo. Un grupo de ocho floristas toma rumbo hacia Atenco, para solicitar el apoyo del FPDT.

Frente al subcomandante Marcos, Ignacio del Valle y sus compañeros habían prometido ayudarlos, pero es a partir de la batalla contra el proyecto del aeropuerto de Texcoco que el FPDT ha ganado el estatus de "interlocutor" ante las autoridades para resolver los problemas de la región. "Este acuerdo político[1] señala que ambas partes [el FPDT y las autoridades] se comprometen a reunirse regularmente para evitar el surgimiento de un nuevo conflicto y proponer proyectos para la región. Cuando Ignacio se ocupa de los floristas, ese 2 de mayo, está actuando completamente dentro de su papel, reconocido por las autoridades desde el año 2000", explica Leonel Rivero, abogado del FPDT.

La negociación del 2 de mayo entre los floristas y las autoridades va viento en popa. Las autoridades aceptan que los ambulantes trabajen los días 3 y 10 de mayo, y el 12 de diciembre. Ambas partes acuerdan entablar el diálogo en busca de una solución. Las autoridades no renuncian a su plan de urbanización, pero toman nota de la "difícil situación de los ambulantes". Ignacio del Valle expresa su gratitud:

> Nos tranquilizaron bien porque nos atendieron. Si se va a resolver, que se resuelva en serio. Nuestros hermanos tienen que comer. Gracias, licenciado Arturo, por esa intervención. Cuando decimos gracias, también sabemos reconocer el esfuerzo de ustedes. Cuando no se privilegia el diálogo, esto es lo que va a suceder. ¿Qué queremos que suceda? Pues que mañana estemos celebrando. Estamos entendiendo que el gobierno del estado retira la fuerza pública. Sí necesitamos por ahí un papelito; y si no nos lo quieren dar, tampoco nos preocupa el papelito. ¿Qué sigue? Que mañana, de 4 a 11 de la mañana, nuestros hermanos floristas van a ejercer su derecho a trabajar.

Frente a las casi tres decenas de floristas que rodean a Del Valle, los tres funcionarios asienten. La despedida es cordial. "Nacho, que estés muy bien."

[1] Los autores del libro poseen una copia del acuerdo.

—Que esto no se termine aquí, debemos seguir el diálogo y encontrar una solución.

—Claro que debemos continuar —responde el subprocurador del Estado de México.

—No quisiera insistir mucho, pero ¿sería posible que usted estuviera presente mañana? —pregunta amablemente Ignacio, que no recibe el acuerdo por escrito.

—No, desafortunadamente no me será posible —indica el funcionario.

—Bien, no pasa nada, entendemos bien— concluye Ignacio del Valle.

La escena queda grabada y constata la última aparición pública, en libertad, de Ignacio del Valle, quien se muestra pausado, tranquilo, decidido a ayudar a los floristas. Tres veces pronuncia la palabra "diálogo" y en ningún momento desafía a las autoridades. "Este episodio es fundamental porque comprueba que el Estado de México estaba comprometido a dejar que los floristas trabajaran. La traición proviene de ellos", indica Juan de Dios, uno de los integrantes del Colectivo de Abogados Zapatistas (CAZ).

3 de mayo, 4 am. Con absoluta confianza, los floristas se presentan en el mercado de Texcoco, cargando sus productos. Unos 20 miembros del FPDT los acompañan, machete en mano, entre ellos, Ignacio del Valle. La sorpresa es mayúscula: los efectivos policiacos no solamente siguen allí sino que, de la noche a la mañana, se ha duplicado su número. Han cercado el mercado entero y portan equipo antimotines. Las floristas deciden avanzar pacíficamente, ignorando la presencia de los uniformados. Las mujeres avante, colmados los brazos de flores. "¡Queremos trabajar! ¡Queremos trabajar! ¡No vendemos droga!" Al llegar a los primeros puestos, las fuerzas del orden las reciben a empellones. Sus compañeros intentan responder, pero el grupo de 30 personas está en clara desventaja

numérica. Los comerciantes se dispersan velozmente y se refugian en la casa de una florista, a pocas calles del mercado. Nadie puede salir de allí; los uniformados sitian la manzana entera hasta las 17 horas, momento en que la policía de élite, apoyada por helicópteros, entrará en la casa.

Ignacio del Valle previene a su esposa Trini, que permanece en Atenco. "Ya hay seis heridos y cuando menos cuatro detenidos. Hay que organizar algo en Atenco para presionar a las autoridades, pero tenemos que ser prudentes, porque esta vez no están disparando las balas de goma de siempre. Ahora están usando proyectiles que abren el cráneo", explica Trini al más de medio centenar de hombres reunidos en Atenco. El FPDT decide entonces bloquear la carretera México-Lechería como primera medida en desagravio, una táctica que adopta con frecuencia y que, en esta ocasión, provoca una fila de autos que llega hasta el Distrito Federal, a 35 kilómetros de distancia.

La policía de asalto se aposta y los enfrentamientos duran varias horas, hasta que comienza a circular la noticia de que en pleno centro de Atenco un joven de 14 años de edad acaba de morir por disparo de bala. La entrada de la policía en territorio atenquense coincide con la salida de la escuela y de la iglesia, esta última abarrotada por ser día de fiesta.. Los testimonios recabados por la Comisión Civil Internacional de Observación de los Derechos Humanos (CCIODH) comprueban que muchos de los comuneros atestiguaron el hecho: el testigo 43:

> El 3 de mayo yo estaba en la Iglesia de Atenco por ser la fiesta de Santa Cruz. Cuando salí junto con los demás ya estaban avanzando los granaderos. Llenaban la calle con lacrimógenos y estaban atacando a la gente. Salimos corriendo de la iglesia para ir al centro del pueblo. Era la hora de salida de los niños y los granaderos empezaron a disparar con pistolas. Eran policía estatal y seguían tirando gas y disparando. En la calle

habían muchos jóvenes [...] Nos atacaron más o menos tres veces y en este ataque murió el niño". [2]

La ira estalla en las calles, pero nadie tiene tiempo de mirar la televisión, que acaba de interrumpir su programación para informar sobre "los sucesos de Atenco". En vivo, a partir de ese momento, y captados desde los helicópteros de la policía, los reporteros confirman la muerte del menor Javier, víctima de "un petardo lanzado por los pobladores".

La información es falsa, pero permite confirmar la proclama oficial de la naturaleza violenta de los atenquenses. La ubicación de las cámaras que captan la ira de los habitantes de Atenco y la refriega es perfecta: durante casi una hora los habitantes de Atenco son dueños de la situación y las fuerzas policiacas se repliegan. En el estudio de la televisora del Ajusco, Gloria Pérez Jácome y Jorge Zarza se muestran indignados y tienen preparado un discurso manido: "Es una verdadera vergüenza lo que estamos viendo. Los manifestantes están haciendo correr a la policía. ¿Qué espera el gobierno para responder, para enviar refuerzos y terminar de una vez por todas con estos hombres?" A lo largo del resto de la tarde, TV Azteca lanza de manera machacante al gobierno la petición de enviar refuerzos, incluidos elementos militares.

Aquel 3 de mayo, así como los cuatro días siguientes, una imagen se vuelve repetitiva, aquella que, desde las alturas, muestra a un policía inconsciente de cara al sol, instantes antes de que un manifestante se aproxime y le aseste, brutalmente, una patada en los testículos. Las televisoras repiten la escena una y otra vez, pero ninguno de los periodistas que presencian los enfrentamientos explica al público las razones de los violentos actos que la pantalla despliega. Después de la muerte del joven, los uniformados detienen y golpean ferozmente a atenquenses que no participaron en la manifestación. Los policías

[2] Todos los testimonios que recopila la CCIODH son anónimos como precaución antes posibles represalias. En el informe referido, que puede consultarse en línea, aparecen numerados: hhtp://cciodh.pangea.org.

allanan las casas, causando destrozos, robando y arrestando pobladores. "Por otro lado, la mayor parte de los detenidos el 3 de mayo no pertenecen al Frente, son personas que iban pasando por ahí, o regresaban de su lugar de trabajo. Personas que ni quiera sabían que la carretera estaba bloqueada", agrega Juan de Dios.

Ese mismo día se registran los primeros casos de abuso sexual que, días después, algunas mujeres describirán y denunciarán formalmente. Las victimas son mujeres que se vieron obligadas a cruzar las barricadas para salir del trabajo o regresar a sus casas.

Ninguna de las televisoras habla de estos abusos, ni durante la transmisión vespertina, en vivo, ni en sus noticiarios nocturnos. Aun cuando los habitantes de Atenco exhiben ante los reporteros un puñado de cartuchos hallados en la vía pública, la versión de la muerte del menor se mantiene inalterada: un petardo es la causa del deceso. Lo ocurrido ese 3 de mayo es responsabilidad de los ejidatarios. Cuando un grupo de televidentes sospecha que los elementos policiacos deben ser en parte responsables de la violencia y envían correos electrónicos pidiendo imparcialidad y mesura, Gloria Pérez Jácome les responde en vivo:

> Nos preguntan, Jorge, por qué no somos más imparciales en nuestros comentarios y por qué nos atrevemos a pedir el envío de refuerzos policiacos para golpear a las personas. Y bien, no, señor, estamos pidiendo el envío de la policía ¡para defender a los policías! Los que están golpeando a los policías son los habitantes de San Salvador Atenco, como acabamos de ver en las imágenes.

Al aparecer en pantalla la imagen de Ignacio del Valle con el rostro ensangrentado y sujeto con firmeza por un agente de élite, los conductores de la emisión se congratulan: ¡por fin, un poco de orden! Las imágenes, sin embargo, hablan por sí mismas: la policía de élite llevó a cabo un asalto de violencia inusitada para desalojar a 30 personas desarmadas que son detenidas al instante. El número de manifestantes y pobladores heridos se desconoce. Hay 11 policías heridos.

En días posteriores, tres especialistas en derechos humanos, después de analizar las acciones de la policía mexicana, declaran ante la prensa:

> Los cuerpos policiales llegan al lugar de los hechos acompañados de las cámaras de televisión para mostrar el cuerpo del joven Javier y los enfrentamientos en los que son golpeados los policías. Ahora bien, algunos policías se encuentran aislados y los manifestantes los maltratan, mientras que, en este tipo de operativos, uno de los principios fundamentales para la policía es no separarse nunca. Entonces, la estrategia de las autoridades consiste, pues, en "sacrificar" a algunos efectivos para provocar al Frente y exhibirlos ante la opinión pública como un grupo violento.

De acuerdo con los expertos, la estrategia es la misma que fue puesta en marcha en 2003 contra los altermundistas en Cancún, durante la reunión de la Organización Mundial de Comercio, asimismo en Guadalajara, durante la cumbre Unión Europea-América Latina, al año siguiente. Las cámaras se ubican en lugares estratégicos para captar el "calvario" que sufren los uniformados "sacrificados" a los manifestantes; las escenas permitirán legitimar la represión violenta como respuesta. Si bien, en ambas ocasiones, la fuerza pública reprime con violencia a los manifestantes, se abstiene de cometer un número de abusos tal que llame la atención de los medios occidentales. En este sentido, Amnistía Internacional ha denunciado la tortura a la que fueron sometidos los manifestantes en Guadalajara, una vez concluida la cumbre. En Atenco, por el contrario, la presencia de testigos internacionales es mínima: la brutalidad de los actos represivos es, sencillamente, inédita.

Jueves 4 de mayo de 2006. Al amanecer, los atenquenses saben que el gobernador del Estado de México, Enrique Peña Nieto, ha prometido darles un escarmiento, pero no esperan "eso". Han hecho un llamado al diálogo, tal como ocurrió en 2002, han tomado como rehenes a 12 elementos policiacos para intentar intercambiarlos por los 100 detenidos del 3 de mayo. En señal de su buena fe, liberan a seis policías heridos. No saben, sin embargo, que Ignacio del Valle fue trasladado al penal de máxima seguridad de El Altiplano, en el que permanecen recluidos los narcotraficantes y delincuentes más peligrosos del país. Tampoco saben que la violencia del 3 de mayo no será nada en comparación con lo que ocurrirá hoy. Esta vez serán 3 000 los efectivos de diversos cuerpos de seguridad pública que harán acto de presencia con una consigna clara: sembrar el terror.

Es difícil dar cuenta, por escrito, de lo que vivieron los habitantes. La operación Rescate, como ha sido bautizada, fue planeada para ser televisada. Prueba de ello es que esta vez los encargados de dar la orden del inicio del operativo serán las televisoras, precisamente a las 7 de la mañana, momento en que comienzan sus programas noticiosos matutinos. Frente a la línea de policías que aporrean violentamente sus escudos con los toletes, el reportero de Televisa se apresta para marcar la entrada en escena de las fuerzas del orden.

Una vez más, los reporteros ocupan un lugar privilegiado: la plaza central de Atenco, frente a una calle que muchos de ellos describirán como un "corredor de sangre" por el que, en efecto, desfilarán los heridos y los detenidos. Un cordón policiaco, en contraparte, les impedirá el acceso a una gran parte de Atenco. Lo que suceda dentro del poblado se sabrá posteriormente gracias a las cámaras que portan los habitantes y algunos de los policías mismos. Ese 4 de mayo el objetivo ya no es liberar la carretera federal, sino detener a los integrantes del FPDT y a sus simpatizantes, provenientes de la ciudad de México el día anterior en solidaridad con los comuneros.

La policía recurre a una técnica usual en México: un poblador, corrompido y tal vez también bajo amenaza, revela a la policía el domicilio de los militantes del FPDT. Sin embargo, la policía allana un número mucho mayor de casas, sin saberse con exactitud cuántas. En cada operativo, por lo tanto, el mismo escenario se repite: los uniformados entran con violencia, causan destrozos, golpean y graban a los detenidos durante un breve interrogatorio para luego conducirlos a camiones o camionetas pick up, apilados unos sobre otros. Numerosos testimonios obtenidos por la Comisión Civil Internacional de Observación para los Derechos Humanos refieren ese modo de aprehensión.

Testimonio 65

> Nos trataron como ganado, como animales... toda la calle iba repleta de policía... querían matarnos de tantos golpes, tienen manía de pegar, porque no te pegan a los brazos, no: te pegan a la cabeza. Así que dice el gobierno, bueno, si no los mato, por lo menos los dejo locos...

Testimonio 62

> Nos pusieron en la pared de cuclillas, nos golpeaban en la cabeza. Un policía dijo: "esta perra está limpia", porque mi cabeza no sangraba, aunque me habían golpeado y me golpeaban más...

La constante que marcará con más fuerza a los televidentes y a las víctimas del 4 de mayo es la sangre. En efecto, como declara Miguel Velasco, director en aquel tiempo del Centro de Derechos Humanos Miguel Agustín Pro: "la estrategia consistía en aterrorizar a los habitantes de Atenco, pero también a todos los mexicanos. Se observa en la manera de derribar las puertas, destruir el interior de las casas, golpear a la gente con el tolete directamente en la cabeza para hacerlos sangrar rápidamente". Los analistas e investigadores, por su parte, sostienen que las fotografías publicadas, a partir del día siguiente, infunden terror en la población, uno de los claros objetivos de la "guerra psicológica" u operativo de "control de masas", como lo denomina el escritor Carlos Montemayor, historiador especializado en la guerrilla de la década de 1970 en México.

Varios ejemplos lo demuestran. El caso de Alexis Benhumea, de 20 años de edad, quien yace herido en el interior de una casa. Hace horas que su padre está llamando a los servicios de emergencia, pero la respuesta es siempre la misma: "Las ambulancias están allá, pero la policía no les permite el paso". Alexis vive en la ciudad de México, desde donde se ha desplazado junto con su padre y su hermano para apoyar a los miembros del FPDT. Apostado en una barricada, una cápsula de gas lacrimógeno lo golpea en la cabeza. Su padre logra encontrar refugio en una casa y durante 11 horas se ven imposibilitados de salir o recibir atención médica. Con ellos está Guillermo Selvas, médico de la caravana de *la otra campaña*; se encuentra en Atenco en compañía de su hija para auxiliar a los heridos. Frente a la gravedad de la lesión de Alexis, decide salir en busca de las ambulancias, pero es detenido y golpeado, mientras intenta explicar la emergencia. "Gritaban: 'dinos dónde está para rematarlo'. Al rehusarme a decírselos, me golpearon aún más", relatará, más tarde, Guillermo Selvas, quien es llevado de inmediato a un camión.

Otro ejemplo: en la casa de Ignacio del Valle ni un solo objeto queda intacto; todo fue destruido. El 6 de mayo, su esposa Trini, desde la clandestinidad, explica al periódico *La Jornada* cómo pudo escapar a la furia del maremágnum policial.

> Yo oí cuando se lo llevaron. Nos habíamos refugiado en casa de un familiar. No pasaron ni dos minutos cuando oímos el helicóptero sobrevolando la casa. Empezaron los disparos por todos lados, los vidrios de las ventanas volando en astillas, los golpes en la puerta, los gritos por los altavoces: "¡pinches revoltosos, ya se los llevó la chingada!" Alguien me empujó y me escondió en un lugar. Lo oí todo: cuando rompieron los muebles, cuando empezaron a patear a César, cuando se llevaron a él y a mis sobrinas; sus gritos. Tuve que morder mi

suéter para no suplicarles que no se lo llevaran, que no le pegaran. Tres veces se fueron y regresaron. Me buscaban. Querían detenerme a toda costa. Echaron bombas o no sé qué. Me caían pedazos de vidrio y yeso en la cabeza, pero nunca me encontraron. Todavía no me lo explico. Cuando sentí que se habían retirado, definitivamente salí y pude huir. Aquí estoy de milagro, pero no sé nada de mi familia.[3]

Trini desconoce el paradero de César, su hijo de 18 años, quien a pesar de haber sido aprehendido prácticamente a un costado de ella, no ha sido aún presentado ante ninguna autoridad judicial. Su nombre no figura en la lista de detenidos, aunque en algunas imágenes publicadas por la prensa es posible verlo siendo llevado por policías junto a otro joven. Será necesaria la intervención de diversos organismos internacionales de defensa de los derechos humanos para que César "aparezca" finalmente en prisión, una semana después de los sucesos.

El 4 de mayo, al atardecer, Atenco es un paisaje de desolación. Con el pueblo desierto como fondo, el reportero estrella de TV Azteca, Jorge Zarza, se congratula, con inconmensurable cinismo: "El operativo Rescate ha sido un éxito, pese a la muerte de un joven, ocasionada por un petardo lanzado por integrantes del Frente". Es, evidentemente, la única persona que así lo cree; en el transcurso de los días, los testimonios recogidos por la CCIODH confirmarán lo que era de suponerse: los habitantes sufren pánico, un trauma profundo, particularmente los niños.

Testimonio 50

Mi hija, al día siguiente ya no quería ponerse la pijama […]

[3] "Son priístas y panistas quienes acusan y entregaron al pueblo: Trinidad Ramírez", entrevista con Blanch Petrich, *La Jornada*, 6 de mayo de 2006.

—Sí, porque así, si regresan, me pongo los zapatos y ya estoy lista —explica la niña de 10 años.
Los niños se asustaron mucho.

Testimonio 78

Hay familiares que tienen miedo de llegar al pueblo y niños que al escuchar un ruido de carro fuerte se esconden debajo de la cama, ven un policía y se asustan. Mi sobrino está traumatizado pues presenció el asesinato de Javier Cortés. A él también le apuntaron con un arma. Pensó que iba a morir.

Testimonio 112

Yo y los niños apenas regresamos a la casa hace cinco días porque teníamos miedo de vivir allí. Todavía tenemos miedo y dormimos juntos los tres [llanto].

A pesar del profundo choque emocional provocado en la población, la operación Rescate no ha terminado. Para los 207 detenidos apiñados "como ganado" en los camiones de la policía, lo peor está por venir.

XII

Ignacio y los otros...

Lejos de las cámaras, el operativo Rescate entra en su peor fase. La tortura, que durará no menos de seis horas, es premeditada. Los agentes policiacos tienen las manos libres. La integridad física de los detenidos presenta ya un estado alarmante; nadie ha escapado a la violencia en las calles: algunos sufren fracturas en piernas y brazos, como Jorge Salinas, que lleva las manos destrozadas. Los testimonios de la gente que fue transportada en los camiones de la Dirección General de Reclusorios (DGR) coinciden: aquello fue el infierno. El trayecto entre Atenco y el penal de Santiaguito dura normalmente dos horas; el 4 de mayo, los vehículos tardan seis horas. Los hombres son golpeados sin cesar mientras que las mujeres sufren torturas sexuales.

Bárbara Italia Méndez está entre ellas. Llegó a Atenco en nombre de la Fundación Vida Nueva de México, de ayuda a la infancia, en busca de información sobre la muerte del joven Javier Cortés en el zafarrancho. La tarde del 3 de mayo, no logra ver a la familia de éste ni entrevistarse con testigos del drama. Decide pernoctar en Texcoco para indagar y hacer acto de presencia en caso de que se ejerza violencia contra los jóvenes. Atrapada entre las filas de los manifestantes y la policía, se refugia, al igual que muchos, en la primera casa que le abre sus puertas.

Los policías irrumpen violentamente en la casa:

Nos detuvieron a unas 20 personas junto con la familia, excepto a dos personas de la tercera edad. Primero nos preguntaron nuestra afiliación política, nos preguntaron si éramos zapatistas. Cuando les expliqué que yo venía en nombre de una fundación sólo como observadora, me golpearon mientras me decían: "observa esto". Luego me pusieron en manos de otros policías que estaban en la calle, a los que les dijeron: "a ésta resérvenle un trato especial". Me taparon la cara con mi suéter y me golpearon con sus toletes hasta que me abrieron la cabeza, tuve la impresión de que iba a perder el conocimiento. Me patearon en todo el cuerpo. Entonces me obligaron a subirme a un camión, y lo que vi ahí era una verdadera barbarie: había una pila enorme de gente, unos encima de otros, los policías les caminaban encima, los pateaban, yo oía los gritos de la gente que no podía respirar, que estaba hasta abajo. Me aventaron encima de la pila de personas y entonces empezó la tortura sexual. Me rompieron la ropa y luego la ropa interior. Todo el camino fui desnuda, me empezaron a golpear en los pechos y las nalgas con sus toletes; luego me manosearon, me penetraron en la vagina con objetos, pero no sé qué eran. Era algo metálico, es todo lo que supe. Un policía quería obligarme a decir frases obscenas, pero como me negué a hacerlo me golpeó con su tolete en los pechos hasta que, no pudiendo más, le supliqué que se detuviera. En ese momento, llama a sus compañeros y me encuentro rodeada de cuatro policías que continuaron con la tortura; me introducían los dedos en la vagina y la boca. Y mientras todo eso sucedía, yo escuchaba que a las mujeres que estaban a mi alrededor les estaban haciendo lo mismo, y gritaban y les suplicaban que se detuvieran, gritando que les dolía. Estuvimos a su merced durante varias horas. Cuando llegamos, por fin, a la cárcel, el médico que nos revisó nos dio a todas las mujeres el mismo papel que decía que no teníamos ninguna lesión grave. A fuerza de insistir, los doctores revisaron a las que estaban peor, pero de manera despectiva. A mí me tuvieron que coser la cabeza pero lo hicieron sin lavármela y, sobre todo, sin anestesia. Mientras más les decía que me dolía más se reían de mí. Era inconcebible, aunque ya no nos pegaran como lo habían hecho los policías, nos trataron con un desprecio inmenso. Desde un principio pedimos que nos revisara un ginecólogo, pero fue en vano. A fuerza de insistirle a la Comisión Nacional de Derechos Humanos, que nos visitó dos días después, el 9 de mayo se presentó una ginecóloga, pero sin instrumentos, para revisarnos. Sólo nos evaluó y dijo que no veía nada grave. Pero algunas presentaban desgarramientos vaginales, como más tarde descubrimos. Nos obligaron a escribir lo que nos había pasado, de manera anónima o no. Teníamos que describir y testificar lo que habíamos soportado; queríamos que fuera de la prisión lo supieran. Treinta y dos de las 47 mujeres escribimos. Algunas no quisieron hacerlo y otras negaron que las hayan torturado sexualmente. No entendíamos su negativa, pero después supimos que tenían más de 55 años y que en el mismo camión iban sus hijos o su marido. Lo único cierto, es que todas atravesábamos por el mismo estado, algunas más graves que otras. Las mujeres arrestadas el 3 de mayo fueron obligadas a practicar felaciones a los policías y algunas habían visto a su agresor. Desde que llegaron a la cárcel las obligaron a lavar su ropa porque ahí estaban todas las pruebas. Los testimonios del 4 de mayo eran distintos; nadie vio a los policías. Quince días después nos dejaron en libertad a 40 mediante el pago de una fianza. De las siete que quedaban, dos estaban acusadas de lo mismo que nosotras: "ataque a las vías de comunicación", por lo que podían salir también bajo fianza. Pero tenían todo el cuerpo morado, varias fracturas y lesiones vaginales. Su estado de salud era alarmante. Si el juez las hubiera dejado salir no habrían podido ocultar lo que habían sufrido. De golpe, les encontraron otro delito: "uso de explosivos", y salieron libres hasta un año después.

El testimonio que Bárbara Italia rinde a los autores de este libro no difiere mucho de los de las otras mujeres con las que compartió el encierro.

A lo largo del mes de mayo, sin embargo, la opinión pública mexicana no tiene conocimiento, aún, de los entresijos del operativo Rescate. Las primeras en hacer pública la violencia sexual de que fueron objeto son cuatro ciudadanas extranjeras detenidas y torturadas en Atenco, y deportadas de inmediato a su respectivo país. Las españolas Cristina Valls y María Sostres hablan desde España al día siguiente, con el corresponsal de *La Jornada*, Armando Tejeda. El 8 de mayo, el diario mexicano publica la entrevista:

> Nosotras llegamos a México para hacer un trabajo con las comunidades indígenas en Chiapas y después nos adherimos a *la otra campaña*, haciendo un trabajo de observadoras de derechos humanos y de fotografía. Cuando nos enteramos de lo que estaba pasando en Atenco nos fuimos para allá, llegamos de noche y vimos que ya estaban hechas las barricadas en los puntos de entrada y de salida del pueblo. Como a las seis de la mañana ya fue cuando entró la policía [...] Nosotros corríamos por el pueblo, intentando huir de la policía, ya que no había ninguna calle en la que no hubiera agentes; pero, al final, una señora nos abrió la puerta de su casa y logramos refugiarnos en una habitación unas ocho personas. Escuchamos cómo la policía empezó a aporrear las puertas de las casas para supuestamente buscar al policía secuestrado. Así que, finalmente, nos encontraron, nos agarraron y nos pusieron a todos con la boca al suelo, nos taparon la cara con capuchas y nos ataron las manos en el propio patio de la casa. Nos pidieron nuestros nombres, nos grabaron en video y empezaron los primeros insultos y golpes. Nos metieron en un camión, donde nos empezaron a golpear todo el tiempo con las porras y con patadas. Además de que nos insultaban muchísimo, a nosotras por ser españolas nos llamaban etarras, putas y más cosas. Después nos cambiaron a un camión más grande, donde pasaron lista a todos —creo que éramos 38— y nos agredieron sexualmente a las mujeres.[1]

[1] "Ciudadanas españolas dan cuenta de vejaciones a manos de policías", Armando Tejeda, *La Jornada*, 8 de mayo de 2006.

> La dificultad que enfrentan las dos mujeres al relatar la tortura sexual que sufrieron se cifra en estas palabras de María: "No quiero entrar en muchos detalles sobre las agresiones sexuales, pero nos quitaron la ropa, nos la rompieron, nos pasaban la mano muchos policías y prefiero ya no decir más cosas. Pero todo esto pasó en el camión en el que nos trasladaron de Atenco a Toluca, donde si intentábamos hablar con algún compañero nos pegaban, nos volvían a insultar y se reían de nosotros. A los cinco minutos de entrar en la cárcel nos quitan la capucha y nos quitan las esposas, además de que, como me habían hecho sangrar la nariz, me limpiaron enseguida, pero llegué con todos los pantalones rotos, sin sujetador, con la camiseta rota y con golpes por todo el cuerpo.

Ambas ciudadanas españolas son trasladadas junto con otros tres ciudadanos extranjeros (dos mujeres y un hombre) a la ciudad de México para ser expulsados *ipso facto* del país. Cristina evoca:

> Tanto a la gente de la cárcel como de Migración les contamos lo que nos habían hecho los policías y las vejaciones que habíamos sufrido, pero ellos decían que eso no era problema suyo [...] Hay un momento, como a las cinco de la tarde, en el que nos llevaron del cuarto a un coche. Nosotros preguntamos que adónde íbamos y nos dijeron que a una oficina de Polanco, pero el coche arrancó y rápidamente nos llevó al aeropuerto. Nosotros les explicamos que los policías del *operativo* en Atenco nos habían robado todo, pero se rieron de nosotras [...] A las 11 de la noche salió al vuelo, pero siempre nos acompañaron dos policías, hasta que llegamos a Barcelona.

Al día siguiente, 9 de mayo, al teléfono desde Chile, Valentina Palma responde a las preguntas de Blanche Petrich, de *La Jornada*, el único rotativo que busca conocer el destino de las mujeres. Bajo el título "Valentina vivió el Chile de Pinochet, pero en México", la joven confirma las aseveraciones de las dos ciudadanas españolas: "Puedo decirlo con absoluta certeza: a varias chavas arrestadas en Atenco, con las que compartí cerca de 12 horas de prisión en Almoloyita, las habían violado durante el traslado del lugar de arresto al penal. Más de cinco, sin duda". Valentina, al igual que las otras mujeres extranjeras detenidas, jamás pisa una celda junto con el resto de las mujeres, sino que es llevada a una zona de espera antes de ver al médico y brindar su testimonio. Es incapaz de medir la gravedad de las torturas sexuales:

> Las chavas que yo vi lloraban mucho, estaban ensangrentadas, tenían la ropa desgarrada. Una llevaba los calzones rotos; la entrepierna del pants de otra estaba totalmente descosida. Nadie decía la palabra violación, pero eso es natural. Las mujeres, cuando salen de un episodio así, lo bloquean. Y no quisieron que las revisara el médico legista. Una lo expresó así: "ya me metieron mano, no voy a ir a abrirme de piernas para que me esculque otro más". Porque no había una doctora; era un médico sin sensibilidad y en extremo malhumorado.[2]

Valentina se dirigió a Atenco como documentalista, cámara en mano. El 4 de mayo, refugiada en la biblioteca municipal, cree estar segura.

> Cuando llegó la policía, dos me tomaron de los brazos, mientras otros dos me golpeaban. Eran de uniforme azul. Supongo que eran de la policía municipal. A las mujeres nos daban toletazos en pechos y nalgas. Nos llevaron a un costado de la iglesia, donde ya había muchos detenidos, y nos obligaron a arrodillarnos; nos seguían golpeando. Cuando sonó en mi mochila mi celular, un policía ordenó que me registraran. Me robaron todo: documentos, mi material, la cámara. Luego nos subieron a una camioneta. No pude ver de qué color era, pero era

[2] "Valentina vivió el Chile de Pinochet, pero en México", Blanche Petrich, *La Jornada*, 9 de mayo de 2006.

> grande. Me arrojaron sobre unos cuerpos ensangrentados. Uno de los uniformados me ordenó que pusiera la cara contra el piso, pero había un charco de sangre. Como me resistí aplastó mi cabeza con su bota. Ahí empezó el abuso sexual. Me insultaron, me manosearon todo lo que quisieron. Yo era la única mujer. Fue una violación, aunque no hubo penetración. Nos ordenaban permanecer inmóviles. A mi lado venía un viejito que gemía y pedía piedad. Su cara era una sola costra de sangre. Traté de tocarlo y me golpearon. No puedo quitármelo de la cabeza, iba muy mal.

Al descender del camión, Valentina se percata de que está bañada en sangre: una mezcla de su propio líquido hemático con el del resto de los detenidos. Deportada de inmediato a Chile, su madre la lleva de inmediato a un médico, el cual confirma los múltiples golpes que recibió en el cuerpo, así como varias costillas fracturadas. Blanche Petrich, por su parte, hace notar: "El suyo es parecido a aquellos testimonios que en los 70 los mexicanos escuchábamos en el Chile de Pinochet. Pero esto le ocurrió a una chilena en México, apenas la semana pasada".

Todas y cada una de las terribles acusaciones son, sin embargo, rechazadas por las autoridades mexicanas. Vicente Fox ni siquiera menciona el caso de las mujeres violadas; por el contrario, afirma que los culpables de los sucesos deben buscarse, más bien, entre los miembros de "un pequeño grupo violento". El secretario de Seguridad Pública, Eduardo Medina Mora, posteriormente procurador general de la República y hoy embajador de México en el Reino Unido, estima también que la policía cumplió con su deber frente a un grupo "que tenía secuestrada toda una comunidad".

Ante la insistencia de los medios por ampliar la información sobre el caso de mujeres violadas, Miguel Ángel Yunes, subsecretario de Prevención y Participación Ciudadana de la Secretaría de Seguridad Pública y responsable de la Policía Federal Preventiva, toma la palabra y responde categórico: "Lo que no es creíble y lo que no podemos sostener es que se hayan dado violaciones tumultuarias en el momento de la detención".[3] Wilfrido Robledo Madrid, jefe de la policía del Estado de México y responsable de la planeación del operativo Rescate, no cambiará ni una coma en su discurso. Para él, no solamente "los policías son inocentes", sino que "nada pasó en el traslado".[4] En entrevista con el periódico *Reforma* asegura: "Ya me cansé de decir que no fueron violadas, pero no toman en cuenta mis declaraciones, nada más toman en cuenta las declaraciones de otras mujeres".[5] Lydia Cacho, la destacada periodista y defensora de los derechos de la mujer, le responde:

> La crueldad e ironía con la que responde a las declaraciones de las mujeres violadas el comisionado Wilfredo Robledo, es idéntica a las burlas de Milósevic sobre los campamentos de mujeres violadas en Serbia, de Pinochet sobre las mujeres torturadas en las cárceles [...] Estas torturas sexuales deben ser investigadas hasta sus últimas consecuencias. Llamarlas mentirosas es violencia de Estado.[6]

Un nuevo testimonio que describe la misma sevicia se publica en México. Se trata de la cuarta ciudadana extranjera presente en Atenco y deportada sin dilación. Samantha Dietmar, alemana, narra al corresponsal de *La Jornada* su pesadilla mexicana. Sus palabras guardan una similitud memorable con el testimonio de las otras víctimas. La joven estaba en Atenco, como explica, realizando un reportaje gráfico —es estudiante de diseño gráfico y se dedica a tomar fotografías en su

[3] "En Atenco no hubo violaciones sino *abusos deshonestos:* Yunes", Roberto Garduño y Enrique Méndez, *La Jornada*, 12 de mayo de 2006.

[4] "'Nada pasó' en el traslado, dice Wilfrido Robledo", Silvia Chávez González, *La Jornada*, 25 de mayo de 2006.

[5] "Desacreditan video de ONG sobre policías", *Reforma*, 12 de mayo de 2006.

[6] "La violencia del Estado contra las mujeres", Lydia Cacho, *La Jornada*, 18 de mayo de 2006.

país— y, junto con otros periodistas, se hospedó en un hotelito cerca de la comunidad la tarde del 3 de mayo.

> Como a las 6 de la mañana me despertaron las campanas de la iglesia y el estruendo de las bombas de gas lacrimógeno. El aire de la habitación se hizo irrespirable. Desesperada, me coloqué una toalla mojada en la cara y esperé en el baño unas dos horas. Bajé al *lobby*, donde había una televisión, en la cual vimos que la policía había entrado al pueblo con mucha violencia. Pensé en regresar a la ciudad de México tan pronto como fuera posible. El dueño del hotel pidió que nos retiráramos, pues no quería problemas. Cuando salimos a la calle no había policías; de pronto, entre una nube de gas, apareció un grupo de agentes que nos detuvo violentamente a los cuatro que íbamos caminando. Me empujaron contra la pared, me pidieron mi identificación. Les mostré mi carnet alemán de prensa internacional. Me preguntaron qué estaba haciendo allí. "¡No es de aquí!", gritó uno de ellos. Allí empezó el infierno. Me arrastraron del cabello hasta una camioneta donde ya había más personas apiladas. Todos estaban ensangrentados y se quejaban. Nos tiraron arriba de los demás. Los policías nos insultaban y escupían. Cuando la camioneta arrancó, pasaron por arriba de todos, insultándonos y pegándonos con las macanas en espaldas, cabezas y pies. Como estaba arriba de todos, los policías me empezaron a manosear, a pellizcar, me tocaron las nalgas y empezaron a subirme la blusa. Como traté de bajármela, me pegaron en la cara y empecé a sangrar por la nariz. Ya no pude pensar en nada. Soporté todo sin moverme. La camioneta se detuvo y, a golpes y jalándonos de los cabellos, nos obligaron a subir a un autobús. Allí había como 15 personas tiradas en el suelo, bañadas en sangre. Nos echaron encima de los otros. Siguieron los golpes, los pisotones y los insultos. Nos obligaban a mantener las cabezas en el suelo. La policía comenzó a pedir los nombres. Me arrebataron mi bolsa con mi pasaporte, dinero y la cámara. Me preguntaron mi nombre jalándome el cabello. Grité que era de Alemania.

Me cubrieron la cabeza y me obligaron a sentarme en una banca. Me preguntaron qué hacía ahí, mientras seguían golpeando a los demás con toletes y armas. Escuchaba los quejidos. Era horrible. Me dio un miedo terrible. De pronto fui la atracción. Llegaban policías preguntando por la muchacha alemana. Hurgaban mi cara, me tocaban los senos, me manoseaban. Yo no los podía ver. Llegaron otros detenidos y los amontonaron en el suelo. El miedo paralizó a todos, nadie se movía para evitar los golpes. Muchos estaban seriamente heridos. Me sentaron en una banca junto a los policías, que se dedicaron a querer ser buenos conmigo, pero seguían insultando y golpeando a los demás. Me descubrieron la cabeza, me ofrecieron agua. "Si cooperas, no te va a pasar nada", me dijeron. Agarraban mechones de mi pelo, ya que me lo habían arrancado, y jugaban con ellos. En las dos horas y media que duró el trayecto a Toluca me tomaron fotos con sus celulares y se pasaban uno que tenía imágenes pornográficas. Me preguntaron qué pensaba de *Marcos*, del EZLN, de la ETA y de Hitler; a qué me dedicaba. Yo decía que no entendía nada, que no hablaba español. Uno me dijo "¿Quieres ser mi novia? Tienes ojos bonitos". Repentinamente, golpeó a uno de los detenidos. Me puse a llorar. Los policías trataron de calmarme. Cuando llegamos al penal de Santiaguito, me cubrieron la cabeza. A todos los bajaban con golpes y patadas. En la fila de registro la policía siguió golpeándolos. Los heridos fueron llevados a la enfermería del penal y nos dieron agua y algo de comer. Me enviaron al doctor y después me juntaron con otros cuatro no mexicanos [Cristina, Valeria, Mario y María], que también habían sido maltratados. No dejaron que habláramos con un abogado o a nuestras embajadas. Tomaron nuestra declaración y después apareció alguien de derechos humanos y nos preguntó qué había ocurrido. Estábamos exhaustos, hacía mucho frío y nos quedamos dormidos en las bancas. Luego nos entregaron a Migración. En la madrugada nos trasladaron a la ciudad de México. En la tarde me llevaron, escoltada por policías, a la embajada, porque no tenía pasaporte. Me trasladaron al aeropuerto, donde ya estaban

> los otros cuatro esperando ser deportados ilegalmente, pues había un amparo judicial contra la expulsión. Nos separaron en distintos vuelos, acompañados por dos policías. En el aeropuerto de Frankfurt me entregaron a la policía alemana, que se sorprendió porque no les fue entregada ninguna documentación que justificara mi deportación.[7]

Los testimonios de las ciudadanas extranjeras, primeras en denunciar las agresiones sexuales, no son los únicos en coincidir; la Comisión Nacional de Derechos Humanos (CNDH) confirma que cuando menos 23 de las 47 mujeres consignadas fueron violadas. El 17 de mayo, el presidente del organismo, José Luis Soberanes, entrega al gobernador del Estado de México, Enrique Peña Nieto, el informe preliminar correspondiente, antes de hacerlo público. De acuerdo con el comunicado de prensa de la CNDH, el político mexiquense observó las imágenes de los detenidos heridos, escuchó los testimonios de las mujeres torturadas y se enteró de que 150 de los consignados había interpuesto querellas por tortura[8] ante la CNDH. El gobernador habría declarado, según el mismo boletín, que "ante la existencia de testimonios, determinaciones periciales y otras evidencias relacionadas con los hechos, se podrían acreditar excesos en el uso de la fuerza cometidos por algunos elementos policiacos". De inmediato, habría girado instrucciones a su procurador de Justicia para iniciar las averiguaciones previas correspondientes. "El licenciado Peña Nieto indicó que el gobierno que encabeza se compromete a sancionar a quienes resulten responsables", revela el documento.

Tres semanas después de la reunión con el *ombudsman* mexicano, Enrique Peña Nieto declarará, en el marco de una gira por Nueva York y Toronto:

[7] "'Viví el infierno', relata la alemana Samantha Dietmar", *La Jornada*, 14 de mayo de 2006.

[8] "Demuestra la CNDH a Peña Nieto saña y abusos policiacos en Atenco", Víctor Ballinas, *La Jornada*, 17 de mayo de 2006.

> Hay que darle dimensión al tema; parece que para todo se pretende afirmar que a partir de los sucesos de Atenco, la policía tiene por norma hacer violaciones [...] Es conocido que en los manuales de los grupos de insurgencia, de los grupos radicales, lo primero que el manualito [dice] es declararse violadas en el caso de las mujeres. En el de los hombres, haber sido objetos de abuso y maltrato, porque así lo dicen las normas de estos grupos, o los manuales de los radicales. No debemos caer en la fabricación de culpables ante estas denuncias.[9]

En junio de 2006, al ser interrogado sobre las violaciones sexuales, Abel Villicaña, procurador estatal de Justicia que tuvo en sus manos las mismas fotografías que vio Peña Nieto, no vacila en aseverar durante su comparecencia ante las Comisiones Unidas de Seguridad Pública y Procuración de Justicia del Congreso del Estado de México: "Si las mujeres, muy dignas, no se dejaron revisar, fue porque nadie les había hecho nada".[10]

La CNDH dará a conocer, finalmente, su informe, el 22 de mayo de 2006. El *ombudsman* nacional, no exento de fuertes críticas en otros casos de violación a los derechos humanos, no puede sino reconocer, en rueda de prensa, la realidad de las graves violaciones ocurridas en Atenco:

Pregunta de los periodistas: Las autoridades federales y estatales consideran que la policía actuó correctamente, ¿qué piensa usted?

José Luis Soberanes: Hubo graves violaciones a los derechos humanos durante los cateos y las detenciones. Casi todos los detenidos fueron golpeados con violencia. De los 207 detenidos, 200 presentan heridas y algunos se encuentran en grave estado. Hubo abusos

[9] "Desestima Peña Nieto abusos en Atenco", *Reforma*, 16 de junio de 2006.

[10] "La actuación de los policías, por alto nivel de estrés': Robledo », *La Jornada*, 26 de junio de 2006.

sexuales y violaciones. Tenemos fotografías y videos que prueban la violencia que sufrieron las mujeres.

Pregunta de los periodistas: El gobierno federal desmiente los casos de violación sexual.

José Luis Soberanes: A este gobierno le quedan seis meses de mandato, y si no investiga ni sanciona a los policías autores de estos abusos, le corresponderá hacerlo al siguiente gobierno...

Las palabras de Felipe Calderón, en plena campaña electoral entonces, dejan en claro que nunca habrá una investigación. A pregunta expresa sobre los sucesos de Atenco, el candidato del PAN a la presidencia de la República asegura: "yo habría actuado igual que el presidente Fox". Sobre las denuncias de violación sexual expresadas por ciudadanas extranjeras, el futuro primer mandatario de México responde: "No basta con el decir [...] algunas veces esas afirmaciones [de agresiones sexuales] son tan graves que primero deben ser probadas".[11]

Los "decires" de Felipe Calderón demuestran la nula importancia que el respeto a los derechos humanos tendrá durante su mandato. El hoy presidente de México no ha expresado nunca ni un asomo de duda de la legalidad del operativo Rescate. Son las mujeres quienes deben ofrecer primero "elementos probatorios claros" de que fueron violadas. E incluso si, como demostró la CNDH, fueron obligadas a lavar su ropa al llegar a la cárcel para borrar todo rastro de semen. Aun cuando no hayan recibido el beneficio mínimo de un examen ginecológico que habría podido evidenciar la realidad de la brutalidad sexual.

[11] "'En Atenco yo habría actuado igual que Fox, dice Calderón", *La Jornada*, 14 de mayo de 2006.

XIII

Florence

Lejos del furor de Atenco, llega la apertura de audiencias del proceso penal contra Florence Cassez. Con una celeridad inusual en México para este tipo de asuntos criminales, su proceso arranca menos de seis meses después de su detención. También Israel Vallarta es llevado a la rejilla de prácticas. ¿Cuáles de sus cómplices están presentes? ¿Dónde están Salustio, Eustaquio, alias *Capricornio, Tauro, Cáncer, Sagitario, el Perro* y *el Piojo*? Ni un solo rastro, ni un solo detenido. Frente a la justicia y la opinión pública, los dos cargan con la infamia de Los Zodiaco.

El sistema jurídico mexicano puede parecerle curioso a un observador francés, como hace notar Jaques-Yves Tapon, quien cubre el proceso para Radio France: "De manera un tanto extraña, tratándose de un asunto criminal tan grave, un solo juez decide; no hay asesores ni jurado", explica en una de sus crónicas. En este caso, la jueza es Olga Sánchez Contreras.

Florence Cassez no enfrenta a un jurado, como lo establece la tradición oral en vigor en Francia. Su destino no será decidido en el transcurso de varios días que verán desfilar a las personas citadas a comparecer. En México, todo el proceso penal es escrito; las preguntas y respuestas son anotadas por un escribiente. El procedimiento devora lapsos de tiempo que pueden extenderse semanas o meses si los requeridos no se presentan y es necesario librar otra orden de comparecencia.

También el escenario sorprende. Las audiencias carecen del acostumbrado tono ceremonial en otros países. El acto transcurre en lo que parece una sala de espera, en medio de los vaivenes de uno a otro cubículo de funcionarios que cargan fatigosos legajos. En un rincón se encuentra la computadora en la que se capturan las declaraciones. A dos metros, la silla que ocupa el testigo.

Rodean al testigo el escribiente, el abogado, un traductor que auxilia a Florence Cassez, el representante del procurador y el juez auxiliar, quien supervisa el correcto desarrollo de la audiencia. Eventualmente están presentes amigos, colegas o familiares de las personas requeridas. La gran ausente es la juez, aunque su oficina se encuentre a unos pasos. Al final del proceso examinará el cúmulo de pruebas y declaraciones. En total soledad. El veredicto se basará únicamente en su lectura del expediente judicial. Este sistema fue instaurado en su momento para combatir la corrupción, al considerar que el seguimiento escrito era garantía de un proceso equitativo.

La escena es siempre la misma. El testigo se identifica y recibe lectura de los propósitos de la audiencia ante los funcionarios policiales. Acepta o declina. Comienza entonces el baile de preguntas: el interrogatorio y el contrainterrogatorio. Florence Cassez se presenta a las audiencias en una celda mediana, detrás de una rejilla envidriada. Cada vez que el cristal se levanta, puede escuchar las diligencias y comunicarse con su abogado.

Entre los asistentes, casi siempre a cierta distancia, se adivina una figura, la mirada atenta, discreta, pero que no deja de llamar la atención ni un instante. Es Charlotte Cassez. Es su tercer viaje a México. En marzo, cuando la juez dicta auto de formal prisión a su hija, se toma unos días de permiso para venir a apoyarla. Al inicio del proceso penal, ella y su marido se ponen de acuerdo para estar presentes. Desde hace más de una semana, acude puntualmente, al filo de las 11 horas, para el inicio de las audiencias. La semana pasada se desplazó en vano: ninguna de las personas requeridas se presentó al juzgado, entre ellos varios agentes de la AFI. Algunos días también llegan miembros de la prensa, como el 30 de mayo de 2006, fecha en la que es llamado a comparecer Ezequiel Elizalde. Para muchos, él es la piedra de toque de las imputaciones, ya que es la única víctima que ha señalado a Florence Cassez desde el día de su liberación. "Esa mujer me dijo que me dejaba comida, que eran unos sándwich, me dijo que no intentara hacerme el héroe, que no hiciera pendejadas, que si no íbamos a acabar mal, y como dije, su acento de voz al hablar era de extranjera, arrastrando la letra 'r' como hablan el español los franceses". Elizalde afirma, también, que la misma mujer le anestesió el dedo meñique de la mano izquierda con la intención de amputárselo en algún momento de la víspera del rescate.

¿Se presentará hoy Ezequiel Elizalde en el juzgado? No acudió a la primera cita. Sí; llega en compañía de su hermano y su padre. El abogado Jorge Ochoa tiene muy claro su objetivo: echar por tierra el perjurio. Si ya quedó establecido que su clienta estuvo en manos de la AFI durante la noche del 8 al 9 de diciembre, no puede ser ella la que torturó al joven con una aguja.

Hace acto de presencia la tercera víctima de secuestro que "habría sido liberada" el 9 de diciembre de 2005. Ezequiel Elizalde nació el 5 de noviembre de 1984. Mide 1.72 metros, complexión morena, cabello negro corto, nariz pronunciada, boca grande y labios gruesos. Usa barba. Trabaja en un billar de nombre Elimen, que es propiedad de su padre, en el municipio de Chalco. Sus padres están separados. Todos los días, de 9 de la mañana a 11 de la noche. Está cargo de la caja. No es complicado atender el lugar: 500 metros cuadrados, 17 mesas disponibles. La clientela se compone más bien de jóvenes sin oficio que de la lustrosa juventud de la capital.

El 4 de octubre de 2005 Ezequiel sale de su casa, alrededor de las 10 horas. Al llegar al billar Elimen se encuentra con Héctor, uno de los empleados, a quien saluda para dirigirse después a su oficina. Quince minutos después, tres hombres enmascarados irrumpen en el negocio.

Mientras que un individuo inmoviliza al empleado, los otros dos se dirigen hacia Ezequiel. Héctor queda atrapado contra un rincón. Amagado con un arma de fuego, sube a bordo de una camioneta Chevrolet, tipo Express Van, de color gris. Obligado a acostarse, lo cubren con una cobija. El trayecto hacia la casa de seguridad dura una hora.

Ezequiel afirma haber sido trasladado al mismo lugar donde conocieron el cautiverio Valeria, Cristina y Christian.[1] Ratifica que regresó a ese domicilio, en Avenida Xochimilco 54,[2] en compañía de agentes de la AFI. Es un inmueble de dos plantas en acabado rústico de cemento color gris con zaguán de lámina acanalada color verde. Al otro lado del patio se encuentra la primera pieza. Elizalde reconoce la loseta blanca y el sillón donde todas las víctimas dicen haber esperado durante horas. En la planta alta contempla el enorme baño acondicionado como recámara, los muebles, la ventana cubierta de tablas. Todo concuerda; no hay duda de que todas las víctimas estuvieron allí mismo. El día del rapto, el 4 de octubre de 2005, alrededor de las 11 horas, Enrique Elizalde, su padre, recibe la primera llamada telefónica. El secuestrador tiene acento chilango, es agresivo y dice llamarse Zacarías. Durante los siguientes 20 días se registran diversas llamadas, las cuales cesan el 25 de octubre.

Las autoridades toman conocimiento de los hechos un mes más tarde, el 25 de noviembre, dos meses después del secuestro. Las autoridades no le piden que justifique su proceder. Un detalle más: Elizalde padre entrega a los investigadores las grabaciones de las llamadas telefónicas con los plagiarios. ¿Por qué las grabó? Al abogado que le pide que explique el hecho, le responde que él acostumbra grabar todas las llamadas que recibe. Una coincidencia inquietante, sin duda.

[1] Si, como consigna la acusación, Ezequiel Elizalde es el hombre secuestrado a quien conoce el esposo de Cristina por conducto de los secuestradores, el 4 de octubre no puede ser la fecha de su secuestro, puesto que Ramírez habla de un cautiverio de 28 días.

[2] Declaración ministerial del 30 de diciembre de 2005.

Flashback al 9 de diciembre. Durante la "liberación" frente a las cámaras de televisión. Con la barba crecida y la cabeza vendada, Ezequiel Elizalde sostiene que sus plagiarios lo golpearon.[3] El retrato que ofrece de ellos es escalofriante: relata que fue objeto de "un terror psicológico terrible", sólo comía una vez al día, era sometido a humillaciones en el baño y azotado. Está seguro de que reconoce a Florence Cassez.

Extrañamente, pocas horas antes, frente a las mismas cámaras, Cristina asegura no haber recibido nunca malos tratos, "al contario". Estuvo bien alimentada, le daban lo que pedía, los secuestradores se preocupaban por su estado de salud y le procuraban los medicamentos necesarios para sus padecimientos. No es capaz de identificar a nadie.

¿Se trata del mismo secuestro? Frente al micrófono, Ezequiel Elizalde declara que acaba de ser padre. Desde luego, estaba enterado del embarazo de su esposa desde antes de su secuestro, pero, ¿cómo sabe que dio a luz? Una sola suposición es viable: si estuvo secuestrado, su cautiverio fue interrumpido en algún momento. La situación puede yuxtaponerse al extrañamiento que expresa Yuli García frente al estado de paz de Cristina y Christian, estado de ánimo que no corresponde con la realidad de un par de víctimas de secuestro en el momento de su rescate.

El 30 de mayo de 2006, un Ezequiel Elizalde de mirada huidiza, incómodo en la silla que ocupa, se esfuerza por parecer sincero. Al cabo del interrogatorio, el abogado defensor parece satisfecho. Elizalde incurre en múltiples contradicciones. "Ezequiel es un testigo 'sembrado', como el resto de las pruebas", estima Ochoa.

Una semana después llega el momento de la audiencia de Cristina, su esposo y su hijo, Christian. Aún permanecen refugiados en Estados Unidos, por lo que su comparecencia se realiza mediante una

[3] Existe una versión, según la cual, habría sido golpeado por un agente, quien lo tomó por secuestrador.

videoconferencia. La concurrencia al juzgado es nutrida. Incluso la juez hace su aparición. Sin titubeos, la ex secuestrada ratifica sus dos declaraciones anteriores, lo cual sólo puede significar una paradoja: en la primera asegura no reconocer a Florence Cassez; en la segunda, sí. "Cristina tiene mala memoria. Ochenta por ciento de las preguntas quedaron sin respuesta", constata Charlotte Cassez. La audiencia cobra tintes de parodia cuando Cristina Ríos intenta ensombrecer más el panorama. Transcurridos seis meses desde su rescate, después de haber declarado que había recibido buenos tratos, asegura que sus victimarios abusaron sexualmente de ella en varias ocasiones. De acuerdo con testigos presenciales, en ese momento la magistrada da media vuelta y abandona la sala de audiencias, sobresaltada por la mala fe de la madre de familia.

"Es inaceptable." Charlotte Cassez contiene la ira que le provoca observar a los testigos mentir con descaro cuando el futuro de su hija está en juego. Los primeros días de estancia del matrimonio Cassez en México son de desamparo. Conocen el México de los turistas. Con una hija en prisión, descubren otro país. ¿A quién acudir? ¿En quién confiar? ¿Cuáles son los procedimientos? Son tiempos de desasosiego para los que la pareja no estaba preparada. Agraviada, la madre recuerda: "En ningún momento imaginamos que nos veríamos en medio de esta maquinación". A pesar de la atmósfera kafkiana en que se ven inmersas, madre e hija se mantienen serenas ante el desarrollo de las audiencias. Confían en la justicia mexicana, aun cuando el proceso parece interminable. La fase de audiencias se reanudará en agosto, una vez girados nuevos citatorios para los agentes de la AFI.

No comparten la misma confianza en el sistema jurídico mexicano, sin embargo, ONG internacionales como Human Rights Watch o Amnistía Internacional, que en 2007 publica un extenso informe intitulado: México. Leyes sin justicia. El documento versa sobre los compromisos en materia de seguridad pública y justicia penal del "candidato del cambio" Vicente Fox.

En el año 2000, el nuevo gobierno anuncia su voluntad de romper con las prácticas priístas y respetar el derecho internacional. México ha firmado y ratificado la mayoría de los instrumentos internacionales y regionales en materia de justicia, pero el gobierno olvida habilitar los mecanismos para que esos compromisos sean respetados dentro de sus fronteras. El sello del Estado no es apremiante y las decisiones judiciales se apegan en pocos casos a las obligaciones internacionales. La ONG señala algunos avances al término del sexenio, pero el alud de testimonios recogidos prueba que la discrepancia entre los principios y la realidad es abismal, tanto en el nivel estatal como en el federal. Las deficiencias son de diversos órdenes: aprehensiones infundadas, pruebas defectuosas o fabricadas, el recurso abusivo al arraigo y la detención preventiva. El derecho de una defensa efectiva, la impunidad y la rendición de cuentas son también motivo de preocupación. La ONG concluye: "Amnistía Internacional continúa documentando casos de detención arbitraria, tortura, malos tratos, negación de los derechos al debido proceso y juicios injustos". El informe concluye con una detallada serie de recomendaciones al Estado mexicano que, hasta el día de hoy, son letra muerta.

Sea como fuere, durante los meses de la primavera de 2006, los Cassez conservan la moral. El desarrollo de un proceso penal plagado de ausencias, de extravagantes pretextos; la satisfacción de su abogado... Charlotte Cassez observa con espíritu sereno y afronta el dolor con paciencia. Los cargos son tan irreales, que no es capaz de concebir el dictado de una condena. Su hija acaba de ser trasladada a otra prisión, donde la disciplina es menos rigurosa que en los centros penitenciarios donde ha permanecido recluida hasta ese momento. Recibe un mejor trato; sus problemas de salud quedaron atrás.

Boletín de AFP. 15 de junio de 2006

"Lo más difícil ya pasó. Tengo la moral alta. Al principio no podía superar los obstáculos y luego las contradicciones, las mentiras descaradas; todo eso me ha inspirado para pelear contra la injusticia", confía Florence Cassez a AFP desde la rejilla de prácticas.

También la reconfortan los mensajes de apoyo que comienza a recibir. Sus padres no la visitan con las manos vacías. El sitio de internet que su hermano se encargó de abrir y la modesta cobertura de su caso en los medios franceses han despertado los sentimientos de propios y extraños. Más de 700 correos electrónicos la ayudan a conservar la moral en alto: "Y es por esto también que me siento tan bien moralmente, que tengo tanta confianza, lucho y soy tan optimista. Qué gran apoyo. Es un regalo del cielo. Gracias a todos. Hoy tengo más confianza que nunca, decidida a defenderme, a pelear y salir de aquí muy pronto. Soy inocente".[4]

Un acontecimiento ajeno al caso podría dar un giro al estado de cosas: la elección presidencial del 2 de julio de 2006. El calamitoso balance de la administración de Vicente Fox es un pesado fardo para el candidato del PAN, Felipe Calderón Hinojosa. El PRD y Andrés Manuel López Obrador mantienen una corta ventaja en las encuestas. Al término de una entrevista de los autores de este libro con Florence Cassez, el funcionario de la administración penitenciaria que los acompaña expresa sus pensamientos más íntimos. En caso de una victoria histórica de la izquierda, el nuevo gobierno estará ansioso por deshacerse del lastre de este episodio que empañó la imagen de la policía y la justicia mexicana, acusando a la administración anterior de ineptitud y manipulación.

[4] Entrevista con Radio France.

XIV

Jacinta

"¿Por quién votaste? Seguro por López Obrador", le espeta la mujer policía con sorna a una sorprendida Jacinta. Impotente, don Memo es preso de la ira. ¿Por qué los trata esa agente con tan poca cortesía? Don Memo lamenta no haber sido capaz de darse cuenta antes.

Hoy lo lamenta todavía. Tres años y medio después lo lamenta y "lo lamentará para siempre", como no deja de repetir, con la mirada en la lejanía. Haber recibido a los agentes de policía, pedirles que esperaran a Jacinta, asegurarles que regresaba, que no tardaba nada. ¿Cómo pudo ser tan inocente? "Pero, ¿cómo iba yo a saber?" Lo lamenta, pues, una vez más, los agentes policiacos no se identifican, "no traían uniforme ni placas oficiales en su coche". Don Memo tiene fijo en la memoria ese día, esa fecha, esa hora, cómo era el clima en ese momento.

El 3 de agosto de 2006 Jacinta estaba en misa; él, en casa. Una mujer, la única que pronunció palabra, pregunta por Jacinta. "Traté que me dijeran qué querían, pero no me quisieron decir. Me dijeron que querían hablar con ella de un terreno. Les ofrecí algo de beber mientras la esperaban. Si yo hubiera sabido..." Pero don Memo no tiene forma de imaginar que han regresado debido a "la historia aquella de los discos". Han pasado cinco meses desde la zacapela aquella. Lo que él sabe es que, en efecto, "hubo un problema por los discos, pero ya ni quién lo recuerde y la policía no regresó nunca".

Así, pues, ¿cómo iba él a saber? Mucho menos si los policías guardan silencio.

En cuanto Jacinta regresa, los agentes la arrestan sin miramientos. Una camioneta aparece de la nada; "venían tres hombres armados en la parte de atrás, en ese momento entendimos que eran policías". Lety, la menor de las hijas de Jacinta, pregunta a los policías si tienen cuando menos una orden de aprehensión. "Le contestaron: 'tú te callas', y a mi esposa le dijeron: 'acompáñanos a hacer una declaración y regresas. No te preocupes, tu marido puede acompañarte", continúa don Memo. El matrimonio se va sin entender qué sucede. "Mi marido me decía en otomí: 'me dijeron de un terreno, no te preocupes, seguro que no es grave", recuerda Jacinta. Una vez a bordo de la camioneta, la mujer le pregunta a Jacinta si es católica. Luego agrega: "y, ¿por quién votaste? Seguro por López Obrador".

Ese mismo 3 de agosto, los seguidores de Andrés Manuel López Obrador acampan sobre una de las avenidas más importantes del Distrito Federal en demanda del recuento total de los votos de los comicios electorales de julio. Cunden las acusaciones de fraude; las irregularidades presentes en cada estado de la República comienzan a salir a la luz.

El fraude en las elecciones presidenciales de 1988, cuando la izquierda se habría levantado con la victoria, flota en la memoria: la "caída" del sistema que se encargaba del cómputo de votos a las 20:00 horas, justo cuando debía declararse un ganador y Carlos Salinas de Gortari proclamándose vencedor apenas una hora después, las calles repletas otra vez, en protesta del inverosímil proceso electoral.

Pero 18 años después, López Obrador no olvida la lección de su mentor, Cuauhtémoc Cárdenas, quien, temeroso del poder y de que la sangre tiñera al país, no reivindica nunca su victoria y reconoce a quien se convertiría en "el peor presidente que ha tenido México", como recuerda la población a Carlos Salinas de Gortari —el electorado, al parecer, no le perdona a Cárdenas jamás su abandono, y en las elecciones presidenciales siguientes éste sólo alcanza el 3% de los votos—. López Obrador no quiere pasar por un traidor, un cobarde o parecer débil. Hace entonces un llamado a la movilización y el bloqueo de la capital. Y recibe respuesta. A los oriundos defeños se les unen pronto adeptos de todo el país para acampar, una semana o un mes, según sus posibilidades. Al cabo del verano entero, el campamento que a lo largo de avenida Reforma alcanza el Zócalo no decrece nunca. En los noticiarios televisivos, los conductores no ocultan su preferencia por el PAN de Felipe Calderón. Todos los reportajes se centran en la irritación que experimentan los automovilistas. Cada tarde, en efecto, los ya emblemáticos embotellamientos de la ciudad de México se recrudecen a niveles insospechados a causa del bloqueo de esa importante vía. Imágenes con las reacciones de los conductores al borde de un ataque de nervios son transmitidas *ad nauseam*. Los simpatizantes de la izquierda son descritos como violentos y peligrosos; aunque, como proclama López Obrador: "es el movimiento más pacifista del país, no hemos roto ni un solo vidrio en dos meses de ocupación". En las dos grandes televisoras mexicanas los conductores vierten comentarios que transparentan un racismo apenas soterrado: son los pobres, los indígenas, los analfabetas quienes votan por López Obrador. "Son ellos los que nos quieren hablar de democracia", lanza sin tapujos el famoso conductor de un noticiario.

Las mismas alusiones, los mismos insultos debe soportar Jacinta durante su inesperado viaje: seguramente votaste por López Obrador porque eres indígena. Don Memo responde que el voto es secreto, la agente estalla en una carcajada. Jacinta calma a su marido: "no contestes nada, por favor". No desea caer en el juego. No le preocupa la política en ese momento, sino las intenciones de los policías vestidos de civil. Ante la insistencia, la mujer policía finalmente habla: "¿ya sabes que tumbar un árbol verde es un delito? Tú nada más vas a declarar por eso y regresas a tu casa".

Jacinta recupera la confianza, ella no ha talado ningún árbol, de eso está segura. La inquietud, sin embargo, la asalta una vez más cuando pasan de largo frente a San Juan del Rio, la ciudad más cercana a Santiago Mexquititlán y donde se ubican las oficinas del Ministerio Público. ¡No es posible que el caso de un "árbol tumbado" amerite ir hasta la capital del estado!, piensa a la par don Memo. En San Juan del Río, dos camionetas más se les unen a manera de escolta y los vehículos aceleran la marcha hasta llegar a la ciudad de Querétaro.

En cuanto llegan, Jacinta y don Memo son separados. Se reencontrarán hasta tres meses después. Jacinta es conducida a una oficina; la invitan a sentarse y le piden que aguarde. Al levantar la cabeza identifica a Alberta y Teresa, sus vecinas, que discuten con un grupo de policías. Las dos mujeres se dirigen a ella: "¿Y tú, Jacinta, por qué? Si tú no vendes discos". Jacinta no sabe qué responder. Alberta alcanza a preguntarle: "¿Te acuerdas del día de los discos?" Los policías le ordenan callarse y esperar. Jacinta toma entonces su rosario y reza. Le gustaría saber noticias de su marido, pero no se atreve a preguntar. Las tres mujeres son llevadas a la sala de prensa de la Procuraduría. No saben dónde están; las luces las ciegan. Jacinta apenas distingue rostros entre los disparos de los flashes fotográficos, pero comprende que las cámaras la están grabando. Baja la cabeza, a pesar de la orden de un policía de que vuelva a levantarla. Ése será su único y breve acto de rebelión. "¿Por qué tenía que levantar la cabeza? Yo no había hecho nada", expresará más tarde.

El episodio es breve y, sin que medie explicación alguna, las tres mujeres son subidas a un camión. Jacinta se arma de valor y pide noticias de su marido. "Lo vas a ver pronto, te va a estar esperando ahí a donde vamos", le responde un policía. Al cabo de un cuarto de hora, ingresan a marcha lenta en una calle rodeada de altos muros coronados con alambre de púas. Atraviesan un pesado portón. Jacinta no distingue gran cosa en la negrura de la noche, pero se estremece: "Ahí pensé: 'debe ser la cárcel'. Yo quería preguntarles a las otras, pero no teníamos derecho de hablar. No estaba segura, porque yo no sabía nada de eso. En el pueblo lo más que pasaba es que la policía encerrara en la noche a los borrachos. Pero en San Juan, no aquí. Yo nunca había visto nada de eso". Jacinta calla sus inquietudes y preguntas; no así Alberta y Teresa, quienes hablan español con más fluidez. Las sospechas de Jacinta rozan la realidad: las tres mujeres se encuentran en las oficinas descentralizadas de la Procuraduría, contiguas a la cárcel. Son llevadas frente a un escribiente. Hoy, con lágrimas en los ojos, recuerda Jacinta:

> Cuando me dijeron que declarara yo no supe qué decir. Le dije a la señorita que estaba en la máquina: "¿puedes decirme lo que tengo que decir?" Estaba el abogado de oficio, yo no sabía qué era eso, y él no me dijo nada. Les conté lo que había hecho ese día, que había llegado al tianguis, había ido a misa, a la farmacia. Luego la señorita me hizo preguntas y yo tenía que decirle "sí" o "no". Yo no entendía las preguntas, no sabía ni qué decir, y ella se molestaba cada vez más.

Jacinta conoce perfectamente la humillación, al igual que un enorme número de los 15 millones de indígenas mexicanos, que en su gran mayoría viven en condiciones de pobreza extrema. Pero en ese momento, en las oficinas de la Procuraduría, se muestra más fuerte que nunca. Cabizbaja, guarda silencio y, conteniendo el llanto, estampa su firma en cada uno de los papeles que le presentan. "Yo estaba tan perdida que creí que si firmaba me dejaban salir." No sabe que está firmando su propia declaración preparatoria y las palabras que no comprende son "secuestro" y "linchamiento". Sobre ella, Alberta y Teresa pesan los cargos del secuestro de seis elementos de la AFI e incitación de un gentío enardecido a linchar a los secuestrados. Uno de los crímenes más graves y más sensibles para la opinión pública. Son las cuatro de la mañana, Jacinta no ha perdido la esperanza de ver a su esposo, pero ahora es llevada a una celda donde le ordenan vestirse con el uniforme beige, de camiseta y falda. "Desde que tengo cinco años me pongo el vestido tradicional otomí. En la noche tenía frío, tenía miedo, lloré y así durante varios días." No se explica, no sabe qué hace ahí. Nadie volvió a hablarle del "árbol tumbado".

Don Memo espera hasta las 23 horas sobre una banca del edificio de la Procuraduría. No tiene noticias de su esposa. Está seguro de que permanece en las oficinas contiguas. En ese momento, alguien se percata de su presencia. "¿Qué está haciendo aquí? Su esposa está en la cárcel, mejor vaya a buscar un abogado." A la mañana siguiente, don Memo acude con el primer abogado que accede a recibirlo. Los periódicos del día ya lo pusieron al tanto de los cargos contra su mujer. Su abogado va directo al grano: "Señor, con estas gentes [los agentes de la AFI] aténgase a lo peor. Ya pusieron a una familia entera tras las rejas. Lo que urge es que usted, por ser el marido, se esconda de inmediato". Don Memo cree en sus palabras, pero no quiere abandonar a su familia.

Durante tres meses lleva una vida de fugitivo, para él desconocida, durmiendo donde puede y buscando abrigo en cuevas. En agosto es la temporada de lluvias.

Son los hijos quienes visitan a la madre en prisión, mientras que el abogado aconseja que Lety también busque la clandestinidad. Ella aparece en la fotografía publicada en el periódico, al lado de Jacinta, pues había acompañado a su madre a la farmacia. El defensor no comprende por qué razón se giró una orden de aprehensión contra Erika, la nuera de Jacinta. Erika no estuvo presente en el incidente, no aparece en la gráfica y ni siquiera sale de su casa, ya que acaba de dar a luz a su tercer hijo. ¿Por qué ella?, se pregunta el abogado. ¿Por qué no, en todo caso, el hijo de Jacinta? ¿Por qué Alberta y Teresa y no Gabriel, hermano de la primera y esposo de la segunda, y quien sí vende discos?

No tiene lógica ni sentido, pero el litigante no tarda en entenderlo. "Es mucho más fácil acusar a las mujeres indígenas y pobres, por ser quienes menos posibilidades de defenderse tienen. Salen muy pocas veces de su comunidad, casi no entienden español y las autoridades las impresionan. Los agentes de la AFI saben que al acusar mujeres tienen más ventajas en su favor", explica Andrés Díaz, uno de los abogados del Centro de Derechos Humanos Miguel Agustín Pro Juárez (Centro Prodh) que llevó el caso de Jacinta desde diciembre de 2008. En efecto, la policía regresa a Santiago a cumplimentar el arresto de la nuera de Jacinta. También ella se esconde con su recién nacido; unos primos la reciben en otra comunidad, lejos de Santiago. Al cabo de unos meses, la policía deja de venir en su búsqueda, pero la orden de detención sigue vigente.

Un día de marzo de 2008, a las 7 de la mañana un policía toca a la puerta de Salomón. Su esposa, Erika, está sola con sus tres hijos. El policía, sin uniforme, pide permiso para usar el baño. La mujer abre y es sometida en el acto. Antes de partir, necesita dar aviso a alguien de que sus hijos, de uno, tres y cinco años, duermen. La negativa es categórica. Bañada en llanto, es llevada al encierro. Jacinta recibe un aviso: "Acaban de traer a alguien de tu familia". No es día de visita; Jacinta comprende de inmediato. Su nuera necesita que Jacinta dé aviso a la familia por teléfono. "Los niños están solos", dice entre lágrimas. Es verdad: los pequeños están desconsolados, el niño sale a la calle en busca de la madre. Erika pasará ocho días tras las rejas, el tiempo que tardan las autoridades en darse cuenta del error. La confundieron con Lety, la hija de Jacinta. Es puesta en libertad, pero Jacinta vivirá con el temor de ver a su hija llegar al penal en cualquier momento. Finalmente, parece que los policías se limitan a las tres mujeres que ya están en prisión, las únicas indígenas detenidas en el penal de Querétaro. Y su calvario apenas está a punto de comenzar.

SEGUNDO ACTO

Acusados, de pie
(El veredicto)

XV

Florence

Los días se convierten en semanas y llegan los meses veraniegos. El proceso penal de Florence Cassez discurre con cabos sueltos. Las declaraciones ministeriales de los agentes de la AFI, que finalmente se apersonan en el juzgado, confunden aún más las pistas. En su primer testimonio, el agente José A. P. sostiene que el rancho Las Chinitas estuvo bajo vigilancia durante varios días una vez que Valeria, la estudiante que había sido secuestrada, identificó a su secuestrador.

El 9 de diciembre, a las 5:30 horas, una camioneta blanca abandona el predio. El vehículo, en cuyo interior viajan Israel Vallarta y Florence Cassez, es rastreado e interceptado a la entrada de San Miguel Topilejo. Se decide entonces trasladarlos a las instalaciones de la SIEDO para su interrogatorio. Durante el trayecto, Vallarta "manifiesta que si no regresa en un tiempo determinado a su rancho, corren peligro la vida de unas personas y de un menor, las cuales él tenía privadas de su libertad desde hace ya varios días, que esto es un pacto entre los miembros de su banda". Emprenden el regreso. José A.P. y los dos agentes que lo acompañan, Carlos S. y Germán O., solicitan refuerzos por radio. Regresan al rancho a las 7:15 horas. Ha habido el tiempo necesario para planear el rescate, y la finca está rodeada.

Su versión no coincide con el relato de un camarógrafo de Televisa, que afirma haber recibido una llamada a las 6:00 horas, indicándole que se presentara en el rancho Las Chinitas inmediatamente.[1] Treinta minutos después, al llegar al sitio encuentra al reportero Pablo Reinah en compañía de una veintena de policías. Cuando el grupo penetra en el rancho son las 6:45 horas, dato que confirma la hora que aparece en las imágenes que aquella mañana difunde la televisora. Un testigo clave podría poner orden a esta confusión: el reportero. Requerido por las autoridades, Reinah se acoge a la cláusula de conciencia para no presentarse, al igual que otros tres de sus colegas.

La discrepancia en los horarios señalados desacredita a los funcionarios de la AFI. Poco importa, el 1 de marzo de 2006 se recoge una nueva declaración que es defendida en audiencia. En ese documento se asienta que la detención se realizó alrededor de las 4:30 horas y la liberación de las víctimas tuvo lugar dos horas después. Entonces vino la reconstrucción. La versión corregida se amolda perfectamente a la hora de la transmisión televisiva y al decir de Genaro García Luna. Todo en orden. O casi: el nuevo ajuste testimonial no explica la existencia del parte policial con fecha del 8 de diciembre que valida la tesis de que la detención se realizó un día antes que la fecha oficial.[2]

Argucias como ésa no sorprenden al abogado José Antonio Ortega:

> Para tranquilizar a la población, la policía federal recurre, en ocasiones, a montajes, a guiones, a la ficción, como si estuviéramos en Disneylandia. Pero no estamos en Disneylandia, sino en el infierno. Vivimos este infierno a causa de la incompetencia y la negligencia de las autoridades. La culpa, en particular, de la policía federal y de Genaro García Luna.[3]

[1] Este dato forma parte del expediente consignado por la defensa de Florence Cassez como parte del proceso de apelación.

[2] Dos testigos declaran en audiencia el 8 de diciembre de 2005, aproximadamente a las 10:00 horas.

[3] Programa *66 Minutes*, televisora francesa M6, 4 de mayo de 2009.

El presidente del Consejo Ciudadano para la Seguridad Pública y la Justicia Penal se ha convertido en la pesadilla del responsable de la lucha contra el crimen organizado, cuya política infructuosa critica sin tapujos. Para denunciar las maniobras del director de la AFI, el penalista mexicano se apoyó en un caso que tuvo a su cargo, y que guarda diversas similitudes con el de Florence Cassez: el caso de Guillermo Vélez Mendoza.

19 de marzo de 2002. Masiel Islas, dueña del gimnasio Alvi, es secuestrada por la banda de Los Ántrax. El 29 de marzo, el líder de la banda recibe una llamada telefónica con el aviso de que la policía los ha localizado y está en camino. En la huida, dos vehículos salen de la casa de seguridad. Uno es alcanzado y cinco secuestradores son aprehendidos. El jefe escapa a la redada en una fuga organizada por los mismos agentes de la AFI para poder chantajearlo posteriormente. Masiel Islas es rescatada en perfectas condiciones y sin que medie el pago del rescate.

Mismo día. 20 horas. Dos hombres se presentan en el domicilio de Vélez Mendoza, instructor de aeróbicos del gimnasio Alvi, de 33 años de edad. Uno de ellos es Hugo Armando Muro Arellano, comandante de la Policía Federal, quien se presenta sin identificarse y sin una orden de presentacion. Acompañado del gerente del gimnasio, quien finge estar negociando la venta de equipo del gimnasio para pagar el rescate del secuestro. Muro Arellano le pide a Guillermo Vélez que los acompañe al gimnasio. El joven accede con plena confianza. Guillermo besa a su padre, quien recibió a los dos hombres y no sospecha que ésa será la última vez que vea a su hijo con vida.

Una vez más, un caso policial se convierte en un circo mediático y jurídico. La AFI arguye que la muerte de Vélez Mendoza fue un accidente. Intentó huir, pero cuando lo atraparon de nueva cuenta, le aplican la llave china y se cae, lo que habría provocado su deceso. Guillermo Vélez Mendoza, muerto, es acusado de dirigir a la banda de Los Ántrax, esto para disimular la desaparición del verdadero cabecilla. La máquina de fabricar vidas reprochables y darle lustre a la policía de élite es puesta en marcha. Bajo presión de los funcionarios e inducida por el AFI Masiel Islas incurre en falsedad de testimonios, se siembran pruebas a diestra y siniestra y se le miente a la prensa. El subprocurador avala la tesis de la muerte fortuita y las imputaciones.

Posteriormente, quedará demostrado que Guillermo Vélez Mendoza fue objeto de tortura en las instalaciones de la PGR a manos de cinco policías, entre ellos Muro Arellano. Vélez sucumbió a causas de las heridas que le infligieron, alrededor de las 2 de la mañana, pocas horas después de haberse despedido de sus familiares.

Sin importarle las amenazas anónimas que recibe, convencido de la inocencia de su hijo, lamentando no haber presentido la asechanza, contacta a José Antonio Ortega. El prestigio del que goza el abogado le permite entablar una cruzada jurídica y mediática. Toca a todas las puertas: la CNDH, la Comisión Interamericana de Derechos del Hombre, el Congreso, Los Pinos. Incluso lleva el caso ante la Organización de Estados Americanos. El asunto se convierte en un escándalo y recibe una amplia cobertura de los medios sin que ello implique, sin embargo, que los responsables vayan a prisión. Los cuatro policías son exculpados; el comandante Muro Arellano, hombre cercano a García Luna, desaparece de la faz de la tierra. Son necesarios siete años de lucha implacable para que, en 2009, un tribunal unitario condene a la PGR... a ofrecer una disculpa pública a la familia del joven asesinado.

El activismo de José Antonio Ortega no está exento de consecuencias. Su socio vive en carne propia las represalias cuando, una noche, al regreso de una reunión, dos hombres lo detienen en plena calle, lo someten, lo obligan a pasarse al asiento trasero de su propio vehículo y toman el control de éste. Hacen un breve recorrido antes de liberarlo, ponerlo al volante y exigirle que obedezca sus órdenes. En ese momento arriban las cámaras de televisión en compañía de una "víctima" que asegura reconocer al abogado como su secuestrador y sostiene que dejó caer su teléfono celular dentro del auto, el cual encuentran los agentes sin mayor problema mientras el profesionista está esposado. "La aprehensión" protagoniza los noticiarios matutinos de las televisoras. En su precipitación, los "plagiarios" del abogado chocan con otro vehículo al salir de un estacionamiento. El relato del automovilista afectado permite descubrir el montaje.

José Antonio Ortega ha sido acusado de lavado de dinero. Su casa es vigilada, su teléfono está intervenido. Su propia familia está en la mira. Uno de sus hijos es acusado de secuestro; una madre y su hija dicen que pueden probarlo. Un video que muestra la figura de un hombre que las agrede y huye luego a bordo de un vehículo con placas registradas a nombre del muchacho es turnado a los medios. Es otro montaje más de la AFI para inculpar inocentes. Un granito de arena, sin embargo, atrofia el mecanismo acusador: el abogado tiene cuatro hijos; gracias a su ineptitud, los confabuladores acusan al que presenta trisomía (es un joven que padece síndrome de down).

"Esto es la guerra y tiene un costo", afirma Ortega.[4] Las represalias por denunciar las manipulaciones, maquinaciones y tejemanejes de las autoridades no exentan ni a los abogados más célebres del país. Al igual que los periodistas y los defensores de los derechos humanos, también ellos son vulnerables a la espada de la injusticia que pende sobre la cabeza de los mexicanos. Una regla no escrita del sistema jurídico mexicano actual reza: quien eleva la voz sólo empeora su destino. Una amplia mayoría de los abogados aconseja a las víctimas que el silencio es la mejor defensa; tanto en prisión como una vez terminado el proceso.[5] Las represalias jurídicas que ha sufrido Florence Cassez por haber roto esta especie de juramento de *omertá* ilustran

[4] Entrevista con los autores en julio de 2009.

[5] Los autores conocieron a un ciudadano español que, en la ruina a causa de una falsa acusación en su contra, se rehusó a hablar sobre el tema por consejo de sus abogados mexicanos, incluso después de haber salido de prisión.

esta máxima. Haber confrontado a Genaro García Luna con sus propias contradicciones aquel 10 de febrero de 2006 es, sin duda alguna, la causa de ese revanchismo.

Son pocos quienes, al igual que el abogado Ortega, defienden la postura de que la procuración real de justicia no se construye guardando silencio. Al ser interrogado sobre su opinión del caso de la sentenciada francesa, a quien ya visitó en prisión en varias ocasiones, Ortega responde: "Necesita una estrategia de comunicación. Necesita reflexionar sobre el mensaje que quiere comunicar. Debe responder a las acusaciones de las víctimas [...] Es lamentable, pero los medios se han convertido en tribunales paralelos". Sólo a ese precio, la inculpada logrará resarcir su imagen ante la opinión pública mexicana. Un enfoque muy parecido al que adopta Jorge Ochoa, su primer abogado defensor. Durante los primeros meses del caso, el abogado exhorta a su clienta a responder a la curiosidad de la prensa; llegado el segundo semestre de 2006, sin embargo, Ochoa pierde la confianza del matrimonio Cassez.

Al día siguiente de la detención de su hermana, Sébastian Cassez se hace a la tarea de encontrar un abogado penalista con el prestigio suficiente para enfrentar a la AFI en igualdad de circunstancias. Las sumas de los despachos que contacta fijan por sus honorarios sumas estratosféricas. Por recomendación del abogado que lo representa en el litigio con su ex socio, conoce a Jorge Ochoa, quien solicita una remuneración pecuniaria más accesible y en forma de mensualidades.

Antes de convertirse en abogado litigante, Ochoa trabajó para la dirección de investigación de la extinta Dirección Federal de Seguridad (DFS), la policía política mexicana del pasado, por lo que ostenta una amplia experiencia en el trabajo de campo, y resulta útil para "hacer caer a los responsables de la inculpación". Logrado un acuerdo entre ambas partes, Ochoa emprende su trabajo.

Tiempo después, Jorge Ochoa le asegura a Charlotte y Bernard Cassez que tiene en su poder las pruebas irrefutables para lograr que su hija abandone la cárcel. A cambio, les solicita una suma suplementaria. La propuesta, normal para él, inquieta a la pareja francesa, tan ajena aún a las maniobras habituales en México. Toman la decisión de prescindir de sus servicios.

Horacio García toma el relevo. Su primera decisión es declarar *non grata* a la prensa. Cuanto más se diga en los medios, tanto mayor será el alboroto. Su lógica dicta la necesidad de un clima apacible donde lo jurídico le gane el partido a lo pasional y así obtener una resolución favorable para su clienta, una libertad basada en el expediente judicial. Silencio y justicia, sin embargo, no son buena mancuerna. Los abogados que representan a los detenidos de Atenco lo han entendido perfectamente: la comunidad nacional e internacional debe enterarse de los hechos para obtener la libertad de los prisioneros y reivindicar a los muertos.

XVI

Ignacio y los otros…

Recordar lo que vivió don Arnulfo Pacheco provoca invariablemente la ira de su abogado. Juan de Dios pertenece al colectivo de litigantes que defenderá a 104 de los 207 prisioneros de Atenco y conoce la historia de cada uno como la palma de su mano. La de don Arnulfo lo conmueve hasta la médula cada vez que la evoca.

El 4 de mayo, Arnulfo Pacheco está postrado en cama, como lo ha estado los últimos tres años de su vida. Aquejado por una enfermedad degenerativa, es tetrapléjico, por lo cual está paralizado de las piernas, imposibilitado para hablar, sufre de severas dificultades para respirar y la movilidad de sus brazos se ha visto mermada. Al irrumpir los policías en su casa e intentar hacerlo salir de la cama, después de haber saqueado el cuarto, don Arnulfo se desploma, incapaz de tenerse en pie. Su esposa y sus hijos, preocupados por protegerlo de los golpes y explicar a los agentes su estado de salud, son golpeados y detenidos *ipso facto*. Su imposibilidad de caminar es tomada por los uniformados como una señal de desobediencia. En respuesta, redoblan la violencia con la que lo tratan. Arrojado sobre uno de los túmulos humanos que llenan las entrañas de aquellos camiones policiacos, don Arnulfo se desliza hacia la parte más baja, al serle imposible asirse. Un agente da entonces la voz de alerta: "¡Aquí hay uno que se quiere escapar!" Una andanada de golpes aterriza nuevamente sobre su humanidad. "¿Cómo fueron incapaces de percatarse de que este hombre tetrapléjico estaba en medio de un horrible sufrimiento? ¡Lo habían golpeado de tal forma que llegó inconsciente a la cárcel!", apunta Juan de Dios.

Don Arnulfo es uno de los 10 detenidos que ingresan de inmediato al hospital. Tiene cinco costillas rotas, varios traumatismos craneales de hasta 20 centímetros de longitud y hematomas en todo el cuerpo. Pasará dos semanas encadenado a una cama: "En el hospital tampoco se percataron de que el detenido estaba paralizado", exclama su abogado. "Este hombre de 55 años de edad, enfermo desde tres años antes, tenía que arrastrarse, con mucha dificultad, ya que no tenía fuerza en los brazos. No sé si fue por crueldad o deseo de venganza", lamenta, una vez más, Juan de Dios.

Al volver a la cárcel, le es negada una silla de ruedas.

El caso de don Arnulfo amerita una revisión detenida. Su historia judicial es una tragicomedia, pero ilustra a la perfección "la ligereza" o el escándalo de las inculpaciones contra los prisioneros de Atenco. Don Arnulfo es el único de los 207 detenidos formalmente identificado por la policía —en este caso por la agente Adriana Alemán—, y acusado, con nombre y apellido, de "secuestro equiparado". En el caso de los demás procesados, los agentes declaran que no pudieron ver el rostro de los agresores ni saben su nombre, salvo en el caso de don Arnulfo.

Frente a él sí hay un testigo. En su declaración, la agente de policía Adriana Alemán sostiene, "sin temor a equivocarse", haber visto al inculpado "correr sobre la carretera, señalando a los policías que era más fácil secuestrar". Adriana Alemán, además, afirma, con el mismo nivel de certeza, que lo observó "amarrándole las manos a los policías secuestrados" en el auditorio de San Salvador Atenco. Por si no bastara, Adriana Alemán también lo escuchó "dar órdenes" para organizar la custodia de los uniformados cautivos.

El juez Maldonado vio el estado de don Arnulfo pero no cuestionó el testimonio de la policía ni se planteó ninguna interrogante. El caso de Atenco no es jurídico, sino político. La ridícula acusación en contra de don Arnulfo, de haber cometido actos que le son físicamente imposibles, no fue obstáculo para el juez porque seguía órdenes. De otra forma, se habría preguntado: ¿cómo pudo este hombre "correr sobre la carretera" si no puede caminar? ¿Cómo pudo "atarle las manos a los policías" si es incapaz de sostener un vaso? Y aún, ¿cómo pudo dar órdenes de detener a los policías cuando apenas si puede hablar?

Contra toda evidencia, el juez Jaime Maldonado dictó auto de formal prisión a un hombre que necesita que dos policías lo sostengan para ser notificado del hecho.

Don Arnulfo permaneció un mes con 20 días tras las rejas. Fue el primer prisionero de Atenco liberado después de haber sido acusado de "secuestro equiparado". Un médico especialista certifica, a la postre, que don Arnulfo habría sido incapaz de ejecutar las acciones que describe la agente de policía —correr, gritar, atarle las manos a otra persona—. "Debió ser puesto en libertad de inmediato en vista de su estado. Pero al mantenerlo preso durante casi dos meses el mensaje para los pobladores de Atenco estaba claro: si tuvieron detenido a don Arnulfo durante tanto tiempo, podían hacerle lo que quisieran a quien fuera", destaca Juan de Dios.

Más tarde, la CNDH le aplica el Protocolo de Estambul, un examen que permite determinar si una persona fue víctima de tortura. El resultado es positivo. Pero nadie, hasta hoy, ha sido investigado por haber torturado a un hombre enfermo e imposibilitado ni, de acuerdo con las conclusiones del Protocolo, por haberlo amenazado de muerte hasta el cansancio. Juan de Dios explica:

> No solamente no ha habido ninguna sanción contra los policías que torturaron a un hombre paralizado, sino que el juez no aprendió la lección. Otro prisionero de Atenco, con retraso mental, va a pasar dos años y medio en el encierro por el mismo delito imaginario. El juez Maldonado no tomó en cuenta, en ningún momento, su estado de

salud. Al contrario: afirmó con el mayor cinismo que el sospechoso estaba en condiciones de entender sus actos.

El juez Jaime Maldonado, que declara culpables a los detenidos de Atenco, es conocido desde ese momento por haber violado la ley y haber pasado por alto los principios más elementales del buen sentido y de la justicia. También halló culpables de "secuestro equiparado" a otros 25 consignados, sin pruebas. Cada vez que quedó demostrada la inocencia de alguna persona, el juez Maldonado sencillamente modificó el acta de acusación. Los casos de Magdalena García Durán y otros lo demuestran. Incluso cuando Amnistía Internacional declara a Magdalena García Durán prisionera de consciencia, el magistrado procede y estampa su firma, aun a sabiendas de que esta mujer de la etnia mazahua es, en el momento de su detención, una dirigente reconocida, tanto en el ámbito internacional como entre los suyos, por sus labores a favor de su pueblo. En su expediente judicial constan varias cartas de organizaciones y personalidades que dan fe de la probidad y el compromiso de la líder mazahua, con membretes y rúbricas de las ONG: Cáritas, la Pastoral Indígena, el Grupo de Mujeres Otomíes y la Basílica de Guadalupe, entre otros. Entre ellas, una llama especialmente la atención: con fecha del 3 de mayo de 2003, tres años antes de su consignación, ostenta el sello de la Presidencia de la República y la firma del presidente Vicente Fox, en agradecimiento por su dedicación durante la creación del Consejo para el Desarrollo de los Pueblos Indígenas.

Magdalena, madre de cinco hijos, vive del comercio ambulante. El 4 de mayo llega a Atenco a primera hora de la mañana, con otros dos indígenas mazahuas, para vender sus productos. Vienen a trabajar, pero también desean apoyar la lucha en favor de los vendedores ambulantes, como lo han hecho siempre. La batalla en pro del reconocimiento de los derechos de los vendedores ambulantes ha sido una constante para ella, así como para su pueblo. Debido a su cercanía geográfica con la ciudad de México, los mazahuas han sido la primera etnia en confrontar los desafíos de la megalópolis, a partir de la década de 1940.

En un principio, el motivo para ir a la ciudad de Mexico era vender su producción agrícola y su artesanía. "Nuestros abuelos vendían en la calle, y 30 años después las condiciones de vida no han cambiado. Seguimos durmiendo en la calle, en el metro, nuestros niños no van a la escuela y limpian parabrisas", señala Magdalena. Los mazahuas han sido objeto de una forma de discriminación peculiar; sobre todo, en la década de 1970, a raíz de la aparición de un personaje televisivo popular en todo el país. "María", una mujer mazahua que representaba en la pantalla chica el papel de mujer bondadosa y "tonta del servicio". "Nos decían 'marías' a todas y nos trataban como si fuéramos unas buenas para nada, idiotas, y así fue muchos años. Ese personaje de la televisión nos hizo mucho daño", explica Magdalena.

Junto con otras etnias —notablemente los otomíes y los triquis—, que también han debido abandonar su tierra para trabajar en el Distrito Federal, los mazahuas se organizan para defender sus derechos: el derecho a la vivienda, a la educación de los niños y el reconocimiento de la legalidad del comercio ambulante, una reivindicación que jamás ha sido satisfecha. Magdalena se conmueve con la situación de los floristas de Texcoco; ella conoce muy de cerca situaciones similares. También en la capital, los desalojos —o las reubicaciones— de ambulantes son cada vez más frecuentes, pese a los años de lucha.

Con todo, Magdalena se dirige aquella mañana hacia Atenco en compañía de dos hombres, a bordo de un camión particular. Sin haber puesto siquiera un pie en suelo atenquense, los tres son detenidos.

> Los policías me bajaron de la camioneta, me golpearon, me subieron a otra camioneta, me siguieron golpeando y otra vez me subieron a un vehículo más grande para llevarme hasta la cárcel. En ese camión iba un señor que decía que tenía las costillas rotas, otro sangraba y otro

> tenía las manos fracturadas. Yo iba sentada sobre ellos, pero no me daba cuenta porque llevaba la cabeza tapada. Me pegaron otra vez, dos mujeres me agarraron de la trenza, me dijeron que me iban a matar como a un perro y me iban a cortar la cabeza. Cuando llegamos a la cárcel yo no sabía de qué se me acusaba, no conocía a las otras mujeres que me rodeaban. Volteé a todos lados y todas las personas que veía estaban sangrando, y otras estaban casi muertas.

En el momento de rendir su declaración ministerial, Magdalena no oculta que es analfabeta y apenas y comprende el español.

> Pedí un intérprete, pero no lo trajeron nunca. Cada vez que esas personas querían tomar mi declaración, yo les decía que no era que no quisiera, sino que necesitaba que alguien estuviera conmigo porque no entendía de cuestiones jurídicas. Pero decían que yo no quería declarar, aunque en realidad es que no sabía cómo. El juez puso en duda que yo fuera indígena; decía que hablar una lengua indígena no quería decir nada y que él hablaba inglés, pero eso no quería decir que fuera estadounidense.

Además de hablar la lengua mazahua, Magdalena porta el peinado (de finas trenzas) y la vestimenta tradicional de su pueblo. Su falda plisada color morado la hizo distinguirse entre las demás prisioneras llevadas en las camionetas de la policía y suscitó la presencia de organizaciones mazahuas en la cárcel para protestar. ¿Cree el juez Maldonado, en verdad, que Magdalena nació dentro de la clase media mexicana y aprendió la lengua mazahua para poder vender artesanías en la calle? En todo caso, en ningún momento recibirá el auxilio de un intérprete, en vista de que su pertenencia a la etnia mazahua no queda acreditada. La abogada Bárbara Zamora explica:

> Hubo muchísimas irregularidades en su expediente, pero eso no es lo peor [...] Por esa razón, decidimos dejar de lado ese punto para con-

centrarnos en cada una de las acusaciones que la mantenían en prisión. Pero al negar que perteneciera a su etnia, el juez Maldonado solamente se estaba burlando de ella, porque al hacerlo le negaba su lucha, su papel de líder entre su gente".

Es preciso destacar que el juez obra con especial saña en el caso de Magdalena: el 10 de mayo, Día de las Madres, dicta auto de formal prisión en su contra por "secuestro premeditado" y "ataque a las vías generales de comunicación". Así, el 3 de mayo, Magdalena habría, por un lado, "tendido una trampa a los policías para que éstos pudieran ser secuestrados" y, por el otro, "participado en el bloqueo a la carretera a Texcoco". Docenas de testigos insisten en que ese día Magdalena se encontraba en la ciudad de México con algunas de las autoridades del gobierno local, en los preparativos para la convocatoria de un concurso de artesanía. La mujer acompañó a una delegación completa de funcionarios del Gobierno del Distrito Federal a distintos puntos del Centro Histórico entre las 10:00 y las 18:00 horas, jornada durante la cual, según el juez, Magdalena estaba, en realidad, planeando y consumando el secuestro de los seis agentes. Otro juez, Willy Vega, se hace cargo de la revisión del caso que toma en cuenta estos argumentos.

El juez Maldonado modifica entonces la acusación principal: a partir del momento en que él lo decide, Magdalena "no tendió una trampa a los policías ni los secuestró", sino que habría "vigilado, durante la tarde, las inmediaciones del auditorio donde habían sido retenidos los policías". Y, una vez más, tan pronto como la acusación es refutada, el juez la modifica, por tercera ocasión. Es decir, la mujer mazahua no le tendió ninguna trampa a nadie ni secuestró a nadie ni vigiló ningún auditorio, sino que "sabía que había policías secuestrados y exigió, junto con otras personas, la liberación de su líder, Ignacio del Valle".

"Magdalena no conocía a Ignacio del Valle en persona", asegura Bárbara Zamora, quien fue su abogada durante dos años. "Por otra parte, los policías secuestrados no señalan a nadie en particular y hablan en todo momento de hombres, no de mujeres. Finalmente, el juez Maldonado se arrogó el papel de parte acusadora, cuando ésa no es su función, sino de la Procuraduría." En efecto, el juez debe limitarse a analizar de manera imparcial los elementos del expediente y emitir una resolución. "La actitud constante del juez de inculparla una y otra vez, sin contar con ninguna prueba y sin ser capaz de inventar una historia siquiera verosímil, no es un error ni falta de profesionalismo. Es un acto que obedece deliberadamente a intereses que no tienen nada que ver con la justicia, destinados a mantener a Magdalena en la cárcel", concluye la abogada.

La líder mazahua permaneció 18 meses en prisión; "un año, seis meses y cinco días", aclara ella. Fue absuelta por "insuficiencia de pruebas", al igual que los demás prisioneros, quienes irán abandonando el encierro en uno u otro momento. "No hay ninguna lógica en la liberación de ninguno de ellos. Todos estaban acusados de lo mismo —secuestro equiparado—, en paquete y sin pruebas. Por más pruebas que presentamos de que no se encontraban en el lugar y el momento indicados por los policías, no cambió nada. Simplemente, se salieron con la suya de mantener a los presos durante mucho tiempo tras las rejas", relata Juan de Dios, quien aún se encarga de la defensa de los nueve presos políticos de Atenco, condenados cada uno a 31 años de cárcel.

Las cinco mujeres a quienes se les imputaron los secuestros estuvieron el 3 de mayo en el mitin encabezado por el delegado Zero en la Plaza de las Tres Culturas de Tlatelolco. Es posible identificarlas en algunas fotografías mientras escuchan el discurso del "Sub" Marcos, que comienza rememorando los sucesos ocurridos en la misma explanada el 2 de octubre de 1968.

Cuarenta años después los policías irrumpen en las casas de Atenco, tal como en 1968 los soldados irrumpieron en los departamentos de Tlatelolco en busca de los estudiantes que ahí se refugiaban. Nadie en la concentración imagina lo que está sucediendo. No es sino hasta las tres de la tarde cuando Marcos cede el micrófono a América del Valle, hija de Ignacio: "camaradas de la otra campaña, siempre hemos dicho que lo que le ocurre a uno les ocurre a todos. Necesitamos su ayuda". Un nutrido grupo responderá al llamado y hará acto de presencia, esa noche, en Atenco. Para Guillermo Selvas, médico de la caravana, es cuestión de ir a curar a los heridos. Parte rumbo a Atenco, acompañado de su hija Mariana, al rayar el alba del siguiente día. Alexis Benhumea también se pone en camino junto con su padre y su hermano. Los cinco personajes no se conocen todavía, pero será cuestión de horas para que coincidan en la misma casa en busca de refugio.

Guillermo es detenido en la calle, mientras busca desesperadamente ayuda para salvar la vida de Alexis. Mariana es aprehendida pocas horas después, en la misma casa. Será una de las primeras mujeres que denuncian a voz en cuello que fueron violadas, en cuanto las autoridades permiten por fin a los medios entrar en la cárcel, a fines de mayo de 2006. Padre e hija serán puestos en libertad el 25 de enero de 2008. "No nos ofrecieron ni siquiera un 'usted disculpe, nos equivocamos, nada. Después de dos años y medio de prisión, nos pusieron en libertad sin explicación alguna." Los Selvas gozaban, desde antes de Atenco, del reconocimiento de sus colegas y compañeros: Guillermo Selvas, por su dedicación a los enfermos más pobres,[1] y Mariana Selvas por consagrar sus estudios universitarios a intentar cubrir las necesidades de los más frágiles. Un año después de la represión en Atenco, la antropóloga Aída Hernández Castillo publica en *La Jornada* un texto titulado "Mariana Selvas y la solidaridad encarcelada". La prestigiada investigadora describe a la joven como

[1] "Carta al doctor Guillermo Selvas y su hijo", escrita por 10 médicos y publicada en *La Jornada*, 19 de junio de 2006.

> una brillante estudiante de etnología [...] integrante del equipo de salud de *la otra campaña* y asistente de su padre, el doctor Guillermo Selvas [...] Su objetivo era elaborar un diagnóstico que le permitiera hacer una propuesta alternativa de salud. Paralelamente, Mariana realizaba su tesis de licenciatura sobre la historia de vida de Magdalena García Durán, dirigente mazahua de las indígenas migrantes en la ciudad de México. Paradójicamente, la vida unió el destino de estas dos mujeres, pues Magdalena estaba con ella cuando se les dio aviso del desalojo violento contra los integrantes del Frente, y fue también apresada bajo cargos falsos. Ninguna de las dos participó en el enfrentamiento con las fuerzas policiacas, ambas llegaron a Atenco movidas por la solidaridad, cuando la violencia gubernamental ya había cobrado varias víctimas. Una y otra están siendo acusadas, sin prueba alguna, de secuestro equiparado y ataque a las vías de comunicación, delitos mayores por los que no tienen derecho a fianza.[2]

Un año después de los sucesos, permanecen encarceladas 29 de las 207 personas detenidas aquel 4 de mayo. Las acusaciones que pesan contra el padre de Mariana son también falaces; pero, como comenta su esposa, quien sólo pudo obtener el derecho de visita hasta varios meses después del encarcelamiento, a Guillermo Selvas no lo entristece tanto su condena como el no haber podido salvar la vida del joven Alexis Benhumea.

[2] "Mariana Selvas y la solidaridad encarcelada", Aída Hernández Castillo, 19 de mayo de 2007.

XVII

Ignacio y los otros...

EJÉRCITO ZAPATISTA DE LIBERACIÓN NACIONAL. MÉXICO.

7 de Junio del 2006.

A la familia de Ollin Alexis Benhumea Hernández:

Compañera, compañero:

A media mañana nos avisaron. Supimos entonces que, después de enfrentarse a la empecinada trinchera que la fortaleza de Alexis le opuso por más de un mes, el asesinato iniciado la madrugada del 4 de mayo se había consumado.

El gobierno mexicano asesinó a un joven. Ollin Alexis, su nombre; de apellidos Benhumea Hernández. Más de 30 días tardó en matarle la vida. Por obra de la muerte con la que el gobierno mata, moría de madrugada este joven compañero.

Cuando el sistema cobra su cuenta cruel en la vida de un joven como Ollin Alexis, la muerte aparece como una absurda interrupción, como un sinsentido encajado en mitad del camino, cortándolo irremediablemente.

Dos décadas de vida inconclusa, arrancadas por una granada... de un arma... de un policía... de un gobierno... de un sistema.

[...]

El gobierno mexicano mató a Ollin Alexis. Empezó a matarlo la madrugada del 4 de mayo del 2006 y terminó de asesinarlo el 7 de junio del mismo año.

Lo asesinó porque le tenía miedo. Porque su presencia solidaria en San Salvador Atenco, el 4 de mayo del 2006, ponía en riesgo la legalidad, las instituciones, las inversiones extranjeras, el "Estado de Derecho", las buenas costumbres, la tranquilidad, la paz y la estabilidad. Ollin Alexis Benhumea Hernández, estudiante de la UNAM, era una amenaza y por eso lo eliminaron. Su juventud era un peligro. Ahora los mercados de valores y el flujo de inversiones y las campañas electorales y el gobierno de Fox y el del Estado de México y el de Texcoco y el PAN y el PRI y el PRD pueden estar tranquilos porque Ollin Alexis está muerto. Quienes lo asesinaron reciben condecoraciones, premios, felicitaciones.

"¡Orden! ¡Mano dura!", ladraron los dueños de todo, y los perros de caza obedecieron.

A esto le temían y esto matan: 20 años de fresca existencia, un universitario estudiando dos carreras profesionales simultáneas (economía y matemáticas), un artista con 10 años de estudio de danza, una pasión por la historia y por el compromiso con los de abajo, un otro joven de la Otra.

Ahí está la imagen de Ollin Alexis en tierras zapatistas: de pie, erguido, joven, detrás del Comandante Gustavo (¿en una de las reuniones preparatorias de la Otra?), cuidando, mirando, aprendiendo, con nosotros.

Desconocido para muchos, Ollin Alexis adquiere ahora nombre y rostro por la brutalidad de quien no sabe gobernar como no sea intimidando, reprimiendo, violando, encarcelando, asesinando.

Esto, la muerte matada para los jóvenes, es lo que ofrece este gobierno.

[...]

Que Alexis no repose solo en la noche, que no solo lo encuentre la oscuridad de la tierra.

Que la voz colectiva que, con él, estamos construyendo para atravesar el silencio, plante el relámpago que, como árbol de luz, hiera de muerte a las tinieblas.

[...]

Con la vida, con la dignidad, con la memoria, levantémonos, desafiémoslos. No tendrán ni paz ni tranquilidad.

Vale. Salud y rabia que pare mañanas.
Desde la otra Ciudad de México.
Subcomandante Insurgente Marcos.

La mañana del 7 de junio, Alexis Benhumea, estudiante de economía de la Universidad Nacional Autónoma de México, de 20 años de edad, muere a causa de una lesión cerebral. Desde el 4 de mayo estaba en coma. En el seno de *la otra campaña* reina la indignación. El subcomandante Marcos, portavoz del EZLN toma una vez más la pluma. Su texto será leído en el funeral de Alexis, que se celebra en la UNAM.

A lo largo del día entero, los ejidatarios atenquenses, machete en mano, acompañan a la familia. La indagatoria correspondiente de la Comisión Nacional de Derechos Humanos (CNDH) establece que se trata de "una fractura múltiple de cráneo provocada por un proyectil de gas disparado por la policía".[1] La CNDH contabiliza que 42 equipos de la Policía Federal Preventiva (PFP) y otros tantos del Estado de México "iban equipados con 100 lanzagranadas el 4 de mayo".

Si dichas granadas se disparan al aire sólo expulsan gas; si, en cambio, son disparadas horizontalmente, de frente, como señala la familia de Alexis, pueden ser mortales. "Estaban enfrente de nosotros y dispararon en nuestra dirección", relata Miguel Benhumea, hermano

[1] Caso 208, averiguación FIZP/IZP-6/T1/1488/06-5. CNDH.

de Alexis, que al momento del ataque se encontraba al lado de éste. El joven fallecido no recibió ninguna clase de auxilio durante más de 11 horas, ya que las ambulancias presentes no tuvieron acceso al poblado. Los paramédicos de la Cruz Roja le confirman a la CNDH que la policía impuso un cerco a Atenco. Fue hasta las 19:30 horas cuando, después de ser trasladado por periodistas en un vehículo privado, Alexis es internado en urgencias.

Pese a las pruebas, el procurador general del Estado de México, Humberto Benítez Treviño, declara el día de la muerte de Benhumea que "una piedra lanzada por sus compañeros" pudo ser también la causa de su deceso. Un año después, el mismo funcionario estima que la necropsia no bastó para determinar si el origen de la fractura craneal fue resultado de "una granada de gas, un tubo o una piedra". La Procuraduría de Justicia del Estado de México es, sin duda, la única instancia que duda todavía de la causa de la muerte de Alexis. Tal "incertidumbre", sin embargo, le ha permitido justificar el cierre de la investigación bajo su cargo. El Centro de Derechos Humanos Miguel Agustín Pro Juárez (Centro Prodh) replica señalando "la evidente mala voluntad del Estado" aunada a "la negación total del problema de las ambulancias. ¿Quién dio la orden de impedir el acceso? Los policías sabían que había heridos en el pueblo, como confirmaron los paramédicos".[2]

La negación de toda responsabilidad por parte del Estado abarca también la muerte del joven de 14 años, Javier Cortés Santiago, aun cuando la bala encontrada era del calibre empleado por la policía, como concluye la autopsia realizada. Sin embargo, el comisario Wilfrido Robledo, al mando del operativo, ha negado en todo momento que la policía estuviera armada en Atenco. Frente al testimonio anónimo de tres policías, presentado por el Centro Prodh, que confirma

[2] Conferencia de prensa del Centro de Derechos Humanos Miguel Agustín Pro Juárez (Centro Prodh), en conmemoración de los sucesos de Atenco, 29 de abril de 2008.

que los uniformados iban armados, la negación es absoluta; Miguel Ángel Yunes, subsecretario de Prevención y Participación Ciudadana de la Secretaría de Seguridad Pública, desestima el trabajo de la ONG: "no podemos, de ninguna manera, caer en la trampa que se quiere tender para inhibir la actuación de los cuerpos policiacos [...] No es posible, de ninguna manera, que los ciudadanos que respetan el orden jurídico se conviertan en rehenes de pequeños grupos violentos". Esos "grupos violentos", como los llama el alto funcionario, son el Frente de Atenco y los zapatistas de Chiapas. En una entrevista con el diario *Reforma*, insiste en la falta de credibilidad del video testimonio: "¿De verdad, podemos creerle a tres personas que hablan dando la espalda?"[3] Sin embargo, los tres policías, que no muestran el rostro por razones evidentes, aportan informaciones precisas sobre el operativo que sólo aquellos que tuvieron parte en él podrían conocer, en particular los códigos, los nombres de los comandantes presentes, el despliegue de los distintos cuerpos policiacos, los itinerarios que se siguen, entre otros datos. El video testimonio es presentado a los medios el 10 de mayo de 2006 y resulta abrumador para la policía.

—¿Hubo policías estatales que iban armados?, pregunta el Centro Prodh.

Siempre que venimos a los servicios nunca nos da tiempo de desarmarnos. Nada más nos dicen, apúrense, que vamos a un servicio, y venimos siempre armados; el arma la ocultamos en el pantalón y la camiseta para que la gente no se dé cuenta que venimos armados. Cargamos armas R-15, escopetas y 38, es el armamento con el que cuenta la dirección, pero también hay pocas armas 9 milímetros.

—¿Quiénes fueron los que entraron a hacer los cateos?

—La policía del estado [de México].

—¿Cómo sabían a qué casa llegar?

[3] "Desacreditan video de ONG sobre policías", *Reforma*, 12 de mayo de 2006.

Hubo habitantes del pueblo que fueron señalando los domicilios donde se percataron que entraron estudiantes a esconderse. También fueron señalando a los líderes, a personas del grupo; además, con ayuda de helicópteros se nos iba diciendo más o menos dónde se escondía la gente.

—¿La instrucción era detener a la gente que había participado con los líderes?

No, a todo lo que se moviera. Porque inclusive se detuvo a mucha gente que no tenía nada que ver. Algunos iban a trabajar, otros estaban en sus bicicletas nada más viendo; también se les subió. A toda la gente que se encontraba en la calle y a los que fueron sacados de sus domicilios. En este caso la consigna ya era entrar a los domicilios y sacar a la gente que se pudiera. Inclusive nos tocó sacar gente que aún se encontraba durmiendo. Jóvenes que estaban dormidos, los agarrabas y los sacabas.

—¿Les autorizaron a usar las armas?

La autorización en sí, no; simplemente nos dejaron las armas y si corrían peligro nuestras vidas, pues sí, sí las podíamos usar, que las usáramos. En este caso fue para amedrentar a la gente que no quería dejar que nos lleváramos a sus familiares.

—¿Y el niño que murió?

—Fue por un impacto de 38 especial.

—¿Y esa arma quién la utiliza?

—Nosotros, la policía estatal, y fue un compañero el que disparó.

La investigación, llevada a cabo una vez más por la CNDH —la emprendida por la Procuraduría de Justicia del Estado de México no llega finalmente a ningún lado—, revela que la bala fue disparada a una distancia de 70 centímetros del cuerpo del joven. "Esa circunstancia, junto a otras, derivadas igualmente de la autopsia, implicaría que el disparo no fue accidental o fortuito sino intencionado, y por tanto estaríamos ante un asesinato", concluye en su informe la CCIODH, la cual también pone en duda el número real de muertos y desaparecidos. Los detenidos que viajaron apiñados en los camiones fueron objeto, en efecto, de amenazas y testigos de conversaciones intimidatorias entre los policías. "Las amenazas de desaparición y muerte les mantuvieron atemorizados todo el trayecto", señala la CCIODH con base en los siguientes testimonios:

Testimonio 129

> Nos decían que nos iban a llevar a una barranca, que nos iban a desaparecer.

Testimonio 44

> Nos decían que nos iban a enterrar clandestinamente.

Testimonio 127

> Se agruparon los camiones. En esto momento se escucho una voz: "A quien levante la cabeza, lo matas".

Testimonio 40

> … que nos iban a matar, golpes todo el tiempo, nos amenazaron con tirarnos a un canal, llevarnos a un panteón para quemarnos, que nos iban a llevar a Toluca, que nos iban a poner 50 años de cárcel, que nos quitarían a los hijos.

Testimonio 129

> Escuché decir "ese hijo de la chingada ya no aguantó, el güey pendejo se ha muerto". Sin un alto total pero disminuyeron la velocidad, oí que tiraron alguien.

Diversos testimonios más, recopilados por la CCIODH, confirman que se efectuaron arrestos durante el trayecto, a lo largo del cual algunos detenidos probablemente fueron arrojados de las camionetas del convoy en marcha. El único caso verificado a este respecto es el de Juan Ramírez. Identificado como el hombre que patea en los testículos a un policía inconsciente, poco después de la muerte de Javier Cortés, y detenido por la policía ese mismo 3 de mayo. Juan Ramírez habría recibido golpes y tortura tan severos que su cuerpo fue abandonado en un paraje al darlo por muerto los agentes. Después de pasar cuatro meses en el hospital recuperándose, tan pronto como la policía se entera de que está vivo, lo encarcela. Su familia se ve sometida a un régimen de terror de tal magnitud que decide no vincular su caso con el de los otros prisioneros de Atenco.

Junio de 2006 trae consigo el conocimiento público y el establecimiento de las violaciones y otras exacciones y una pregunta que se plantearán muchos: ¿Por qué razón lanzaron las autoridades un operativo de semejantes consecuencias a dos meses de las elecciones presidenciales? ¿Por qué un despliegue tan atroz al cierre del mandato de Vicente Fox? Para Marie-Eve Filteau, de la Universidad de Quebec, que realizó una investigación exhaustiva sobre los hechos de Atenco:

> se trata de una operación de contrainsurgencia que busca aislar políticamente al Frente por medio de la desorganización de su base social, recurriendo a la represión de sus militantes y la comunidad. La violencia ejercida, fuera de toda proporción respecto a la amenaza que significaba el Frente, demuestra que el objetivo de la intervención policiaca rebasaba con mucho el 'restablecimiento del orden.

El interrogante que se impone es, "qué propósitos persigue el gobierno bajo el velo del leitmotiv de "restablecer el orden". Varios analistas han advertido objetivos políticos detrás de los sucesos, ya en venganza por la oposición al proyecto aeroportuario de 2002, ya para erradicar toda traza de influencia del FPDT, ya para sembrar el terror entre los futuros adeptos de *la otra campaña*, que en ese momento está a la mitad de su travesía por territorio nacional.

Algunos más apuntan la existencia de un ataque directamente conectado con la campaña presidencial. Enrique González, profesor de ciencias políticas de la Universidad Autónoma de la Ciudad de México (UACM), estima incluso que los horrores de Atenco no tienen como destinatario a Marcos, sino a Andrés Manuel López Obrador.

> El gobierno había perdido toda la simpatía popular de que gozaba en 2000, y todas las encuestas le daban una ventaja a López Obrador. Yo creo que aterrorizar a la población fue parte de la preparación del fraude electoral que veríamos en 2006. Y el golpe contra Atenco fue particularmente bien montado, ya que era la primera vez que la represión se transmitirían en vivo las televisoras.

Incluso Francisco Curi Pérez, coordinador del proyecto aeroportuario del 2002 y hombre cercano a Vicente Fox, juzga que los eventos respondieron a una acción dirigida no únicamente contra el FPDT, como declara en entrevista con la revista *Proceso* el 14 de mayo de 2006: "Existe la voluntad, entre varios actores del gobierno de Fox, de crear un estado de psicosis colectiva en el electorado, de hacer creer a la población que se trataba del comienzo de la inestabilidad y que Andrés Manuel López Obrador representaba ese peligro".[4]

Aún hoy se antoja complejo identificar los verdaderos objetivos del operativo Rescate. Lo cierto es, sin embargo, que el terrorífico operativo "quebró" *la otra campaña*, que aunque se dirige al norte del país después de varios meses de inactividad, lo hace despojada de su dinamismo anterior.

[4] "La estrategia del terror", Álvaro Delgado, *Proceso*, 14 de mayo de 2006.

En la prensa, el tema de un nuevo proyecto de aeropuerto sobre las tierras de Atenco resurge. En enero de 2008, María Larriva, especialista en tránsito aéreo y asesora en temas de aeronáutica, dice en entrevista con *Reforma*: "Si quiere [el gobierno de Felipe Calderón] de verdad resolver el problema que enfrenta el Valle de México, lo ideal sería que utilice los terrenos de Atenco, siempre y cuando se les pague lo justo a los ejidatarios y no quieran pagar 7 pesos por metro cuadrado como lo pretendió la pasada administración".

En Atenco, la propuesta cargada del sabor de las segundas intenciones, siembra el peor de los miedos, como constata un militante del FPDT: "Respondimos de inmediato que ese tema no está a discusión, pero lo que más miedo nos da es que el gobierno quiera chantajearnos. ¿Se imaginan ustedes lo que podrían poner en juego esta vez? Nuestros prisioneros, que valen más que todo..."

XVIII

Jacinta

Jacinta no olvida la frustración que hacía presa de ella cada vez que salía de una audiencia. No entendía casi nada, sola, detrás de la rejilla de prácticas, con un abogado que rara vez se dirigía a ella. Y encima, los documentos que ponían en sus manos que ella no entendía, por no saber leer. "Yo lloraba del coraje", evoca.

Unos especialistas dictaminan que Jacinta entiende sólo 20% de español y que no sabe leer ni escribir. Desde el comienzo de su proceso debió contar con un intérprete. No sólo ella, sino también los pobladores de Santiago Mexquititlán requeridos para testificar. De manera particular, la declaración de la amiga con la que Jacinta estuvo platicando "el día de los discos", frente a su puesto de aguas frescas. La testigo es fundamental, pero ella tampoco comprende las preguntas de la parte acusadora. Su testimonio es, sin embargo, de importancia capital, ya que sostiene que Jacinta pasó el domingo sentada frente a su puesto y que acudieron juntas a misa.

Al cierre de cada audiencia, Jacinta se siente completamente sola. Regresa a su celda en llanto. Las otras reclusas le devuelven la moral y le descifran las órdenes de comparecencia del juez. Jacinta recuerda: "Me decían que no me preocupara, que el día de la sentencia iba a salir. ¿A poco alguien va a creer que secuestraste a seis policías? Sí, es un delito grave, pero sin fundamento. A nosotras nos da risa, y verás que al juez también". Gracias a ellas, al abrirse el proceso, Jacinta se siente confiada. La directora del penal no deja de repetirle: "no se preocupe, va a salir muy pronto". Hay, por supuesto, más de una razón para creerlo así: las contradicciones, los errores, los "sin fundamento" son demasiado numerosos como para que un juez no pueda verlos.

¿Cómo pudieron tres mujeres desarmadas secuestrar a seis policías de élite, armados y entrenados? Así lo aseveran los agentes en su segunda declaración del 4 de mayo de 2006, mientras que en la primera, escrita al atardecer del día de los hechos, 26 de marzo, afirman que fueron un hombre y una mujer quienes los privaron ilegalmente de la libertad. Entre una y otra declaración, los policías regresaron discretamente a la comunidad para intentar identificar a quienes aparecen en la foto del periódico. La investigación se consigna en el expediente judicial y encierra una irregularidad: si los policías fueron las víctimas no debieron realizar pesquisas. "En este caso, los seis policías desempeñaron todos los papeles: fueron víctimas, testigos e investigadores. Ésa es sólo una irregularidad más, pero es sumamente grave", detalla uno de los abogados de Jacinta.

Concluida su investigación —si es que puede calificarse así al hecho de inquirir los nombres de personas que aparecen en una foto—, la policía se concentró en las tres mujeres. Según la versión de los agentes, rodeando a las mujeres había una turba iracunda, armada con piedras y picos, altamente peligrosa. En la foto no se aprecian rasgos de animadversión ni piedras ni armas. Por otro lado, cuando es llamado a comparecer, el periodista reconoce que nunca vio a nadie que hubiera sido secuestrado y mucho menos a un tumulto ansioso por un linchamiento. "¿Por qué, entonces, habla de un secuestro en su artículo?", interroga el abogado de Jacinta. "Los policías me dijeron", responde el reportero. "¿Y usted no verificó los datos, no le preguntó nada a los pobladores?", "No", responde el periodista, avergonzado.

El reportaje no señala nunca a Jacinta, ya que en su primera declaración los policías no describen, en ningún momento, a una mujer con vestimenta tradicional. En su segunda comparecencia, del 4 de mayo, detallan a Jacinta como una persona que "incitó a la población al odio contra los policías". Y, por último, en su tercera declaración, fechada el 30 de junio, Jacinta "golpeó a los policías e instigó a la gente a que fueran a comprar cuerdas y gasolina para lincharlos". ¿Cómo pudieron pasar por alto los agentes mencionar, desde un principio, a una mujer capaz de actuar con tanta animosidad en su contra?

Una incoherencia más: ¿Por qué firmaron de buen grado los jefes policiacos un papel, adherido al expediente, donde se comprometen a que sus hombres no regresarán a perturbar el orden del mercado de Santiago Mexquititlán, si seis de sus elementos habían sido secuestrados?

La lógica dicta que la AFI regresará posteriormente para detener a los responsables del secuestro. ¿Dónde se ha visto que un policía empeñe su palabra de no perturbar el orden público cuando ha habido una transgresión de la ley? Si, en efecto, se cometió el delito de privar ilegalmente de la libertad a seis personas, la intervención de la fuerza pública debió ser inmediata. De acuerdo con un gran número de testigos, incluidos los seis agentes, casi medio centenar de policías arriban a la comunidad a las 17:00 horas, momento en la que Jacinta va a la farmacia. ¿Por qué no intervinieron? ¿Por qué no reaparecen sino hasta cinco meses después de que tres mujeres pretendieron linchar a los servidores públicos? ¿Por qué dejar en libertad a señoras capaces de tanta violencia?

Ninguna de estas preguntas sale de boca del juez. Él tampoco es capaz de captar las constantes contradicciones entre los testimonios de los seis policías y jamás se encuentra con Jacinta ni habla con ella. En el sistema jurídico mexicano, el juez está exento de estar presente durante las audiencias. Por regla general, estudia el expediente en su oficina. Únicamente si así lo desea y lo decide, puede entrevistarse con los acusados, las víctimas o los testigos. Jacinta no lo sabe, por lo que no deja de preguntarse, a lo largo de los meses, quién decidirá realmente su destino. Ante la pregunta de qué sintió cuando el juez le dictó sentencia, Jacinta no vacila en responder: "nada, porque no entendí que ya se había acabado'. Me dieron un papel, como siempre, yo vi que mis hijas lloraban, pues ellas sí saben leer".

Otra vez son sus compañeras en prisión quienes deben decirle la verdad: el 19 de diciembre de 2008 un juez la sentenció a 21 años de prisión y una multa de 90 000 pesos. Sobre Alberta y Teresa recae la misma pena, aunque la primera deberá purgar 10 meses más por "posesión de cocaína" en su puesto del tianguis, aun cuando su abogado demostró que ella jamás ha tenido un puesto en el tianguis y es costurera de oficio.

No hay motivo de alarma: el juez Rodolfo Pedraza Longui sólo sigue el camino que ya habían allanado la policía y la Procuraduría con su "condena" a las tres mujeres. La misma CNDH, ante la presentación de una queja a cinco días de las detenciones, dictamina la inexistencia de una detención arbitraria o de violación a las garantías individuales de Jacinta. "También fuimos a la Comisón para el Desarrollo de los Pueblos Indígenas, que se supone que está para ayudarnos en caso de problemas con la justicia, pero no hicieron nada", señala contrariada su hija mayor, Estela, quien logró, incluso, alertar de la situación personalmente a la esposa del presidente Calderón, Margarita Zavala.

Durante la inauguración de la Feria de la Mujer Indígena en Santiago Mexquititlán, el 8 de marzo, Estela, sentada a un costado de la primera dama, aprovecha y expone el caso de su madre. Estela recuerda todavía el discurso que pronunció la esposa del jefe del Ejecutivo:

> Nuestra sociedad debe apoyar a las mujeres indígenas de este país "No desconozco la difícil situación que más o menos he descrito y que viven las mujeres en las comunidades indígenas, por eso para nosotros fue importante ofrecer algunos de los servicios para que ustedes los conocieran y para que entre todas hagamos un México mejor, empezando por sus mujeres indígenas.

Nunca tuvo más noticias. Los agentes tenían razón: nadie es más poderoso que ellos.

Poco antes de la Navidad de 2008, Jacinta pierde la fe. Ya no quiere rezarle a un dios tan poco justo. "Nunca había visto tanta injusticia como en la cárcel: yo no soy la única que es inocente. Aquí hay muchas prisioneras que tampoco hicieron nada." Jacinta deja de ir a la capilla de concreto construida dentro del penal. Tardará medio año en regresar.

Mientras tanto, su caso es tomado por el Centro de Derechos Humanos Miguel Agustín Pro Juárez. Para la ONG, el caso de Jacinta es un emblema de la injusticia imperante en el país. Su director, Luis Arriaga Valenzuela, explica:

> Su historia refleja, por un lado, la vulnerabilidad de las mujeres indígenas frente a la justicia, dentro de una sociedad que sigue siendo extremadamente racista hacia las etnias. Por otro lado, su caso demuestra la manera en que el Estado utiliza a los medios de justicia para criminalizar el descontento popular que nace del abuso de las mismas autoridades.

De acuerdo con la ONG, que designa a tres abogados para preparar el proceso de apelación de Jacinta y se ocupa de la defensa de otros prisioneros de Atenco acusados de secuestro, la situación es clara: "es evidente que Jacinta es inocente, queda claro que estamos frente a una injusticia y resulta extremadamente preocupante que el Estado recurre a la figura del 'secuestro' cuando desea diseminar el terror", agrega Luis Arriaga Valenzuela.

Jacinta recibe a cuentagotas noticias del exterior referentes a su caso. Durante una de sus visitas, Estela le relata su paso por la cadena de noticias CNN en Español, con Carmen Aristegui, Jacinta sonríe para complacerla, pero su moral está destrozada. No ve ningún cambio. Los miércoles la visita don Memo; en una ocasión, Jacinta le confía: "yo creo que Dios ya no me oye". Su esposo sólo replica: "Estás equivocada. No sólo te oye. Él es el que nos mandó ayuda". Jacinta no responde, pero al día siguiente vuelve a la capillita del penal.

XIX

Ignacio y los otros...

"Vamos a apelar de inmediato el veredicto, la pena es menor y no corresponde con la peligrosidad de estas personas",[1] reacciona, el 8 de mayo de 2007, el procurador de Justicia del Estado de México, Abel Villicaña, ante el dictado de sentencia en contra de los tres prisioneros de Atenco confinados en un penal de máxima seguridad desde mayo de 2006. Sesenta y siete años y medio en prisión son, al parecer, una bagatela para el procurador estatal. Aunque es verdad que el delito de "secuestro equiparado" puede castigarse hasta con 120 años de cárcel. Pero Ignacio del Valle, Felipe Álvarez y Héctor Galindo ni siquiera han sido procesados a raíz de los sucesos del 3 y 4 de mayo de 2006. Son acusados de haber retenido durante varias horas a funcionarios públicos, el 8 de febrero y el 6 de abril de 2006.

El 8 de febrero, el FPDT tenía una cita con el secretario estatal de Educación Pública para solicitarle mejoras en las escuelas de la comunidad. Por tercera vez consecutiva, el funcionario no se presenta.

> En ese momento, el secretario estatal de gobernación pasa frente a nuestra sala de juntas y se burla de nosotros. Lo hicimos que viniera y nos explicara la ausencia del otro secretario. Ahí mismo nos enteramos

[1] "Buscan pena mayor por Atenco", Enrique I. Gómez, *Reforma*, 9 de mayo de 2007.

> de que uno de los nuestros había sido detenido por una razón absurda. Para presionar a la policía retuvimos al secretario. En la tarde, cuando todo vuelve a la normalidad, estuvimos esperando horas y horas para que la policía viniera por el secretario. Como nunca vinieron, decidimos que el secretario pasara la noche con nosotros por su seguridad y al otro día lo llevamos de regreso. ¿Eso es un secuestro?

se pregunta Adán Espinoza, uno de los líderes del FPDT, quien se vio obligado a la clandestinidad durante casi un año antes de ser absuelto de todo crimen. La respuesta es: sí, para las autoridades un acto como ése es un "secuestro equiparado", y por ese delito los tres acusados reciben condenas de 33 años y nueve meses de prisión, cada uno.

Otro día, el 6 de abril de 2006, los habitantes de Texcoco esperan al mismo secretario de Educación Pública en Texcoco, quien, una vez más, no llega a la cita. En su representación envía a un grupo de colaboradores que carecen de poder de decisión. Los habitantes de Atenco están molestos y un grupo de ellos decide realizar una manifestación frente a la Secretaría. Rápidamente, la policía los cerca. Los militantes, en plena reunión con los colaboradores del secretario, deciden retenerlos durante unas horas y exigen el retiro de la policía. Al terminar el día, cada quien regresa a su casa. Las escuelas tendrán que esperar más tiempo para su renovación, porque el FPDT no logra jamás ser atendido por el secretario de Educación. Éste es el segundo secuestro que se les imputa a Del Valle, Álvarez y Galindo y que explica los otros 33 años con nueve meses de la sentencia final. El abogado de Ignacio y Felipe explica:

> Es verdad que podemos reprobar esos métodos [retener a funcionarios como medio de presión política], pero en ninguno de los casos puede hablarse de "secuestro equiparado", el cual es uno de los delitos más severamente castigados en México. No es posible considerarlo como un secuestro porque no existe de por medio la exigencia de un rescate.

> Por otro lado, jamás se ha probado la premeditación: no hubo un plan establecido con anticipación para retener a los funcionarios y obligar al gobierno a negociar. La acción fue espontánea.

Sin duda, el temor de que Ignacio, de 52 años de edad, pudiera purgar 67 años de cárcel y regresar al activismo no basta. El 22 de octubre de 2008 es condenado a 45 años más de prisión por el secuestro de policías ocurrido el 3 de mayo. Es cierto que Ignacio se encontraba ese día encerrado en la casa de los floristas, cercada por centenares de policías. Es cierto que no pudo salir ni secuestrar por sí mismo a otros policías. "Es cierto", ha dicho el juez, "pero telefoneó a sus camaradas, con lo cual queda demostrada su participación". Los abogados están boquiabiertos. La sentencia de Ignacio del Valle suma 112 años en prisión. Esta vez, el procurador no considera necesario impugnar la resolución del juez.

Dentro del mismo proceso, otros nueve detenidos reciben penas de 31 años de cárcel. Tras el proceso de apelación, la sentencia ha sido confirmada. El 3 de mayo, ellos también habrían secuestrado a 18 policías. No se establecen ni el número real ni los hechos; además, la hora y el lugar difieren de una versión a otra. Durante la revisión de las declaraciones ministeriales rendidas por los policías, los autores de este libro no encuentran dos que coincidan. Los nueve procesados, por su parte, presentan testigos que acreditan la veracidad de sus declaraciones respecto a dónde estuvieron y qué hicieron el 3 de mayo.

La mayoría de ellos se encontraba trabajando o estaba en otra parte. Todos fueron detenidos sobre la carretera, en la entrada de Texcoco, con excepción de Inés, que estaba en su casa. Julio César, un joven de 18 años de edad, iba a comprar víveres para su tío que es veterinario. Los hermanos Jorge y Ramón se dirigían en bicicleta a visitar a su madre. Alejandro y Juan Carlos regresaban del trabajo. Óscar iba a visitar a su tía, a pie. Ninguno de ellos tiene relación alguna, directa o indirecta con el FPDT, jamás han pertenecido a la organización, nunca han asistido a sus reuniones ni a sus manifestaciones. Ni en 2002 ni en 2006. "Nosotros no tenemos tierras", explican los dos hermanos. "No me gusta meterme en problemas y nunca estuve de acuerdo con los del Frente", dice Alejandro. "Yo no conocía Atenco, no soy de ahí", aclara Julio César. Ninguno de ellos ha leído un solo escrito zapatista y tampoco es miembro de *la otra campaña*.

Solamente Inés tiene un nexo con los sucesos de Atenco; su esposa es florista y la casa donde todos se refugiaron el 3 de mayo es la de ella. "Yo estuve con ellos todo el día porque no podíamos salir; hubiera estado difícil poder secuestrar policías sobre la carretera, a 10 kilómetros de la casa", dice con amarga sonrisa. ¿Y cómo no? Han pasado tres años en prisión y les faltan 28, son jóvenes —sólo Inés frisa los 50 años de edad—. "Fíjese, nuestras mujeres tienen que trabajar muy duro porque ellas solas tienen que mantener a nuestros hijos y nosotros estamos aquí perdiendo el tiempo", expresa otro. La cárcel de Molino de las Flores, en Texcoco, se construyó para dar cabida a 350 presos. Hoy en día alberga a 1 500. Cualquier solicitud de entrevistar a los reclusos de Atenco recibe una negativa inmediata. A cambio de una dádiva de 50 pesos al guardia de la entrada, sin embargo, es posible visitarlos: al pasar las puertas, los encontramos en medio de centenares de criminales.

Comparten la misma historia: fueron detenidos, brutalmente golpeados, amenazados de muerte, inculpados de secuestro, trasladados a esta prisión y juzgados en 2008 "en paquete". Sufren de depresión y la rabia hace presa de ellos. Los hermanos Jorge y Ramón, de 27 y 24 años de edad, muestran, incluso, vergüenza al contar que su madre tuvo que volver a trabajar, ahora que están en la cárcel, para subsanar las necesidades de los hijos de ambos. Alejandro tiene un hijo que necesita una cirugía de riñón, pero su esposa no gana lo suficiente para cubrir los gastos. Julio César pasa cada vez periodos más largos en la celda de castigo: "Ya no aguanta la cárcel, le contesta a los guardias; está joven y su madre está enferma", explica su padre.

También las circunstancias de su encierro son una constante: hay 18 prisioneros en promedio por celda, todos duermen en el piso desde hace tres años, con excepción, una vez más, de Inés.

Inés es abogado de profesión, aunque ese hecho no ha ayudado en nada durante su proceso. En cambio, en el encierro, es el encargado de redactar las cartas de los otros presos, los asesora y publica una gacetilla, *La voz del silencio*, la cual escribe con otros reclusos. "La escritura me mantiene en pie", señala. Los servicios y ayuda que presta a sus compañeros se ven compensados con una cama para dormir. Inés no es originario de Atenco, sino de Texcoco, y su casa está a un lado del mercado.

> No conocía al Frente, pero me oponía a las construcción de un Wal-Mart en el lugar que ocupa el mercado. Mis padres construyeron ese mercado y está exactamente a un lado de la iglesia. Un Wal-Mart en su lugar desfiguraría el municipio. Tal vez, ésa es la razón por la que me sentenciaron; porque, gracias a Dios, a los 20 días fueron liberados mi esposa, mis hijos y mis sobrinos. Y, sí, todos estábamos en la casa.

Inés muestra una enorme cicatriz, vestigio del 3 de mayo, una impresionante marca que va de la frente a la parte superior de la cabeza. "Creí que iba a morir ese día", narra con aire sombrío, "pero las peores cicatrices las llevamos en el corazón".

Desde el momento en que la justicia emitió su resolución tras la apelación, ninguno tiene esperanzas de su pronta liberación. Entre las ONG se sopesa la posibilidad de impulsar la amnistía a los prisioneros políticos, pero las posibilidades de que la aceptara el gobierno actual son pocas. Los reclusos saben que cuentan con el apoyo del compositor y cantante Manu Chao, que por las calles de Nueva York desfiló una manifestación en su favor. Sus abogados les han hablado de la campaña internacional que tanta molestia causa al gobierno. "Pero esos cuentos políticos ya no los cree nadie. ¿Cómo quieren que reconozcan ahora la bola de mentiras que inventaron?", se interroga Óscar.

La visita termina a las 17:00 horas. Aquellos a quienes Wilfrido Robledo Madrid presentó como "secuestradores, homicidas, personas a las que es más fácil señalar qué delitos no han cometido, que enumerar los ilícitos en los que han estado involucrados",[2] estrechan en sus brazos a sus familiares. Corren lágrimas por las mejillas de todos, "como todos los sábados", dice la madre de Jorge y Ramón, que desde entonces trabaja de noche en una fábrica.

[2] "El FPDT, secuestrador y homicida, afirma Robledo", Roberto Garduño, Gustavo Castillo, René Ramón, Javier Salinas, *La Jornada*, 5 de mayo de 2006.

XX

Florence

Los agentes de Genaro García Luna no participan en los actos de represión en San Salvador Atenco. El operativo de mayo de 2006 implicó a efectivos de la Policía Federal Preventiva (PFP), del Centro de Investigación y Seguridad Nacional (Cisen), el servicio secreto mexicano, y la Agencia de Seguridad Estatal (ASES), y fue responsabilidad de Wilfrido Robledo Madrid, director de Seguridad Pública del Estado de México y antiguo jefe de la PFP. Al igual que el director de la AFI, con quien lo une una relación estrecha, formó parte del Cisen.

A finales de 2006, Genaro García Luna da el gran salto al convertirse en el segundo de a bordo del gabinete de Felipe Calderón, gracias a su nombramiento como secretario de Seguridad Pública. La noticia de su designación es tomada con tanta sorpresa como inquietud, sobre todo por venir acompañada de la convocatoria del nuevo presidente de México para que las fuerzas armadas tengan un papel fundamental en la "guerra contra el narcotráfico". Los militares no están de acuerdo con el nombramiento y así lo expresan. La periodista Anabel Hernández refiere en su tercer libro, *Los cómplices del presidente*, el siguiente episodio: en un lujoso restaurante de la capital, un grupo de generales coinciden con Juan Camilo Mouriño, entonces coordinador del equipo de transición de Felipe Calderón y posteriormente secretario de Gobernación. El motivo de la reunión es el nombramiento del próximo jefe del Estado Mayor Presidencial. En el cónclave, los oficiales del ejército aprovechan para mostrarle al emisario del presidente el resultado de las investigaciones de sus servicios de inteligencia sobre García Luna. Le entregan una serie de fotografías donde algunos de sus colaboradores cercanos aparecen junto a integrantes del cártel de Sinaloa, entre ellos los hermanos Beltrán Leyva.

Juan Camilo Mouriño recibe también transcripciones de conversaciones telefónicas entre colaboradores de Genaro García Luna y el cártel. Las conversaciones giran en torno a la protección que recibe el grupo delictivo y las sumas que debe pagar por ese servicio. Los miembros del Ejército explican que los integrantes del equipo que dirigió la AFI durante el gobierno de Vicente Fox han sido objeto de diversas investigaciones a partir de una serie de filtraciones de información sobre los operativos en los que participaron. Era obvio que esos funcionarios alertaban al cártel de los operativos en curso. Su desconfianza había crecido después de la aprehensión de Nahum Acosta, responsable de la logística de los viajes de Vicente Fox e informante de los Beltrán Leyva. La alerta había provenido de la agencia antidrogas estadounidense, la DEA: el enemigo entró en Los Pinos.

El crimen organizado confirma las sospechas. En 2002, Marcos Tinoco Gancedo, alias *el Coronel*, consigue extraer del penal de alta seguridad de La Palma un expediente de 55 páginas donde se consigna información sobre las distintas células de su organización y los nombres de los funcionarios encargados de protegerlas. *El Coronel* le entrega el legajo a José Antonio Ortega, quien a su vez lo remite directamente al procurador general de la República, Rafael Macedo de la Concha. Los datos aportados por *el Coronel*, por demás precisos, no son motivo de averiguación alguna, si bien entre ellos aparece el nombre de Genaro García Luna.

A pesar de todas las advertencias, García Luna toma posesión de la estratégica secretaría. La colaboración entre la policía y el Ejército en la lucha contra el tráfico de drogas no funciona como Felipe calderón lo hubiera deseado. La Secretaría de la Defensa Nacional

(Sedena) se rehúsa a compartir información con la policía. En más de una ocasión son los soldados quienes toman el control de los gobiernos municipales "comprados" por el narco. La falta de confianza que Genaro García Luna inspira en las altas esferas militares es crónica en vista de que, provenientes de diversos frentes, las acusaciones se multiplican. El jefe de operaciones de la DEA, Michael Braun, afirma sin rodeos a *Proceso*:[1] "La corrupción de las élites sigue siendo el principal problema para el intercambio de información sensible". Desde entonces, la DEA trabaja esencialmente con el Ejército.

El narco también se permite informar al presidente que "su guerra" no es "pareja" con todos los cárteles. El lunes 7 de diciembre de 2008 aparece en Oaxaca una narcomanta con el mensaje:

> … Genaro García Luna [con letras rojas] es el narcotraficante con más poder que él y su grupo de sicarios que en la PFP que se hacen llamar grupo de reacción "GOPES" son los al [sic] servicio del cártel de Sinaloa los cuales se prestan al secuestro, ejecuciones y desapariciones y esos mismos son responsables de los secuestros de empresarios en el DF así como en varias partes de la República Mexicana.

El mensaje está dirigido al presidente de la República, con la sugerencia de nombrar funcionarios "neutros en los cargos y no deje a la cabeza de los narcopolicías, por ejemplo Genaro García Luna". El nuevo miembro del gabinete calderonista responde: "¿Vamos a creerle a criminales que acusan a un secretario de Estado?"

Las acusaciones, a la postre, provienen de las filas policiales mismas. En 2008, Javier Herrera Valles, comisario general con 30 años de servicio activo, piloto aviador y licenciado en criminología, decide entregar un informe a Felipe Calderón, después de que éste invitara a la ciudadanía a denunciar la corrupción. "Mi marido sólo obedeció al

[1] *Proceso*, núm. 1622, Jesús Esquivel, 2 de diciembre de 2007.

presidente", dirá más tarde su esposa. El hoy ex coordinador de seguridad regional de la Policía Federal Preventiva (PFP) denuncia que los operativos policiacos contra el narcotráfico se desarrollan sin estrategia ni coordinación. Los hombres reclutados por el ex director de la AFI no aprueban los "exámenes de confianza", pruebas psicológicas y toxicológicas, determinantes para el desarrollo de su carrera y la ascención a ciertos puestos. Javier Herrera menciona también que Esperanza García Luna, hermana del nuevo secretario, asumió la dirección de la Unidad de Policía Cibernética y Delitos Contra Menores sin estar calificada para combatir la delincuencia vía internet. El policía refiere también los fiascos en que terminan los operativos contra el narco.

Al no recibir respuesta de Felipe Calderón, Herrera Valles hace del conocimiento público los documentos y elementos probatorios que posee por medio de la prensa:

> Para el Operativo Michoacán, nos enviaron sin planeación, sin trabajo de inteligencia previo, sin instrucciones precisas. Aunque estuviéramos armados, nos enviaron a la guerra sin fusil. En Guerrero, de los 200 hombres que tuve a mi mando casi 100 ni siquiera tenían licencia para portar armas. Parecíamos títeres, y ésa es la razón por la que pudieron atacar los ayuntamientos casi frente a nuestros ojos.

Denise Maerker, Anabel Hernández y Ricardo Ravelo, especialista en tráfico de drogas de la revista *Proceso*, lo entrevistan. Los tres verifican la información y la publican. Javier Herrera Valles está consciente del riesgo que corre. La sanción no se hace esperar: en septiembre de 2008 es suspendido de la policía, so pretexto de faltas administrativas infundadas, según su versión. Luis Cárdenas Palomino, el hombre de la gabardina negra al que denuncia en diversas ocasiones, es el encargado de firmar su baja.

Aparecen entonces "testigos protegidos", es decir, anónimos, que acusan a Javier Herrera de proteger al narco, aun cuando el comisario general era uno de los 23 policías mexicanos seleccionados por el FBI para recibir cursos de formación (Curso General de Educación en Justicia Criminal) en la academia nacional de la organización, distinción reservada sólo a elementos con un historial irreprochable. El 17 de noviembre de 2008, al entrar en el estudio de Televisa para participar en el programa de Denise Maerker, es arrestado. Pocas semanas después, el principal "testigo protegido" se retracta de sus acusaciones y ofrece una disculpa a Javier Herrera, argumentando que había actuado bajo amenaza. La confesión llega demasiado tarde y carece de relevancia: ya hay otras "pruebas" fabricadas al vapor. El ejemplar elemento policiaco es transferido el 5 de febrero de 2009 al penal de alta seguridad de Nayarit. Su libertad es una posibilidad remota, opina Anabel Hernández, quien con base en sus investigaciones sobre la información que el comandante le ha aportado explica: "Todo era cierto, todo sucedía tal como él dijo, y los abusos continúan".

Baste un ejemplo: Herrera Valles denuncia los malos manejos de un hombre incondicional de García Luna, Gerardo Garay Cadena. El 19 de octubre de 2008, Garay invita a los medios a un narcorrancho que "acaba de ser confiscado" en las cercanías del Distrito Federal a un grupo de narcotraficantes de origen colombiano. Nadie interroga a los 15 detenidos esposados. El enjuague sale a la luz pocos días después: El operativo policiaco se realizó el 16 de octubre. A lo largo de tres días, los jefes policiacos abusaron de drogas, bebidas y robaron joyas y dólares. La acusación proviene de agentes azorados por la actitud de sus jefes. Gerardo Garay Cadena es arrestado junto con otros dos oficiales. Un mes después, sus nexos con el cártel de Sinaloa quedan confirmados. El detenido ha sido colaborador de García Luna durante 16 años y es el primero en caer de una larga lista de hombres cercanos al secretario.

La leyenda negra que pesa sobre García Luna de poco vale; el secretario de Seguridad Pública no olvida a Florence Cassez. A partir de la emisión de *Punto de Partida* del 5 de febrero de 2006, del momento en que la francesa lo exhibe ante millones de mexicanos, el asunto es "personal". A la cabeza de una poderosa Secretaría, tiene los medios para influir en el destino de la joven.

XXI

Florence

Unas horas antes de recibir la sentencia me visitó el cónsul general de Francia en México. Estaba seguro de que la juez anunciaría el sobreseimiento del caso y que yo saldría en libertad durante el fin de semana. Me presentó a su asistente para que yo la contactara en cuanto estuviera libre. Le envió a mi hermano un e-mail preguntándole si había reservado mi boleto de avión a París. El boleto estaba listo. Mi madre también había hecho cita con un médico para el 9 de mayo.[1]

"No sabíamos cuándo, pero estábamos seguros de que iba a regresar muy pronto".[2]

Estas declaraciones, hechas por Florence y Charlotte Cassez, respectivamente, permiten imaginar la sacudida que significó el anuncio de la sentencia condenatoria, el 25 de abril de 2008. En el norte de Francia, la llamada telefónica tan esperada llega apenas pasado el mediodía. Al otro lado del auricular, la voz entrecortada de una mujer destrozada anuncia: "me dieron 96 años".[3] Después, el silencio, pesado como una losa.

[1] Entrevista telefónica con el periodista Jean-Michel Décugis, publicada en el semanario *Le Point*, 14 de mayo de 2006.

[2] Radio France Culture, 10 de noviembre de 2008.

[3] La sentencia de 96 años representa el nivel mínimo de una resolución que pudo haber alcanzado los 200 años de cárcel. La Procuraduría General de la República, por su parte, apeló la decisión del juez.

Ocho años por delincuencia organizada. Ochenta por secuestro y privación ilegal de la libertad. Portación ilegal de armas y municiones: ocho años. Cuando la prensa da a conocer la noticia, el público francés descubre un rostro delicado detrás de las rejas, los grandes ojos anegados de angustia, el nombre de Florence Cassez y su historia. Fuera del círculo familiar, quienes se habían enterado del caso en 2006, casi había sido olvidado. Las razones: el proceso penal se dilató y, por recomendación del abogado defensor, ninguna información se había abierto paso hasta la prensa.

La diplomacia francesa esperaba una declaración de sobreseimiento pronunciada con discreción, para evitar un escándalo en la prensa. ¿Pecaron de optimismo y dejaron pasar este caso? ¿Subestimaron la embajada, el consulado y el Ministerio del Exterior los riesgos? ¿Logró el cabildeo del gobierno mexicano, para proyectar una imagen idílica de la situación del país, desactivar los instrumentos diplomáticos? O, simplemente, ¿tuvo la juez la habilidad de ocultar su propio juego? Tres meses antes de recibir sentencia, Florence Cassez sale llena de confianza de su segunda y última entrevista con Olga Sánchez Contreras. La reunión entre ambas mujeres tuvo un buen desarrollo. También Charlotte, la madre, había conocido a la magistrada y se sentía tranquilizada por la mujer que no había ocultado su indignación al escuchar el relato en el que Cristina Ríos denunciaba haber sido víctima de violación sexual.

Si bien una vez que se dicta sentencia no hay manera de dar marcha atrás, el aparato jurídico mexicano ofrece el recurso de apelación. La necesidad de seguir adelante y reemprender la batalla se impone; es necesario cambiar de estrategia. El contraataque será desplegado en los terrenos político, mediático y jurídico.

A finales de abril, Florence Cassez solicita la ayuda del jefe de gobierno francés en una entrevista dada a conocer por France Bleu Nord. “Voy a proclamar mi inocencia hasta el final. Es necesario que toda Francia se movilice [...] Es necesario que Nicolas Sarkozy me escuche y eche una ojeada a mi expediente." Su súplica es escuchada y las puertas del Palacio del Eliseo se abren para recibir a Charlotte y Bernard Cassez el 7 de mayo.

El jefe del Ejecutivo francés sabe a qué atenerse. Un correo remitido desde México por una fuente fidedigna le advierte:

> Hemos seguido este asunto desde la aprehensión de Florence Cassez [...] A lo largo de toda la investigación, hemos confirmado las contradicciones detectadas desde un principio [...] Tenemos, todos, la convicción absoluta de que se trata de un golpe montado [...] Desafortunadamente, en México prevalece esa especie de Salvaje Oeste donde se permite toda clase de golpes y predomina la ley del más del fuerte, no la verdad.[4]

Por otro lado, los servicios de información secreta del Ministerio del Exterior han indagado el pasado de la sentenciada sin encontrar un solo antecedente. Al transmitirle al presidente galo sus hallazgos, sus interlocutores quedan asombrados por el grado al que éste conoce el expediente. Charlotte Cassez describe el encuentro para la revista *Le Point*: "Nicolas Sarkozy nos escuchó y se mostró muy comprensivo y receptivo. Nos ayudó a recuperar la confianza. No hay garantías, el asunto es muy delicado y complejo; estamos conscientes de ello. Esperamos una resolución favorable, pero creo que será necesario ser pacientes". El gobierno emite un comunicado: "El gobierno francés sigue con atención el transcurso de este caso y en particular el proceso en curso de conformidad con sus responsabilidades para con sus ciudadanos sujetos a procesos en el extranjero, con pleno respeto a la soberanía de México y la independencia de su sistema de justicia".

A finales de 2007, Charlotte y Bernard Cassez ya habían sido recibidos por un consejero del presidente, en dos reuniones que fueron

[4] Correo del 5 de mayo de 2008.

posibles gracias a la movilización de la clase política del norte de Francia. En su región de origen, el matrimonio Cassez recibe el apoyo de los partidos Partido Socialista (PS, izquierda) y Unión por un Movimiento Popular (UMP, derecha, partido del presidente Sarkozy). En Boulogne-sur-Mer, el diputado-alcalde Frédéric Cuvillier busca movilizar a sus conciudadanos. "Existen causas nacionales, temas que no permiten la división y ante los cuales la unión nacional y la cohesión son indispensables."[5] Inspirado en las campañas de apoyo a Ingrid Betancourt o a la periodista Florence Aubenas, raptada en Irak durante varios meses, el diputado hace desplegar sobre la fachada de la alcaldía un retrato gigante de Florence. Thierry Lazaro, diputado-alcalde del pueblo de Phalempin y miembro de la UMP, decide sumarse a las pesquisas.

> México es una democracia, un Estado soberano. Sin incurrir en la injerencia podemos conmovernos y hacer que se escuchen los mensajes *ad hoc* para hacer valer su inocencia. Basta con ser madre o padre de familia para imaginar que, si una de nuestras hijas visitara otro país y por una u otra razón tuviera que enfrentarse a los carceleros de ese país durante 96 años, de verdad que nos gustaría que la República se interesara en nosotros [...] Formé parte de la comisión de investigación del proceso de Outreau.[6] Pudimos constatar que había inocentes, y rehabilitarlos jurídicamente. Nos gustaría que esa experiencia sirviera en alguna otra democracia del mundo. Si existe un error jurídico, que se repare y no sea motivo de vergüenza. Es así como funcionan las democracias.[7]

Ambos políticos se comunican con sus homólogos, y al día siguiente del veredicto 168 miembros del Parlamento claman "que

[5] Boletín de la agencia noticiosa Reuters, 20 de diciembre de 2008.

[6] Proceso judicial que implicó a 18 personas acusadas de pedofilia y que se caracterizó por sus graves errores jurídicos.

[7] Radio France Culture, 10 de noviembre de 2008.

se haga justicia", como consignan los medios. Entre los ciudadanos, la idea de dar nuevo impulso al comité de apoyo vinculado con la página de internet de la familia se concreta. Jean-Luc Romero, consejero regional de Ille-de-France (la región de París) acepta presidir el comité. Si bien la vida los ha llevado por distintos caminos, Romero y Florence Cassez tienen en común el ser coterráneos.

En agosto de 2008, aprovechando un viaje a México, y no satisfecho con lo que sabe por la prensa, el político la visita en prisión. Hay buena química:

> Quedé pasmado desde un principio por su decisión de demostrar su inocencia. Desde el día en que la conozco no me cabe la menor duda: su sinceridad y su mirada no pueden ser un engaño. En algún momento pronuncié palabras desafortunadas, como 'vacaciones'. Se sobresaltó y me pidió que no la repitiera. No soportaba que se hablara de vacaciones porque venía a su mente la idea de estar con sus abogados, con la juez, todo el mundo estaba de vacaciones y durante ese tiempo su proceso no avanzaba.[8]

El diputado regresa a Francia, pero la comunicación con Florence continúa. A París llegan llamadas telefónicas desde el encierro.

> Para que ni los políticos ni la opinión pública la olviden, es necesario provocar ruido de fondo en torno a su futuro. Es necesario, también, apoyarla. Hemos lanzado la campaña "No a las vacaciones sin una carta a Florence".[9] Ella dependerá de la movilización de la gente que cree en su inocencia y que un día saldrá del infierno en el que vive. Nuestro mayor reto es lograr que esa movilización que hoy se limita a Pas-de-Calais, se extienda.

[8] Entrevista con los autores.

[9] Florence Cassez llega a recibir 40 cartas al día.

Entre la incredulidad y la indignación, la prensa francesa aborda el tema ahora que tiene luz verde. La posibilidad de hacer llamadas telefónicas desde la prisión le permiten a Cassez atender a los medios que la solicitan.

Fragmento de la entrevista telefónica realizada por Jean-Michel Décugis. 14 de mayo de 2006. Le Point

—Mi abogado mexicano me solicitó que no mediatizara mi caso, que era mucho mejor mientras menos se dijera de mí. Cometí el error de hacerle caso. Pero se acabó. A partir de ahora voy a hablar con los medios. El tiempo apremia, porque no voy a soportar estar mucho tiempo en prisión. En la mañana, cuando despierto, pienso en que soy inocente y encuentro la fuerza para ponerme de pie. Pero en la noche, cuando me acuesto, pienso en que a pesar de mi inocencia voy a pasar otra noche aquí adentro e imagino lo peor. [Llora]. Mi inocencia me inyecta mucha fuerza, pero al mismo tiempo me destruye. [Llora y se recupera]. Mi expediente está lleno de incoherencias; hasta un niño de 12 años se daría cuenta.

—¿Cómo es la vida en prisión?

—Al principio fue demasiado duro. Pasé tres meses aislada en una celda, espiada por una cámara. Durante todo ese tiempo no tuve derecho a un abogado. Cuando conseguí uno, no hizo nada. Fui trasladada de inmediato a Santa Martha, una cárcel para mujeres muy dura. Allí recibí el trato de los delincuentes peligrosos. Hoy las cosas han mejorado. Se me trata como a todas las demás reclusas. Hay mucha violencia, pero yo trato de pasar desapercibida…

La idea de financiar un reportaje en México ya no asusta a las redacciones. Así, pues, un equipo de la televisora M6, del programa de televisión *66 Minutos*, viaja y recopila testimonios que han quedado en el olvido, como el de Alma, quien atiende el restaurante donde

Florence Cassez se encuentra con Israel Vallarta el 8 de diciembre de 2005, pocos minutos antes de ser detenidos. Alma, mujer robusta, está convencida de que en el rancho nunca hubo personas secuestradas. "Conozco a Israel desde hace mucho tiempo. Nosotros tenemos, incluso, las llaves de su casa. Podíamos entrar cuando quisiéramos. Me impresioné mucho cuando dijeron que eran secuestradores. Si era cierto, nunca nos hubiera tenido tanta confianza."

Con la llave de Las Chinitas siempre a la vista, colgadas en la pared de las cacerolas, relata que el rancho abría sus puertas a fiestas como la de 15 años de su hija. También había animales. Su marido, Ángel, se ocupaba de la finca. El lunes anterior al día de la aprehensión, Ángel estuvo en el rancho, donde trabajó de 9 a 14 horas. Incluso entró en la recámara donde la policía descubriría a las víctimas; no había nadie, sólo tablas.

La pareja ofreció el mismo testimonio durante las audiencias del proceso, del que Alma guarda esta impresión: "las personas nos miraban de manera intimidante, para meternos miedo. Pero, ¿por qué querían que tuviéramos miedo? Lo que dijimos es la verdad estricta".

Aun cuando toda la información que llega a Francia inclina la balanza a favor de la detenida, las reacciones que pueden leerse en los sitios de internet de los medios prueban que el recelo y la desconfianza persisten. "Cuando el río suena..." ¿Cómo se llegó a esta situación sin reproches de por medio? Los escépticos se centran en la zona oscura del expediente, el ex novio, Israel Vallarta. Ahí es donde se encuentra el nudo gordiano. Florence Cassez no es una figura pública. No goza, por ende, del mismo nivel de credibilidad que una mujer de la política con habilidad verbal o una periodista reconocida. Muchos, incluidos los periodistas, se limitan a creer en la historia de amor, convertida en un calvario judicial, transcurrida en latitudes exóticas. Una joven y bella francesa parte hacia el fin del mundo. Conoce al que cree un *latin lover*; pero es el jefe de un grupo delictivo. La aventurera es víctima de su propia intrepidez.

¿Para qué movilizarse? Los ciudadanos franceses encarcelados en el extranjero son una legión.[10]

Para retomar la batalla jurídica, la familia Cassez se comunica con Frank Berton, miembro de la barra de abogados de Lille. Hombre de sangre combativa, se ha labrado una sólida reputación con su trabajo en varios procesos mediatizados, así como el logro de rescatar del infierno jurídico a dos acusados del ya mencionado caso Outreau. El "abogado que persigue errores judiciales" acepta; su decisión tranquiliza a los Cassez, quienes saben que su hija ha llegado al límite.

Berton visita México en junio, en compañía del periodista Jacques-Yves Tapon, quien después narrará la odisea. A su llegada al aeropuerto los esperan autos blindados, escoltas en moto y protección personal; la causa: el abogado ha recibido mensajes con la advertencia de que no será bienvenido.

Su agenda está abarrotada. Reuniones en el penal, con los abogados mexicanos,[11] en la embajada francesa. Convoca a conferencias de prensa con propósitos muy ambiciosos. Sin ignorar la vía diplomática, decide apelar la sentencia, proceso que puede tardar entre seis meses y dos años. En vista de la gravedad de las imputaciones, no es posible solicitar la libertad condicional.

Berton es también un fino estratega en el uso de los medios. A diferencia de su colega mexicano, no vacila en lanzarse al asalto de los micrófonos de la prensa francesa cada vez que le parece que la actuación del "cuarto poder" puede tener efectos favorables para sus defendidos.

[10] En las fechas referidas, el total de franceses encarcelados en el extranjero era de 1958 ciudadanos censados.

[11] Al día siguiente del veredicto se nombra a un nuevo defensor: el abogado francófono Agustín Acosta.

XXII

Jacinta

Es la prensa la que logra sacar a Jacinta del olvido en que la sume la justicia. Un periodista exclama su indignación al descubrir su calvario. Por tratarse de Ricardo Rocha, en muy poco tiempo toda la prensa mexicana habrá visitado a la procesada. El mismo periodista que en 1995 reveló que la masacre de Aguas Blancas, en la que 17 campesinos fueron asesinados en el estado de Guerrero, fue perpetrada por la fuerza pública, bajo la orden del entonces gobernador Rubén Figueroa. El trabajo periodístico de Ricardo Rocha sobre este tema fue reconocido por la Suprema Corte de Justicia de la Nación, que resolvió por unanimidad que el gobernador no solamente era culpable de la masacre, sino también de desviar el curso de las investigaciones.

Miércoles 28 de junio de 1995. Efectivos policiacos y militares detienen el camión en el que se transportan los miembros de una organización ecologista e indígena. Tienen órdenes directas del gobernador de "evitar como quieran" que dicho vehículo llegue a una manifestación. A unos metros de los casi 400 uniformados, el secretario de Gobernación del estado de Guerrero aguarda en su helicóptero. Al primer disparo, sale volando.

La organización tiene sólo dos años de existencia y es pacífica; su combate busca la protección de los bosques ante las empresas forestales y la lucha contra la pobreza, que en esa región del país alcanza las cifras más altas. En diversas declaraciones, sin embargo, tanto el gobernador como el comandante de la novena región militar en ese momento, el general Enrique Tomás Salgado Cordero, han descalificado a los campesinos que la integran, tachándolos de "guerrilleros".

Los sobrevivientes, ya que se registran 21 heridos, le relatan a Ricardo Rocha una versión distinta, aunque el periodista carece de pruebas sólidas para difundirla. Las autoridades transmiten un video donde los campesinos muertos tienen armas en las manos. La versión oficial es: "los campesinos armados dispararon primero y los policías tuvieron que responder". Luego de meses de investigaciones, Ricardo Rocha descubre la versión original del video que —evidentemente no fue dada a conocer— muestra cómo ocurrió en realidad la masacre. El escándalo estalla: 28 policías y cuatro funcionarios pasan varios años en prisión, pero nadie toca a los responsables intelectuales, los instigadores de la matanza, pese a la intervención de la Suprema Corte de Justicia de la Nación.

El periodista obtiene notoriedad y motivos de preocupación, pues su trabajo comienza a causar enojo en ciertas esferas.

Pero es, sobre todo, dos años después, cuando el panorama se complica para Rocha, quien se ve obligado a alejarse de la televisión y autoexiliarse por algunas semanas después de haber acusado al gobierno de ser responsable de la muerte de 45 indígenas en Chiapas, masacrados en el interior de una iglesia con violencia indecible.

El periodista había estado presente en la región dos semanas antes de la masacre, realizando un reportaje y una serie de entrevistas con los indígenas, refugiados en aquel momento en los Altos de Chiapas. Sus aldeas, distantes varias horas a pie, estaban siendo atacadas sin cesar por los grupos paramilitares encargados de combatir cualquier signo de organización entre los comuneros indígenas; esto desde la insurrección zapatista de 1994. Las Abejas, nombre de la organización civil indígena que busca una salida pacífica a la guerra, se formó en 1992 para exigir la liberación de cinco de sus integrantes injustamente encarcelados. A partir de entonces el grupo trabaja en pro de la paz, hecho criminal a los ojos de los grupos paramilitares de la zona, formados por miembros del ejército mexicano y protegidos por la policía local, como lo confirmará la investigación.[1]

Quince días antes de la masacre, las imágenes que Rocha difunde en la televisora más grande del país no sólo escandalizan a la opinión pública sino que, además, irrita por igual a las autoridades. En el reportaje de Ricardo Rocha, familias enteras se refugian bajo irrisorios techos plásticos, luchando contra el hambre, la sed, el frío y la lluvia. Es evidente que la miseria los ha llevado a parajes tan inhóspitos. Mientras que muchos televidentes solicitan la retransmisión de las imágenes, Televisa informa al periodista sobre el descontento que su reportaje provoca en las altas esferas políticas. El comunicador relata:

> El gobierno me acusó, al igual que en el caso de Aguas Blancas, de intentar desestabilizar al país, de haber armado un montaje. Televisa me pidió que saliera del país por un tiempo: mis superiores temían por mi seguridad y se oponían a la retransmisión del reportaje.[2] Me refugié en Nueva York y, al cabo de 15 días, me informaron que 45 indígenas, entre ellos mujeres embarazadas y niños, habían sido salvajemente asesinados.

A la postre se sabrá que los responsables de la inmolación de los indígenas que rezaban dentro de una iglesia son grupos paramilitares vinculados con el PRI, y que la policía, presente en aquel instante, a 500 metros del lugar, no movió un dedo para intervenir. La violencia del ataque hiela la sangre: 15 niños, 21 mujeres y nueve hombres

[1] "El libro blanco de Acteal" resume la investigación de tres grupos civiles de derechos humanos internacionales y nacionales. Human Rights Watch expresa severas críticas en sus investigaciones sobre Chiapas en torno a la colaboración de las autoridades mexicanas. La ONG estadounidense denuncia también las intimidaciones a sus colaboradores que viajaron a Chiapas.

[2] El reportaje se encuentra disponible en línea, bajo el título "La matanza de Acteal": http://www.youtube.com/watch?v=J5MLFdTBa9w.

son asesinados por arma de fuego o machetazos. El objetivo es, una vez más, el mismo: sembrar el terror entre los adeptos de los zapatistas. Ni uno solo de los responsables intelectuales del magnicidio tendrá castigo; los autores materiales recibirán condenas menores.

Durante años, el Estado asegura que se trata de un conflicto entre comunidades. Mientras tanto, a lo largo de las semanas siguientes a la matanza, el número de operativos militares contra los zapatistas de las comunidades que rodean Acteal se incrementa.

Ricardo Rocha vuelve del exilio y dedica varias emisiones de su programa al caso Acteal, en los que contradice otra vez la versión oficial de los hechos. La relación entre el periodista y la televisora se tensa a tal grado que Rocha presenta su dimisión, pero no desparece de las pantallas. Crea su propia agencia de prensa y se hace columnista del diario *El Universal.*

El 5 de marzo de 2009 publica la crónica "Yo soy Jacinta". Es la primera vez que la figura y el caso de Jacinta aparecen en un diario nacional y bajo la pluma de un reconocido periodista. Una vez que relata la historia del "secuestro" de seis agentes y de las acusaciones al respecto que penden sobre la cabeza de Jacinta, Rocha escribe sin cortapisas:

> Así se repite la historia de la furia discriminatoria y racista de los poderosos en este país [...] Nomás acordémonos de Aguas Blancas y Acteal. De Atenco, condenados a más de un siglo de cárcel por defender sus tierras. Otra vez la más brutal represión de estos gobiernos contra los que se atreven a alzar la voz ante las injusticias. Hay ahora un movimiento encabezado por el Centro de Derechos Humanos Miguel Agustín Pro Juárez, al que me sumo gustoso para exigir juicio justo y liberación de quien sólo ha cometido tres grandes pecados en este país: ser mujer, ser indígena y ser pobre. Por cierto, se llama Jacinta Francisco Marcial. Y yo soy ella.[3]

[3] "Yo soy Jacinta", columna de Ricardo Rocha, 5 de marzo de 2009, El Universal.

"Yo soy Jacinta" se convierte en un movimiento de protesta ciudadana ampliamente difundido que, además de hacerle llegar cartas a la mujer otomí encarcelada y al gobierno de Querétaro, toma conciencia de su propia vulnerabilidad frente a la justicia mexicana. "Si muy a pesar de todas las pruebas y las evidencias Jacinta es condenada a 21 años de prisión, lo mismo podría sucederle a cualquiera. Y hay miles de Jacintas en este país", enfatiza uno de los abogados del Centro Prodh. Por otro lado, Jacinta está en la cárcel en plena campaña para las elecciones de diputados y senadores que acontecerían de junio de 2009, en la que el Partido Verde Ecologista ha abrazado como causa el establecimiento de la pena de muerte para los asesinos y los secuestradores. "El caso de Jacinta ilustra perfectamente la herejía que consiste querer establecer la pena de muerte en un país con un sistema judicial tan ineficiente", proclama en todos los espacios mediáticos el director del Centro Pro.

Es difícil determinar si la historia de Jacinta tuvo efectos determinantes en una campaña tan mediatizada como la del Verde Ecologista. Los miembros del partido, algunos de los cuales pertenecen a familias que se cuentan entre las más acaudaladas de México, plagó, literalmente, el país entero con carteles y anuncios espectaculares donde expresaban su demanda de la pena capital. Pero es irrebatible que el caso de Jacinta provocó la reflexión en muchos. Jacinta se convirtió en el tema de las conversaciones familiares. Su sonrisa, sus palabras sencillas y sinceras, sus hijos que la describen como "una madre ejemplar" o los vecinos que la evocan como "una mujer generosa y al pendiente de los demás" manchó apenas un poco más la imagen nauseabunda, ganada a pulso, de muchos efectivos policiacos.

También la figura de otras instituciones resulta empañada: no es difícil descubrir que la CNDH no vio nada, que la CDI no hizo nada. La esposa del presidente, al igual que el gobernador de Querétaro, no pronuncia ni una sola palabra sobre el tema.

La indignación de la opinión pública mexicana ante el caso de Jacinta se desborda. "La indignación, la rabia, pero también la impotencia ante nuestras autoridades, eso es lo que siento", escribe un joven internauta.

TERCER ACTO

Usted tiene derecho a NO guardar silencio
(La apelación)

XXIII

Florence

A su regreso a Lille, Berton dedica todo su tiempo a la redacción de un resumen de la situación. Está decidido. La policía mexicana intentó dar un golpe de efecto en la lucha contra el secuestro. Su clienta es víctima de una campaña de promoción de la AFI y su director, Genaro García Luna. El abogado denuncia una parodia de procuración de justicia y un expediente "con pies de barro". Para apuntalar sus intenciones, entrega a la prensa un documento de 21 páginas en el que señala las incoherencias de fondo y forma del proceso.

En cuanto a la forma, se han violado en repetidas ocasiones la Constitución Política Mexicana y el Código Penal en el curso de la instrucción. La Carta Magna ordena que todo acusado sea "puesto a disposición de un juez inmediatamente" en el caso de un delito flagrante. Si Florence Cassez fue puesta a disposición de las autoridades a las 10:10 horas del 9 de diciembre, y su detención se llevó a cabo la mañana del 8, durante las primeras horas estuvo detenida ilegalmente. Una irregularidad evidente que se prolonga mientras ella no es presentada a las autoridades. A diferencia de Israel Vallarta, a quien le son notificados los cargos que se le imputan, ella es engañada. Para justificar su detención, los agentes de la AFI le aseguran que la están reteniendo en calidad de testigo, como parte de una averiguación previa sobre su ex compañero sentimental. Su presentación ante las víctimas también muestra anomalías. En las instalaciones de la SIEDO,

Cassez se ve obligada a participar en una caricatura de identificación frente a Cristina y su hijo. Al otro lado de un vidrio sin tinte es presentada sola, mientras que el derecho exige la presencia de cuando menos cuatro personas. Ese error, de acuerdo a la propia ley, entraña la nulidad de todo el procedimiento. Por si fuera poco, el abogado de oficio no estaba presente.

Las "herejías jurídicas" que tanto alarman a Berton son prácticas comunes en el sistema judicial mexicano actual. Los procesos a los que están sujetos Jacinta o los prisioneros de Atenco son sólo variantes. El contexto de violencia desbordada de las emisiones televisivas abona el camino a las distorsiones del estado de derecho. Pero la problemática más severa en estos casos es de fondo. Con miras al proceso de apelación, los abogados mexicanos de Florence Cassez yuxtaponen las declaraciones ministeriales de Cristina y su vástago.

Declaraciones de Christian Hilario Ramírez Ríos		
Primera declaración (9 de diciembre de 205)	Ampliación de declaración (14 de febrero de 2006)	Ampliación en videoconferencia (7 de junio de 2006)
…es el caso que después llega HILARIO, saca a mi mamá de la habitación, me quedo yo solo, después **HILARIO, me saca sangre de la vena de mi brazo izquierdo, me** dijo que era para hacerme unos análisis, ya que ellos tenían un **doctor,** en la casa…	Que el día que me sacaron sangre de mi brazo izquierdo, la mano que sentí y **observé era muy delicada, suave y de piel blanca…** y al meter la mano dentro de la cobija para sacarme sangre, observé que **la mano era de una mujer de piel blanca,** misma mano que no era de las manos habituales que me habían tocado en anteriores ocasiones, ya que esas eran toscas y rasposas… le comenté a mi mamá que la persona que me sacó la sangre había sido una mujer, ya que le vi las manos, mismas que eran suaves y de piel blanca…	…deseando agregar, que en la primera declaración dice que VALLARTA me sacó sangre, **pero yo solo dije que VALLARTA fue el que dio la orden, entonces la señorita FLORENCE CASSEZ, vi la mano, me dijo: aprieta el puño, entonces me sonó raro, porque yo no conocía el acento francés hasta ese momento,** luego le dije a mi mamá que oí a una persona que tenía un acento raro, mi mamá me preguntó, traté de describírselo, pero no me entendió bien…

DECLARACIONES DE CRISTINA HILDA RÍOS VALLADARES		
PRIMERA DECLARACIÓN (9 de diciembre de 205)	AMPLIACIÓN DE DECLARACIÓN (15 de febrero de 2006)	AMPLIACIÓN EN VIDEOCONFERENCIA (7 de junio de 2006)
Durante la presente diligencia tuve a la vista a las personas que, ahora me entero, responden a los nombres de… MARIE LOUISE CASSEZ CREPIN, y después de observarlos con detenimiento manifiesto **que no reconozco a estas personas y es la primera vez que los veo… también los escuché articular palabras y manifiesto <u>que no conozco la voz de ellos</u>, ya que la voz de mis diferentes cuidadores era más ronca…**	**…mi hijo y yo escuchamos la voz de una persona extranjera con acento muy peculiar,** por lo que una vez que he analizado esta voz, con la voz que he escuchado en los medios de comunicación (televisión) de la persona que se identifica con el nombre de FLORENCE MARIE LOUISE CASSEZ CREPIN, y sin temor a equivocarme reconozco que **es la misma voz que escuché en varias ocasiones en las dos casas** de seguridad en que estuvimos en cautiverio mi hijo y yo… percibiendo la voz y el tono de una extranjera… …	**…la mujer que está detenida, la recuerdo en la segunda casa en donde yo estuve,** en una ocasión nos tocaron para darnos de comer y por lo regular siempre preguntaban que cómo estábamos o nos decían que ahí estaba la comida y esa ocasión que tocaron nadie nos dijo absolutamente nada y entraron simplemente, incluso saludé y no me contestaron, mañosamente pude descubrirme un poco la cara y **vi a una persona de espalda que llevaba un pantalón de mezclilla entallado, un pasamontañas y <u>al término del pasamontañas salía el pelo rubio</u>, esto es por lo que respecta a la señora que está detenida…**

Supóngase que, a semejanza de la historia del Dr. Jekyll y Mr. Hyde, Florence Cassez pudiese llevar una doble vida. A la luz del día, es una empleada dinámica y asidua de un hotel de lujo, ocupada en realizar las diligencias para obtener una visa y regularizar su situación migratoria. Al cobijo de la noche, es la cabecilla de una banda fuertemente jerarquizada con una división del trabajo en equipo, como se describe en un informe policiaco sobre Los Zodiaco: "Algunos eran responsables de la selección de las víctimas, otros intervenían durante la detención material, mientras que los últimos se ocupaban de las negociaciones y de recuperar el monto de los rescates exigidos; también estaban los responsables de la liberación".

Si así fue, ¿cómo se explica que el grupo delictivo operara en 2001 si la francesa se instala en México en 2003? ¿Por qué mantienen secuestrada sus cómplices a Valeria, la estudiante, entre el 31 de agosto y el 6 de septiembre de 2005, mientras que la "jefa" se encuentra con su familia en Francia?

El testigo Ezequiel Elizalde y su historia revelan también numerosas sorpresas. Si bien el trabajo de los abogados comprueba que la madre y su hijo fueron guiados a retractarse, no es el caso de Elizalde. En efecto, él da traspiés en sus declaraciones, pero falta el tema *del dedo*. El meñique izquierdo que levanta y muestra en todo momento, mientras declara que le fue anestesiado para serle amputado. Fue Florence Cassez la encargada de inyectarlo; el joven metería la mano en el fuego para demostrar su verdad. Cae en un sueño profundo, hasta que lo despiertan los agentes de la AFI durante la acometida al rancho. La prueba es aun visible: un puntito que enrojece cuando el juez auxiliar aprieta el dedo del declarante en plena audiencia. Evidencia irrefutable hasta que un examen médico con fecha del 12 de junio de 2006 certifica que se trata de una mancha de nacimiento y no de la cicatriz de una aguja.

¿Quién es Ezequiel Elizalde? Una declaración de Israel Vallarta ofrece una pista que atrapa al abogado Berton. "Salustio me dijo que él [Ezequiel] estaba castigado, ya que era un asunto personal con su señor padre, ya que con éste, algunos años atrás, se había aventado un jale, es decir, un secuestro, pero que ese cabrón lo había bailado, y que lo único que quería era recuperar su dinero."

Ezequiel Elizalde, ¿hijo de un secuestrador deshonesto con sus secuaces? La historia desafía la imaginación. ¿Es posible? Ello explicaría la manía paterna de grabar las llamadas telefónicas que recibe y también los dos millones de dólares que exigieron como rescate los secuestradores, quienes en cada plagio estudian la suma posible a obtener. No son los ingresos de un salón de billar ubicado en una colonia popular los que orillen a un plagiario a creer que la familia puede reunir semejante cantidad de dinero. Si esta versión es exacta, persiste una duda. ¿Por qué razón Ezequiel actúa con tanto ensañamiento en contra de Florence, desde el primer momento?

La declaración de Israel Vallarta no puede tomarse a pie juntillas, ya que fue obtenida mediante tortura, pero probablemente oculta pistas que conducen a la verdad o, cuando menos, a la consignación del testigo y personas cercanas a él. Esa posibilidad no pasa por la cabeza de los investigadores ni de la prensa mexicana, la cual exalta las acusaciones de Ezequiel Elizalde contra Florence Cassez y hace caso omiso de otras, mejor cimentadas y más nítidas.

El 19 de enero de 2006 el joven afirma haber visto un video grabado durante un *baby shower* realizado en su propio domicilio, tres días antes del secuestro, para celebrar el embarazo de su esposa, Karen Pavlova Gachuz Gómez. Entre los asistentes reconoce a un sujeto de nombre Jaime y a otro apodado *el Norteño*, ambos invitados por Leticia Gómez, madre de Karen. Ante el agente del Ministerio Público, relata que conversó con ellos, quienes le hicieron preguntas sobre su trabajo, la dirección del billar y sus horarios. Durante su cautiverio, al ser llevado un día al baño, logra ver durante un segundo, a través de los orificios del pasamontañas que le colocan, a su plagiario. La voz, el acento y la corpulencia lo delatan: es *el Norteño*.

En otra fecha ahonda en su acusación: cita a Arturo, su cuñado, y describe que éste "se junta con personas de aspecto de delincuentes, traen carros de modelo reciente, y ninguno de ellos trabaja, como para darse esos gastos, sé que Arturo se dedica al robo". Sospecha que su cuñado está implicado en su secuestro a raíz de una desavenencia ocurrida mientras Arturo vivía en su casa. Ezequiel lo echa a la calle, acusándolo del robo de dinero de su madre. "Te vas a arrepentir", sentencia su cuñado. ¿Por qué razón Elizalde no revela esos hechos antes? El ex secuestrado sostiene que lo intentó en diversas ocasiones: "Quiero decir que no había declarado esto porque no se había dado la oportunidad de decirlo ante esta autoridad, ya que siempre esto se lo comenté al agente federal de investigación con quien me entrevistaba y lleva a cabo la investigación de mi secuestro, de apellido Licona".

Raquel, madre de Ezequiel, también sospecha de la familia política de su hijo. La sospecha la asalta el día del plagio, al ver llegar al billar a Leticia, Arturo y su esposa pocos minutos después de los hechos, ya que viven cerca de la colonia. Madre e hija refieren a los investigadores una serie de detalles que permiten suponer que Leticia, la suegra, informaba a los secuestradores sobre los movimientos de los Elizalde. La moralidad de la familia Elizalde no es inmaculada; pero, con todo, resulta sorprendente que la suegra de Ezequiel no haya sido objeto de averiguación alguna. ¿Negligencia? ¿O la decisión deliberada de no develar una verdad distinta de la oficial? ¿Qué chantaje doblega a los agentes de la AFI al grado de permitir que Ezequiel Elizalde mienta de manera tan grotesca a partir del 9 de diciembre de 2005?

El expediente judicial sofoca al abogado Berton: "inverosimilitudes", "lagunas instructivas", "totalmente contradictorio", "falsedad de testimonio", "conclusiones definitivas", "poca seriedad en el ámbito de la búsqueda de la verdad", "absolutamente no fiable", "es increíble que se pongan en marcha estas formas de proceder". Al filo de las cuartillas que entrega a la prensa, el abogado no encuentra adjetivos para calificar una averiguación que ha desembocado en una sentencia de 96 años "basada en la apreciación razonada, apoyada en sólidos fundamentos jurídicos", de acuerdo con la juez Olga Sánchez Contreras. Distinto es el parecer del abogado francés, quien concluye: "ningún elemento material (llamadas telefónicas, fotos...) permite establecer la participación de Florence Cassez en los secuestros ni la posibilidad de que ella fuese informada de los mismos por su compañero sentimental, del que se encontraba separada y al que conoció muy poco".

El examen atento del expediente judicial sólo puede conducir a "la decisión de su absolución inmediata".

Berton agrega: "Durante mi entrevista con el embajador de Francia en México, éste me indicó en cierto momento de la conversación: 'Estamos en México'". La respuesta no satisface al abogado, en vista de que "es evidente que las irregularidades procesales, el carácter infundado de las diligencias de fondo, permitirían a la justicia mexicana, en el recurso de apelación, dictar la absolución de Florence Cassez, ordenar su libertad inmediata sin generar un conflicto político entre Francia y México". Sin embargo, otra amenaza se cierne: el proceso de apelación no admite ni el debate contradictorio ni el alegato. La resolución depende de la apreciación de un juez, una vez más, uno solo.

El análisis de Berton podría parecer una copia del que, en su momento, realizó su colega mexicana Irene Blanco, abogada defensora del ciudadano egipcio Abdul Latif Sharif Sharif, acusado de los feminicidios de Ciudad Juárez. Desde el primer momento en que se ocupa del expediente judicial, Blanco queda convencida de que el error de su cliente fue hablar y señalar a policías y funcionarios corruptos. "Eso está prohibido aquí, él no midió las consecuencias y siento que ése es el delito más grande que carga, por lo que se le está castigando." En 1999, cuatro años después de su consignación, en el momento en que "la psicosis ligada a las muertes de mujeres alcanzaba su punto álgido", la abogada es la protagonista del capítulo "La defensa imposible", del libro *Huesos en el desierto*, escrito por el periodista Sergio González Rodríguez.

> Irene Blanco declaró que el juez le había confiado, en una conversación privada, que la sentencia dictada contra Sharif Sharif era infundada y que no existía ninguna prueba que justificara su encarcelamiento durante tanto tiempo. El juez añadió que no disponía de elementos

> probatorios suficientes para inculpar al egipcio. Después vino el veredicto. La abogada afirmaba que el juez le había dicho que temía que la opinión pública "le cayera encima" si dictaba sentencia absolutoria ya que durante tres años las autoridades habían presentado a Sharif Sharif como un monstruo.

En 2008 el monstruo tiene piel blanca y cabello rojo y se llama Florence Cassez. Sus acusaciones atañen directamente a la cabeza del Estado desde el momento en que Genaro García Luna fue nombrado secretario de Seguridad Pública. A pesar de todos los sinsabores del pasado, Florence Cassez y su familia mantienen la confianza. Un as de la barra francesa de abogados tiene el caso en sus manos. El presidente francés sigue de cerca el asunto, que ha cobrado tintes tanto políticos como jurídicos, mientras que en el primer trimestre de 2009 se llevará a cabo una reunión bilateral entre el jefe de Estado galo y su homólogo mexicano. Son muchas las razones para mantener la esperanza de encontrar una salida al embrollo, aun cuando a la prisionera el tiempo le parezca insoportablemente lento mientras 2008 llega a su fin.

XXIV

Florence

En octubre de 2008, Anabel Hernández investiga a Luis Cárdenas Palomino, coordinador general de inteligencia para la prevención del delito de la PFP y autor principal del montaje televisivo contra Florence Cassez. La periodista publica un artículo inquietante: el brazo derecho del secretario estuvo implicado en un triple homicidio hace varios años. La reacción de Cárdenas Palomino no se hace esperar: en un programa de radio, el funcionario lanza una amenaza en contra de la periodista al afirmar: "detrás de este reportaje, está la mano del crimen organizado".

Una hábil acusación que permite desacreditar a Anabel Hernández e incluso cualquier ataque contra ella. La periodista interpone una querella ante la CNDH. Días antes, Anabel y otros periodistas ofrecen pruebas de que Luis Cárdenas Palomino estuvo bajo interrogatorio, durante varios días, como parte de la Operación Limpieza. De acuerdo con las fuentes de los periodistas, García Luna se encargó de obtener su liberación el 30 de octubre, cuando prácticamente nadie habría abogado por él.

Así, pues, ni uno ni otro caerán en las redes de la operación a cargo de la SIEDO, solicitada por Felipe Calderón. La batahola de escándalos entre las filas policiales no es la única razón que impulsa al presidente a buscar la depuración de la policía. También el gobierno estadounidense lo presiona para que tome cartas en el asunto. En el momento en que Ricardo Gutiérrez Vargas, jefe de la Interpol en

México, entra en la cárcel, acusado de entregar información al narco, Calderón no tiene otra salida: la comunidad internacional observa de cerca sus actos.

El cierre de 2008 es una hecatombe: la mayoría de los hombres cercanos a Genaro García Luna se ven implicados en actos que los asocian con el narcotráfico. A tal punto que el *Reforma*, el diario conservador de México, no duda en titular a ocho columnas la nota del 20 de noviembre de 2008: "Acusan a oootro de García Luna". Esta vez se trata de su secretario particular, el quinto de sus colaboradores señalados. Otros también se desplomarán.

Para nadie es motivo de asombro: entre el 1 de mayo y el 9 de junio, otra catástrofe ha estallado entre las filas de los amigos del secretario. En 70 días ejecutarán por disparo de arma de fuego a seis de sus incondicionales, al más puro estilo del narco; uno, en promedio, cada 14 días. El sexto será su abogado, y suegro de Luis Cárdenas Palomino. En tanto que el poder proclama que esos asesinatos son consecuencia de la lucha contra el crimen organizado, muchos analistas advierten la sombra de los ajustes de cuentas.

En noviembre de 2008, Ricardo Ravelo, especialista en temas del narco de la revista *Proceso*, publica un artículo para comprometer al secretario, en el que narra los entresijos de un encuentro entre Genaro García Luna e integrantes del cártel de Sinaloa, en un lugar ubicado a una hora del Distrito Federal. Los narcos habrían desarmado a los escoltas personales del secretario para mantenerlos después con los ojos vendados durante cuatro horas. A lo largo de ese lapso, García Luna habría conversado con los jefes del cártel, en particular con *el Mayo* Zambada, brazo derecho del *Chapo* Guzmán. La información es el resultado de una investigación interna de la policía, revelada a los diputados.

El artículo es una verdadera bomba contra un secretario de Estado en funciones, precisamente aquél cuyo trabajo es combatir a los cárteles de la droga y quien no ha dejado de declarar a todos los medios:

"no negociaremos con narcos". El reportaje de Ravelo, publicado con el título de "Los nexos entre García Luna y 'El Mayo' ", revela la existencia de más averiguaciones en curso sobre las relaciones entre los colaboradores del secretario y el grupo criminal.

"Ricardo Ravelo publica información de este tipo únicamente si cuenta con pruebas que la sustenten. De otra manera, imaginemos las consecuencias que ello tendría para nuestra revista, no se trata de una acusación menor", comenta Jorge Carrasco, uno de los jefes de redacción de *Proceso.*

En efecto, la Secretaría no publica ningún desmentido al respecto. "Prefirieron no hacer olas y más bien hacer que el reportaje se olvidara", agrega Anabel. El recurso al silencio funciona y García Luna permanece en su puesto. En 2009, Anabel insiste: esta vez ha descubierto que el secretario visita regularmente una residencia en construcción en Tlalpan. Se trata de su tercera casa, con un valor estimado en 20 millones de pesos. Los ingresos que declara obtener como secretario de Seguridad Pública no corresponden con el costo de la obra. Ni su declaración patrimonial ni su declaración fiscal acreditan que posea sumas parecidas. "¿De dónde proviene el dinero?", se pregunta la periodista. Otros dos reporteros de televisión, que se dirigen al lugar para grabar aspectos de la construcción, son detenidos por un par de policías vestidos de civil, y consignados durante 16 horas. Salen en libertad a condición de no publicar nada.

"Pero el siguiente es un caso más trágico", relata Anabel.

> Pocos días después, policías vestidos de civil detienen al profesor Roberto Vidal Méndez, catedrático de la Facultad de Derecho de la Universidad Nacional Autónoma de México, columnista del Diario *Imagen* y secretario de Seguridad Pública de Tabasco en el gobierno de Roberto Madrazo, y que ha publicado en la revista *Siempre* artículos donde critica al secretario. También es vecino de la nueva casa de García Luna y creyó, sin duda, que ese hombre fue mi "fuente". Lo detu-

> vieron saliendo de un programa de radio en el que habló justamente sobre mi reportaje. Según la policía, encontraron armas y dinero en su casa y está vinculado con el narcotráfico. Es una acusación ridícula tratándose de un profesor respetado.

Roberto Vidal Méndez permanece encarcelado mes y medio, pese a las protestas de sus colegas y compañeros. Aunque Anabel no revela sus fuentes, afirma que el catedrático no tiene nada que ver en el asunto. En diversas ocasiones, a las preguntas de la prensa sobre la casa, García Luna ha respondido que "todo está en regla", pero sin presentar pruebas que documenten la afirmación. Y, tal como lo hace Luis Cárdenas Palomino, acusa a Anabel Hernández de ser parte del crimen organizado. "De nuevo ponen en peligro mi vida y mi libertad de expresión, al mismo tiempo que manchan mi reputación y mi trabajo de investigación. En Estados Unidos o en Europa, los funcionarios tienen que justificarse cuando la prensa los ataca; en México sucede lo contrario: al periodista se le ataca junto con sus fuentes de información, y el funcionario nunca tiene que rendir cuentas", agrega.

Al caso del policía Javier Herrera Valles le sigue el del profesor de derecho Vidal Méndez y ataques cada vez más serios contra la prensa. En agosto de 2009, la Secretaría de Gobernación acusa a la revista *Proceso* de tener vínculos con el crimen organizado, específicamente con La Familia, uno de los cárteles más sanguinarios de México. Las ONG en defensa de los periodistas protestan de inmediato: "Este tipo de acusación permite justificar toda violencia. En México, es suficiente con que un periodista tenga ocho balazos en el cuerpo para decir que fue el crimen organizado y asegurar que la investigación no llegará a ningún lado. Casi siempre, es falso", asegura Brisa Maya, directora del Centro Nacional de Comunicación Social (Cencos), una ONG que defiende la libertad de prensa.

Mientras que durante años el Estado mexicano ha asegurado que los asesinos de los periodistas son los cárteles de la droga, "hoy se sabe que la mayoría de los ataques provienen de las autoridades, trátese de la policía, la justicia o el poder político. Ellos son los principales agresores de los periodistas, aunque se supone que están para protegerlos", declara la especialista.

Los ataques en contra de Anabel y *Proceso* no son, por ende, motivo de asombro. Varios de los colaboradores del semanario viven en el extranjero después de haber recibido amenazas y otros toman un sinfín de precauciones.

Anabel explica:

> Se necesita que la comunidad internacional se dé cuenta de lo que pasa en México. Tenemos que hacer periodismo entre dos aguas: la corrupción del gobierno y el narcotráfico. ¿Quién nos protege? ¿Los funcionarios corrompidos? ¿O los narcotraficantes asesinos? Estamos en el peor de los lugares: en otros países, cuando menos se sabe quiénes son los enemigos. Están de un lado, conocemos su rostro. Aquí, en México, cada vez es más difícil distinguir entre los buenos y los malos, la línea es muy tenue. Mi familia me pide que pare, que me vaya del país: yo me niego, yo quiero seguir con mi oficio. Con el miedo presente, es verdad, pero todos debemos continuar.

Vigilar a los personajes públicos es, para ella, "un deber". Sabe que su libro *Los cómplices del presidente* arremete contra verdaderos "peces gordos". Sus acusaciones causan conmoción en la opinión pública: exhibe a altos funcionarios que protegen a narcotraficantes y secuestradores. El tiempo le da la razón: varios de esos funcionarios están hoy en prisión. "Sólo sus jefes todavía no", aclara. Son esos hombres quienes detuvieron y encarcelaron a Florence Cassez.

Llega el momento de que las dos mujeres se encuentren. Anabel visita en varias ocasiones la cárcel y publica una investigación exhaustiva sobre el caso, en la que cita al abogado José Antonio Ortega: "una vez más, el culpable de la polémica es García Luna, que con sus shows mediáticos engañó a la sociedad, al procurador y ahora al presidente, al hacernos creer que estábamos viendo una liberación [de víctimas de secuestro] en vivo". En la misma entrevista con la revista electrónica *Reporte Índigo*, el también presidente del Consejo Ciudadano para la Seguridad Pública y la Justicia Penal menciona cinco casos más de "liberaciones" frente a las cámaras, orquestadas por el ingeniero Genaro García Luna. El secretario se ha granjeado ser considerado como "el guionista", el hombre que llevó a la AFI a convertirse en la *Agencia de Filmes Inventados.*

Esta vez, el secretario no puede acusar a la periodista de estar del lado de los secuestradores. Sabe bien que ella jamás podría estarlo, al vivir marcada para siempre por una tragedia personal, cifrada en la dedicatoria de su libro *Los cómplices del presidente*:

"A Emilio Hernández, mi padre.

Porque cuando fue secuestrado y asesinado en 2000, comprendí que la corrupción y la impunidad no es cuestión de números sino de víctimas con nombre y apellido."

XXV

Florence

"La trama secreta del caso Cassez", se lee en la edición del 23 de junio de 2009 del diario *Excélsior.*[1] El artículo repasa los episodios de las negociaciones secretas entre el Palacio del Eliseo y Los Pinos, que comenzaron al día siguiente del veredicto. Desde mayo de 2008, el presidente francés establece contacto con su homólogo mexicano. Ya se conocen: coincidieron en París en junio de 2007. Por escrito, Nicolas Sarkozy expresa su preocupación por las anomalías del expediente y formula su deseo de que las "zonas de sombra" desaparezcan a partir de la segunda instancia del proceso. A guisa de acuse de recibo, Felipe Calderón señala la atención puesta en la solicitud, pero afirma que él no puede influir en una decisión de la justicia.

El nombramiento de Genaro García Luna como secretario federal de Seguridad Pública —y de manera oficiosa brazo derecho del presidente Calderón— dispara la dimensión política del caso Cassez hasta las altas esferas del Estado mexicano. Para las autoridades francesas, resulta delicado manejar la nueva situación. Todo debe hacerse para que las relaciones bilaterales no se vean afectadas cuando los dos mandatarios sostengan una reunión en el primer semestre de 2009.

El proceso de apelación está en desarrollo y París desea que su resultado sea honroso para todas las partes. ¿Cómo lograrlo sin herir

[1] *Excélsior,* Pascal Beltrán del Río, 23 de junio de 2009.

la susceptibilidad de los mexicanos? Ingrid Betancourt visita México en diciembre de 2008; porta una carta que Sarkozy le solicitó entregar a Calderón. La francocolombiana que permaneció secuestrada por las Fuerzas Armadas Revolucionarias de Colombia (FARC) es cercana a los círculos diplomáticos franceses.[2] Mientras prepara un viaje de carácter privado a México, que incluye una entrevista con Felipe Calderón, Nicolas Sarkozy le solicita que sea portadora de un nuevo mensaje, "respetuoso de las decisiones del Poder Judicial mexicano", como consigna *Excélsior.*

Paralelamente, Jean-Claude Marin, procurador general de París, funge como emisario oficial. Visita México y trabaja en coordinación con el embajador Daniel Parfait, recientemente nombrado (junio de 2008). La diplomacia francesa activa su red: autoridades judiciales, políticas y administrativas, así como líderes de opinión. También se reúne con el juez del proceso de apelación de manera discreta. El mensaje que todos reciben, con la preocupación de no dar muestra de ejercer presión, es que el caso Florence Cassez es seguido al más alto nivel en Francia, por lo tanto el expediente no puede tomarse a la ligera. Se abre una puerta para que la Procuraduría haga llegar a las autoridades francesas elementos que demuestren la culpabilidad de la francesa. No presenta nada nuevo. La estrategia de discreción es todo lo opuesto a la estrategia de divulgación puesta en marcha por el abogado Berton. Al contrario de sus colegas mexicanos, el abogado galo no vacila en su decisión de convocar a la prensa para denunciar los puntos litigiosos y reiterar su convicción acerca de la inocencia de su cliente.

La prensa francesa hace eco de sus declaraciones, mientras que la mexicana muestra poco interés. Dos visiones que se enfrentan. Los partidarios de la discreción consideran que cualquier declaración pública limita el margen de maniobra de las autoridades mexicanas;

[2] El padre de sus dos hijos es embajador.

"el silencio no le ha servido de mucho a la joven detenida", analiza Berton. El caso tiene una vertiente jurídica y una mediática. Es necesario ganar terreno en la prensa y librar la batalla por obtener el favor de la opinión pública francesa.

Es Felipe Calderón quien ofrece una vía alterna; de acuerdo con *Excélsior*:[3] la Convención de Estrasburgo sobre la Transferencia de Detenidos Condenados que su administración suscribió sin reservas en 2007.[4] El Estado francés también es signatario del documento que data de 1983. Entre los dos países, el tono sigue siendo cordial y permite creer en un clima de buena voluntad que ayude a desenredar una historia cada vez más compleja. Dos veces postergado, el viaje presidencial es programado del 6 al 9 de marzo de 2009. Un nutrido grupo de empresarios recibe una invitación y se espera la firma de importantes contratos en consecuencia. París se compromete a aportar su asistencia en materia de policía científica y técnica. La empresa Thales prevé la firma de un contrato de 400 millones de dólares para proveer seguridad a la capital.[5] EADS contempla la entrega de helicópteros. Aventis proveerá vacunas antigripales. Se prevén intercambios de cooperación en materia de nanotecnología e industrias agroalimentarias, así como el apoyo francés para que México tenga mayor presencia en los organismos internacionales, como el seno del Consejo de Seguridad de la ONU. En contraparte, la participación del ejército como parte de las fuerzas internacionales que realizan misiones para mantener la paz sería la bienvenida.

La visita es anunciada bajo buenos auspicios. Resta un detalle: la garantía de que el caso Cassez no modificará la agenda, y que la

[3] Propuesta de inicios de febrero de 2009.

[4] La transferencia interviene una vez que la justicia del país extranjero ha emitido una resolución. El detenido es llevado a su país de origen para purgar ahí su pena. El mismo procedimiento se aplicó en el caso del cantante del grupo francés Noir Désir Bertrand Cantat y los miembros de la organización el Arca de Zoé.

[5] *Le Point*, 1904, Pierre Beylau, 12 de marzo de 2009.

resolución del proceso de apelación no sea dada a conocer durante la estancia del presidente francés en tierras mexicanas. El emisario Jean-Claude Marin cruza el Atlántico de regreso con una noticia. "No tienen de qué preocuparse, puede tardar semanas, incluso meses", le explica el procurador general de la República en turno, Eduardo Medina Mora. El procurador de París da luz verde: no se prevé que hay una sentencia de apelación dentro de los siguientes días. ¿Falta de coordinación? ¿Tropiezo? "Por una razón que nadie nos explicó, pero que seguramente tiene una explicación",[6] Marin se entera, para su absoluto asombro, que el juez emitió su decisión al día siguiente. Se confirma la culpabilidad de la ciudadana francesa, aunque la pena de 96 años se reduce a 60. El argumento de la reducción es que dos cargos fueron retirados, uno por el secuestro de Raúl, esposo de Cristina, y el otro por portación ilegal de armas.

Para los allegados al caso, la contradicción es absoluta. Quienes abogaban por la línea de la discreción esperaban una condena que significara "una salida honrosa", como la de ocho años por portación ilegal de armas. No saben dónde están parados. Para Florence Cassez y su familia, una esperanza más se desvanece. Para la delegación presidencial, es un lío. El dispositivo mediático se entusiasma de nuevo y, a pesar de las precauciones tomadas, el caso polariza la atención. En México, los medios observan con desconfianza la llegada del "visitante incómodo".[7] Las redacciones no han olvidado el episodio de los miembros del Arca de Zoé, detenidos en Chad en 2007, ni las gestiones emprendidas por el jefe del Ejecutivo francés para lograr su regreso a Francia. La opinión generalizada transparenta la idea de que "viene por Florence Cassez como hizo en Chad". Inmediatamente seguida de "México no es Chad".

La lectura de *La Jornada* es instructiva. El diario se ostenta como opositor frontal al gobierno conservador que rige al país y a su línea

[6] *Excélsior*, 21 de julio de 2009.
[7] Título de un artículo de *Proceso*, 1689, 15 de marzo de 2009.

de mano dura. Sin embargo, en el editorial del 8 de marzo de 2009 se descubre un fuerte sentimiento de nacionalismo que barre con las interrogantes sobre el expediente jurídico de la detenida francesa:

> Con todo, sería inadmisible que, en la actual circunstancia, el gobierno calderonista cediera ante las presiones y permitiera el regreso de Cassez a su país. Ello resultaría un agravio para el conjunto de la sociedad mexicana, en un momento en que el flagelo de la criminalidad ha sembrado un enorme sentir de zozobra, temor y desamparo en la población, y pondría en evidencia que el supuesto compromiso del calderonismo con la legalidad termina en donde comienzan los intereses de las potencias internacionales.

Los días 8, 9 y 10 de marzo *La Jornada* dedica su portada a la visita de Nicolas Sarkozy. En cada ocasión, la atención del diario se centra en el caso Cassez. Pero en ningún momento menciona la existencia de un expediente lleno de incoherencias. Durante los tres días que dura la visita no cambia el punto de vista de una gran parte de la prensa. El semanario *Proceso* del 15 de marzo publica lo que muchos piensan por lo bajo:

> Empecemos por la agenda. Es comprensible que deseen aprovechar las bellas playas del Pacífico mexicano; pero parece poco serio que la visita presidencial comprenda únicamente un día de trabajo, durante el cual se hayan acumulado todas las entrevistas posibles con las instituciones de educación francesa, los empresarios, los legisladores, los funcionarios del Estado, etcétera.

El fin de semana que la pareja presidencial gala estaba invitada a pasar en un hotel de lujo que pertenece a Roberto Hernández, no tiene lugar. El lunes 9 de marzo, el discurso de Nicolas Sarkozy en el Senado, en sesión solemne, suscita reacciones encendidas. El invitado de honor evita palabras que pudieran causar molestia y no pronuncia el nombre de la francesa en el pleno del Senado. Luego de reconocer la "valerosa" lucha del gobierno contra el tráfico de drogas, afirma su apoyo a la guerra contra las mafias y aborda con precisión milimétrica el tema de discordia del momento: No soy el hombre de la impunidad para nadie, pero al mismo tiempo tengo una responsabilidad con mis conciudadanos, hagan lo que hayan hecho [...] cuando se es una gran democracia, hay que aplicar los convenios internacionales". Sus declaraciones no surten efecto:

> Llegó como si fuera un príncipe que va a visitar a los pobres indígenas, a ver cómo arreglárselas para llevársela consigo. Ésa es la impresión que nos dejó. No fue lo mejor para Florence Cassez. [Esa actitud] despertó el espíritu nacional y éste es el que entró en juego. Era más importante que un partido de futbol. Como si estuviéramos perdiendo la virginidad o nuestra soberanía. No debió abordar el tema, como se lo habían aconsejado. Fue como una lucha por ver quién era el más fuerte, si los educados franceses o los indígenas mexicanos,

expresa el abogado José Antonio Ortega.[8] Son pocas las voces más mesuradas, como la del escritor y periodista Juan Villoro:

> Octavio Paz en el *Laberinto de la soledad* aborda ese tema cuando dice que el mexicano no se abre. Por un sentimiento de inferioridad, el mexicano se endurece frente al extranjero [...] México, por debilidad, por complejos, es un país que tiene reacciones muy nacionalistas, hasta el absurdo, que no tienen nada que ver con el análisis de los hechos. Se volvió a hablar de la guerra contra los franceses, de la conquista española, de la pérdida de territorio ante Estados Unidos. La carta nacionalista es fácil de jugar.

[8] Programa *66 Minutes*, M6, 4 de marzo de 2009.

Villoro es uno de los pocos que se atreven a decir: "Las declaraciones de Sarkozy de su voluntad para honrar los acuerdos fueron bien recibidas por muchos intelectuales". Para salir airosos frente a la avalancha de críticas, los dos mandatarios acuerdan establecer una comisión binacional de expertos, encargada de resolver el destino de la joven francesa frente al texto de la Convención de Estrasburgo.

El 10 de marzo, el editorial de *La Jornada* zanja el episodio al calificar el encuentro bilateral como "una vergüenza nacional". La tónica obedece a las semanas por venir, mientras se preparan las elecciones legislativas previstas para comienzos de julio y los sondeos predicen para el PAN de Felipe Calderón una severa derrota.

Si bien la política del PAN es reprobada, toda la clase política está de acuerdo en un punto: no es posible ceder antes las injerencias "colonialistas".

En medio de las declaraciones estrepitosas, una voz trémula vuelve a la memoria:

> Hay, verdaderamente, algo detrás de esta historia. Algo que no está a mi alcance, algo que no alcanzo a entender, que no puedo imaginar. Creo que es lo que me da miedo. Temor de que no les guste que yo llegue a demostrar mi inocencia; temor de que no les guste que yo pueda demostrar tantas cosas. Voy a ser incómoda. Tengo miedo, por supuesto que tengo miedo.[9]

[9] *Idem.*

XXVI

Ignacio y los otros...

Son sólo once mujeres en busca de un viso de justicia, de un castigo, sea el que fuere, para sus agresores. De las 47 mujeres consignadas en Atenco, 23 presentaron quejas ante la Comisión Nacional de Derechos Humanos (CNDH), por tortura sexual, en mayo de 2006. Hoy, apenas 11 continúan presentes en cada marcha, en cada combate, en cada examen psicológico, en cada denuncia.

Desde hace tres años han tocado a las puertas de todas las oficinas, han respondido a las preguntas de los periodistas, los escribientes, y los investigadores. Han tenido derecho a indagatorias y procesos, incluso en la Suprema Corte de Justicia de la Nación. Todo en vano. Aun las que han podido identificar a los policías que aquel 3 de mayo las obligaron a practicarles sexo oral, vieron frustrados sus intentos de conseguir justicia, puesto que los reconocidos agresores no han puesto un pie en la cárcel. Incluso Cristina Valls, que desde España ha respondido al gobierno mexicano. También en Europa. Todo en vano. De las ciudadanas europeas vejadas, Cristina se ha quedado sola en la batalla; Samantha y María decidieron renunciar.

Esas 11 mujeres han llegado hasta la Comisión Interamericana de Justicia en Washington. Hoy aparecen en los carteles desplegados por Amnistía Internacional: "Justicia para las mujeres violadas en Atenco". Saben perfectamente que la justicia que buscan no verá la luz en México, pero que, tal vez, algún día el escándalo se ventile en el escenario internacional.

En México, la evidencia de que las mujeres no recibirían reparación y los policías serían protegidos llegó demasiado pronto. Hay frases que no engañan, actitudes que hablan más que mil discursos. Desde el primer momento, la negación de la violencia que sufrieron las mujeres, e incluso de su encarcelamiento, es, en todo caso, la respuesta de la Fiscalía Especial para la Atención de Delitos Relacionados con Actos de Violencia en Contra de las Mujeres (Fevim), de la Procuraduría General de la República. El organismo especial, creada en un primer momento para investigar los crímenes contra mujeres en Ciudad Juárez, se ocupa de todo acto de violencia contra las mujeres; a esa instancia le habría correspondido enviar representantes especializados para documentar en prisión las violaciones de Atenco. "La Fevim goza de todas las facultades para presentarse en la cárcel, a diferencia de nosotros, las ONG, que dependemos de la buena voluntad de las autoridades", expone Jacqueline Sáenz, abogada del Centro Agustín Pro y de las quejosas. La fiscalía, sin embargo, no visita a las mujeres sino hasta 10 días después de los hechos. El 12 de mayo de 2006 el periódico *La Jornada* cuestiona sobre la dilación del organismo para tomar cartas en el asunto; la fiscal Alicia Elena Pérez Duarte responde: "Personalmente hablé con el procurador (Abel Villicaña). Estábamos en el entendido, él y yo, de que no había mujeres detenidas. Hoy aparece una lista en la prensa, y por eso tenemos que revisar la información".[1] Hay elementos para creer que a la representante especial le haya mentido el procurador estatal. Pero la prensa señaló, desde el primer día, la detención de mujeres.

En cuanto al primer testimonio de violencia sexual de las dos ciudadanas españolas, éste se publicó el 8 de mayo, es decir, cuatro días antes de que la prensa publicara la lista de detenidas a la que alude la

[1] "Villicaña me dijo que no había mujeres presas: Pérez Duarte", Gustavo Castillo Garcia, *La Jornada*, 12 de mayo de 2006.

funcionaria. En su informe preliminar, la CNDH se refiere a las mujeres pocos días después de los hechos. Aun si hemos de creer que Alicia Pérez Duarte no estaba al tanto de la consignación de mujeres ni lee los periódicos, la actitud posterior de la Fevim no evidencia, en ningún momento, la menor preocupación de asistir a las mujeres vejadas en su búsqueda de justicia.

Los representantes de la Fevim hacen acto de presencia en la cárcel 15 días después de los hechos y se demoran cinco días en dar trámite a cinco denuncias por agresión sexual. Tardan casi 10 días más en realizar los exámenes médicos necesarios para sustentar las denuncias. Y, en los casos de delito sexual, las pruebas de las agresiones desaparecen rápidamente. ¿Puede hablarse de ineficiencia de los funcionarios correspondientes o de un plan amañado? La Fevim se rehusó a responder cualquier pregunta de los autores de este libro. Lo único cierto es que la fiscalía especial jamás buscó ejercer acción penal contra los responsables de las violaciones de Atenco, hecho que, por otro lado, no podría imputarse a la falta de colaboración por parte de las ofendidas, quienes debieron someterse al Protocolo de Estambul para que la Fevim pudiera comprobar que hubo tortura. Bárbara Italia, una de ellas, se retuerce sobre la silla y no encuentra palabras para relatar el desarrollo de dicho examen en las oficinas de la Procuraduría de Justicia. Sólo comenta: "fue horrible, me sentí humillada y asustada; tuve que revivir el infierno de Atenco para nada".

El Protocolo de Estambul es un procedimiento difícil para todas las víctimas de tortura. En el caso de las mujeres de Atenco, sin embargo, su aplicación ya no era necesaria: se contaba con suficientes peritajes, realizados con anterioridad por la CNDH y el Comité contra la Tortura y la Impunidad, que constataban la realidad de las vejaciones perpetradas. Pero la Fevim los rechazó. Un año después de los hechos, cuando las marcas físicas evidentemente habían desaparecido, las mujeres debieron de someterse a otra serie de exámenes físicos a solicitud de la Fevim. Bárbara relata:

> Nos obligaron a desnudarnos frente a un grupo de especialistas para tomarnos fotografías cuando, por razones obvias, ya no teníamos lesiones visibles. Las preguntas que nos hacían no tenían nada que ver con las torturas, sino con nuestra participación en los eventos del 4 de mayo. ¿Por qué estábamos ahí? ¿Cómo podíamos explicarnos la rabia de los policías? Era, sencillamente, alucinante, pero nos sentíamos tan incómodas que no protestamos,

Casualidad o no, mientras que las mujeres se encontraban desnudas frente a los especialistas, en el salón de junto medio centenar de policías asistían a un curso sobre derechos humanos. "... volvimos a sentirnos a su merced", agrega Bárbara, mirando al suelo. Las mujeres debieron soportar, desnudas, cinco sesiones de tres horas, "un récord en los anales del Protocolo de Estambul", ironiza su abogada, Jacqueline. "Con toda la documentación que ya existía habría bastado con una sesión de dos horas." Del mismo parecer es Ricardo Loewe, médico y director del Comité contra la Tortura y la Impunidad:

> Nosotros le habíamos advertido a las mujeres que ese examen iba a ser, sin duda, traumático. Pero nunca imaginamos que a ese punto [...] Supimos después que el famoso comité de expertos estaba compuesto por alrededor de treinta oficiales uniformados. Todo fue planeado hasta la fecha elegida. ¿Por qué les practicaron el examen hasta a principios de mayo de 2007? ¡Para que ellas no olviden, claro! Eso se llama "retraumatización", y su objetivo no es, efectivamente, demostrar la realidad de la tortura.

Sin embargo, las mujeres sobrellevan el trámite y aceptan. El protocolo resulta "positivo", pero ello no servirá de nada. En octubre de 2006 el Estado mexicano clasifica los archivos del operativo Rescate como "secreto de defensa". No es posible conocer los nombres de los policías que tomaron parte en la operación armada, lo que significa un obstáculo para cualquier indagación jurídica. El grupo de mujeres insiste en entrar en contacto con la nueva fiscal de la Fevim —ahora convertida en Fevimtra: Fiscalía Especial para la Atención de Delitos Violentos contra las Mujeres y Trata de Personas—, tras la renuncia de Alicia Elena Pérez Duarte al puesto. Guadalupe Morfín Otero, su sucesora, las recibe el 29 de abril de 2008, "con desprecio, pero cuando menos nos recibió. Estábamos asombradas. Después supimos por qué", indica Bárbara.

Apoyada por la ONG Women's Link Worldwide, Cristina Valls interpone una querella ante la Audiencia Nacional Española el 25 de enero de 2008. El juez español Fernando Grande-Marlaska solicita al gobierno mexicano que le informe sobre el avance de las pesquisas antes de aceptar su caso. En el momento en que Guadalupe Morfín recibe a las mujeres la respuesta del gobierno mexicano ya estaba lista: "averiguación previa y en contacto permanente con las querellantes". La necesidad de argumentar, cuando menos una reunión con ellas, era evidente. "Tuvimos la impresión de que una vez más nos engañaron. En España, el juez concluyó que había que permitir que México investigara." Las ONG comparten con Bárbara esa percepción: "Una vez más, México sale airoso en el panorama internacional, mintiendo de manera descarada. Todo es totalmente falso: ni la Fevim ni ninguna otra autoridad están investigando las torturas sexuales".

La "averiguación en curso" es, entonces, una falacia, uno más entre tantos montajes. La secrecía de los archivos del operativo Rescate impide cualquier diligencia en contra de su instigador, Wilfrido Robledo Madrid, y los responsables de las decisiones tomadas al respecto. El funcionario, que desacredita las acusaciones de agresión y tortura, es citado a comparecer ante el Congreso estatal el 27 de junio de 2006, donde justificará el proceder de los policías con una frase de un laconismo a prueba. "Los policías actuaron por alto nivel de estrés", resumirá el amigo íntimo y mentor de Genaro García

Luna, con quien trabajó codo con codo durante 10 años en el Cisen, y que no duda en calificar a Ignacio del Valle como "un delincuente que 'merece estar en La Palma, sin necesidad de ningún estudio' que determine su peligrosidad.".[2]

Para el escritor Luis Hernández Navarro, quien conoce de cerca a Ignacio del Valle: "Nunca ha robado ni matado a nadie. No consume drogas ni las vende. No extorsionó a ninguna persona. Es un hombre honesto. Es un luchador social que defiende las tierras de su pueblo. No es delincuente. Sin embargo, comparte prisión con los más peligrosos criminales del país: asesinos, narcotraficantes y secuestradores".[3]

El penal de La Palma, hoy del Altiplano, es infranqueable. Para ver a un recluso es necesario ser miembro de su familia directa. Poco se sabe, pues, de la vida carcelaria de Ignacio del Valle: su celda mide tres por dos metros, la luz, a un metro de su cama, no se apaga nunca. Tiene derecho a tomar 35 minutos de sol al día y a hablar por teléfono durante 10 minutos, aun cuando con frecuencia sus breves escapadas se ven postergadas una semana. Debe comer y bañarse en cinco minutos; la cárcel no le reserva ningún placer, ni masticar en calma o dejar correr el agua, están prohibidos. No tiene derecho a leer los periódicos, revisan todo su correo y, a veces, lo confiscan. Cada semana lo someten a registros humillantes: obligado a desnudarse, lo exponen a que los perros olisqueen libremente todo su cuerpo, incluido el sexo. Bienvenido a la prisión de Abu Ghraib; no, perdón, a la de Guantánamo; no, decididamente estamos en México, es cierto.

No es necesario ir tan lejos para saber quién ha sido preceptor de los mexicanos en esa suerte de métodos. Los presidentes Bush y Fox no fueron sólo dos buenos amigos aficionados al sombrero y las botas

[2] "El FPDT, secuestrador y homicida, afirma Robledo", Roberto Garduño, Gustavo Castillo, René Ramón, Javier Salinas, *La Jornada*, 5 de mayo de 2006.

[3] "Ignacio del Valle: el tamaño del miedo", Luis Hernández Navarro, *La Jornada*, 17 de febrero de 2009.

de *cowboy*. Decidieron también "cooperar en materia de seguridad" bajo la fachada de la lucha contra el terrorismo y el narcotráfico.

Todavía circulan en internet videos donde puede verse, concretamente, el resultado de la cooperación entre ambos países. En la ciudad de León, Guanajuato, un grupo de policías locales aprenden técnicas de tortura como el *tehuacanazo*: introducir agua mineral por la nariz. Sujeto a una investigación, el ayuntamiento accedió a revelar la identidad de sus instructores: el Grupo Swat, de San Diego, California, que factura 82 000 pesos por curso.[4] A lo largo de los años, militares y custodios han recibido los beneficios de las generosas ofertas de "capacitación" del gran vecino del norte.[5] Y, como puede constatarse con los prisioneros de Atenco, el producto del aprendizaje no se aplica sólo a los más peligrosos narcotraficantes del país, a quienes se destinan, principalmente, los penales de alta seguridad.

"¡Estas prisiones son bastidores de la ilegalidad! ¡Vamos hacia el fascismo!", expresa Raúl Vera, obispo de Saltillo, al salir de La Palma, una mañana de abril de 2009. Junto con Samuel Ruiz, ex obispo de San Cristóbal, monseñor Vera consiguió por fin visitar durante una hora a cada uno de los tres prisioneros de Atenco, después de decenas de negativas de las autoridades. Para los dos religiosos, se trata de "presos políticos que no tienen nada que hacer en esta prisión de exterminio. Ni siquiera tienen derecho a llamar a un abogado. ¿De qué justicia estamos hablando?", se indigna Samuel Ruiz, mientras que Raúl Vera no puede evitar agregar: "ahora que entré y salí de una prisión de alta seguridad, que pasé por decenas de controles y los prisioneros hicieron lo mismo a su vez, no puedo dejar de preguntarme una cosa: ¿cómo hizo *el Chapo* Guzmán para escapar? Con toda franqueza sería bueno poder preguntarle".

[4] "Acepta el cabildo de León exhortos de la CNDH sobre capacitación a policías", *La Jornada*, 29 de noviembre de 2008,

[5] "Policías de EE.UU. entrenan en la tortura a policías mexicanos", Kristin Bricker, *The Narco News Bulletin*, noviembre de 2008.

La visita de Trinidad Sánchez del Valle, esposa de Ignacio, a París, trae consigo la oportunidad de entrevistarla. Lleva un sombrero de paja y un paliacate rojo donde se lee: "Atenco rebelde, no se compra, no se vende". Comienza por repasar la situación familiar: su esposo purga una pena de 112 años de prisión; América, su hija, aún es buscada por el Estado mexicano y está prófuga desde mayo de 2006. Los cargos que pesan sobre ella la llevarían a la cárcel en caso de que la consignaran; César, su hijo, ha estado preso durante un año y 10 meses. Al mayor lo buscó la policía durante un año con cuatro meses hasta que se desistió de la persecución.

Ella misma se vio reducida a la clandestinidad a lo largo de siete meses antes de poder regresar a Atenco. Dos días antes de viajar a Europa recibió una notificación de embargo de su casa, "el patrimonio de toda una vida".

Su voz no se quiebra; su tono es a un tiempo dulce pero firme. Trini evoca la última vez que visitó a Ignacio:

> No ha cambiado. Es como si lo hubiera dejado de ver ayer. Cuando le pregunté cómo se sentía me contestó, "No hay que hablar de mí. Quiero saber cómo está la gente del pueblo, ¿cómo están los presos de Molino de las Flores?"
>
> Los demás siempre están antes que él. Hace dibujos que se venden para ayudar a las familias de otros presos. Él sabe perfectamente qué es por lo que ha peleado siempre.

XXVII

Florence

Las elecciones legislativas, programadas para el 5 de julio de 2009, ocurren a mitad del mandato de Felipe Calderón, para quien los augurios no son favorables. Después de tres años de gobierno, las encuestas públicas predicen una severa derrota para el PAN y la victoria del PRI, el añoso partido hegemónico. La política de cambio que hereda de Vicente Fox es causa de inquietud y desconcierto. Todos los indicadores están en rojo. El PIB va en caída libre, las empresas se declaran en quiebra, el desempleo aumenta. La crisis está ligada a la coyuntura internacional y la fuerte dependencia de la economía de Estados Unidos, destino de la mayor parte de las exportaciones.

Las remesas de dinero que los emigrantes envían a México también menguan, ya que ellos son los primeros en perder el empleo en el vecino país del norte. A ese panorama se suma el azar, con la aparición de los primeros brotes de gripa A/H1N1 en México, lo cual provoca la caída del turismo.[1]

La política de "mano dura" es cuestionada. La guerra contra el narco, declarada a comienzos del sexenio y apoyada por el Ejército, no logra los resultados esperados. Las cifras estallan. Los decomisos récord de armas y droga derivan de ajustes de cuentas entre los nuevos cárteles. La violencia cunde en el país. La lista de cadáveres

[1] Las estadísticas aparecen en los anexos.

parece interminable. En cuanto a los secuestros, la situación nunca ha sido peor. A mitad del sexenio calderonista, la organización de José Antonio Ortega, el Consejo Ciudadano para la Seguridad y la Justicia Penal, contabiliza más de 2 500 secuestros denunciados y 197 asesinatos durante los mismos. El aumento es exponencial: 517 secuestros en 2005, 1 128 en 2008. La psicosis resultante alcanza su punto álgido, ya que, en ocasiones, las cifras tienen nombre y rostro.

En 2008, un drama salta a los titulares: el de Fernando Martí, de 14 años de edad, hijo de un acaudalado empresario. En su camino rumbo a la escuela, el vehículo en el que viaja es interceptado por un falso retén de policía. El adolescente desaparece frente a su chofer y su guardaespaldas. Alejandro Martí, su padre, no contacta a la policía y recurre a los servicios de un negociador privado que entabla comunicación con los secuestradores. Pese al pago del rescate, el cuerpo sin vida del joven es hallado en la cajuela de un auto.

La noticia de la tragedia de la familia Martí da la vuelta al país y el sábado 30 de agosto otra ola blanca toma el Zócalo capitalino. Medios, organizaciones, ciudadanos y partidos políticos expresan su solidaridad.

A pesar del mal tiempo, decenas de miles de personas vestidas de blanco, con una veladora en las manos, desfilan al grito de "Basta ya de secuestros", "Basta de impunidad", "Queremos paz".[2] Los manifestantes portan retratos de familiares o amigos víctimas del flagelo. Alejandro Martí los acompaña, junto a Isabel Miranda, cuyo hijo habría sido asesinado también por sus secuestradores. Isabel se ha convertido en la figura más destacada de la lacerada sociedad civil. En Guadalajara, Monterrey, Cancún, Tijuana y muchas otras ciudades también hay marchas blancas.

En este calamitoso contexto preelectoral, el poder recurre a viejas fórmulas; la lucha contra la inseguridad y los cárteles de la droga

[2] "Basta de secuestros", "Basta de impunidad", "Queremos paz", diario *El País*, 31 de agosto de 2008.

son, de nueva cuenta, los temas de campaña, con el intocable Genaro García Luna a la cabeza.

La onda de choque del viaje de Nicolas Sarkozy, en marzo de 2009, pone a García Luna en el banquillo de los acusados. El caso de Florence Cassez, que tres años antes fue una simple campaña de promoción de las acciones de sus comandos, se ha convertido en un asunto de Estado. Hay dos salidas: puede optar por la discreción y aprovechar el establecimiento de la comisión bilateral para contrarrestar la situación, negociar lejos de los medios y llegar a un acuerdo fundamentado en el Convenio de Estrasburgo. Pero no está en la naturaleza de un personaje que resiste, a pesar de todo, a la "leyenda negra" que lo persigue. Con el beneficio del apoyo incondicional de Felipe Calderón, opta por la máxima de "una mentira repetida indefinidamente termina por convertirse en una verdad" y convoca el favor de los medios. "No es la policía la que acusa a la francesa, son las víctimas", declara. Y para legitimar sus dichos reaparecen en primera fila Cristina y Ezequiel Elizalde.

Carta de Cristina Ríos Valladares a la prensa

A la opinión pública:

Mi nombre es Cristina Ríos Valladares y fui víctima de un secuestro, junto con mi esposo Raúl (liberado a las horas siguientes para conseguir el rescate) y mi hijo de entonces 11 años de edad. Desde ese día nuestra vida cambió totalmente. Hoy padecemos un exilio forzado por el miedo y la inseguridad. Mi familia está rota. Es indescriptible lo que mi hijo y yo vivimos del 19 de octubre de 2005 al 9 de diciembre del mismo año. Fueron 52 días de cautiverio en los que fui víctima de abuso sexual y, los tres, de tortura sicológica.

[...]

Florence Cassez, la misma mujer cuya voz escuché innumerables ocasiones durante mi cautiverio... la misma voz de origen francés que me taladra hasta hoy los oídos, la misma voz que mi hijo reconoce como la de la mujer que le sacó sangre para enviarla a mi esposo, junto a una oreja que le harían creer que pertenecía al niño.

Ahora escucho que Florence clama justicia y grita su inocencia. Y yo en sus gritos escucho la voz de la mujer que, celosa e iracunda, gritó a Israel Vallarta, su novio y líder de la banda, que si volvía a meterse conmigo (entró sorpresivamente al cuarto y vio cuando me vejaba) se desquitaría en mi persona. Florence narra el calvario de la cárcel, pero desde el penal ve a su familia, hace llamadas telefónicas, concede entrevistas de prensa y no teme cada segundo por su vida. No detallaré lo que es el verdadero infierno, es decir, el secuestro.

Ni mi familia ni yo tenemos ánimo ni fuerzas para hacer una campaña mediática, diplomática y política (como la que ella y su familia están realizando) para lograr que el gobierno francés y la prensa nacional e internacional escuchen la otra versión, es decir, la palabra de las víctimas de la banda a la que pertenece la señora Cassez.

[...]

Gracias por su atención.
Cristina Ríos Valladares[3]

¿Qué madre o padre de familia podría mantenerse indiferente ante este grito del corazón? Sus repercusiones serán a gran escala. La carta se convierte en el estandarte de los opositores de Florence Cassez. ¿Qué ocurriría con la pena de 60 años si se aplicara el Convenio de Estrasburgo? Los "soberanistas" señalan dos artículos del documento. El artículo 10, que permite la adaptación de la pena a la legislación del país de

[3] Carta publicada originalmente en *La Jornada* al día siguiente de la sentencia a Florence Cassez. Después de la sentencia tras el proceso de apelación, el periódico *Reforma* la publicó nuevamente.

origen de los detenidos condenados, y el artículo 12, que habla del perdón, la amnistía y la conmutación de penas: "Cada parte puede otorgar perdón, amnistía o conmutación de la sentencia de acuerdo con su Constitución u otras leyes". En el pleno del Senado se habla incluso de una "reforma anti-Cassez" para evitar que los extranjeros condenados en territorio mexicano puedan purgar su pena en su país de origen.[4]

Armado de su talento como comediante, Ezequiel Elizalde reaparece en escena para narrar los 65 días durante los cuales habría permanecido en cautiverio. En todo momento con el meñique izquierdo extendido frente a las cámaras, como en la fotografía que publica *Reforma* el 15 de mayo de 2009, donde exhibe "la marca de la anestesia". Tres años y medio después de los hechos. Ni siquiera un guionista de películas de serie Z se atrevería a tanto. En un golpe de teatro, declara: "Le supliqué una vez, dos veces, tres veces, pero nunca tuvo corazón, jamás". Recuerda "el infierno más terrible que pueda vivirse". Él también habla de la destrucción de su familia, de su partida a Estados Unidos y asegura que perdió su "sueño de vivir en su propio país". Concluye, con la mano en el corazón, expresando su "indignación" ante las autoridades francesas por preocuparse por alguien como Florence Cassez, que vive "con lujos en una zona VIP de la prisión".[5] Y pide, con acento de una naturalidad absoluta, "que se comprenda la situación de las víctimas".

La ofensiva mediática se despliega en varios frentes. En Francia, la embajada de México en París, entregada también al cabildeo, pone en tela de juicio la cobertura de los corresponsales franceses en México. El consejero de prensa y comunicación contacta a las redacciones para quejarse de un trato parcial, solicitándoles más espacio en sus artículos para las declaraciones de las víctimas y los argumentos de las autoridades.

[4] Diario Reforma, Claudia Guerrero, 30 de marzo de 2009.
[5] Florence Cassez no goza de ninguna clase de privilegios.

En su momento, el embajador de México en Francia confirma a la prensa que existen "pruebas lo suficientemente claras" de la culpabilidad de Florence Cassez, refiriéndose al testimonio de las tres víctimas. Sus servicios traducen la carta de Cristina y la hacen circular.

En esos mismos días, Jean-Luc Romero, presidente del comité de apoyo a Florence Cassez, hace notar que los sitios web y los blogs que reciben y publican mensajes de aliento a la detenida registran decenas de mensajes en su contra. La lectura detenida le permite darse cuenta que se trata de machotes diseminados en la red, que se reactivan aunque los moderadores los borren. "Fue la voluntad concertada de un grupo de personas bastante poderosas y bien informadas para poner en marcha una nefasta operación de desinformación en internet para desprestigiar a la joven francesa, que gozaba de un movimiento de simpatía a partir del día siguiente de la condena en apelación."[6] Se cumple el objetivo: la duda queda sembrada y persiste en la opinión pública francesa.

En México, los corresponsales de medios franceses no reciben invitación a las conferencias de prensa en las que Ezequiel Elizalde reitera, de manera incansable, sus diatribas. Expresan su descontento, que llega a oídos de la Presidencia. Isabel Wallace, en cambio, convoca a las plumas y micrófonos francófonos a una conferencia de prensa.[7]

Testimonio de Dominique:[8]

> Tuvimos la impresión de que se trataba de una trampa. Esperaban que manifestáramos nuestro apoyo a Florence Cassez. Nosotros sólo habíamos hecho nuestro trabajo y habíamos planteado preguntas sobre las dudas que suscitaban las distintas declaraciones de Ezequiel, al que pedimos que esclareciera datos de su padre. Le recordamos que en sus

[6] Entrevista con los autores.

[7] La primera rueda de prensa con periodistas franceses se lleva a cabo en junio de 2009.

[8] El nombre ha sido cambiado.

> declaracións incrimina a su suegra como la probable responsable de su secuestro. Isabel Miranda de Wallace nos respondía, con frecuencia, con rechazos rotundos. Afirmaba que no íbamos a ir en contra de cosas juzgadas. Nos preguntábamos para qué nos había hecho venir. La mala voluntad era intolerable.

Los miembros de la prensa francesa explotan, mientras que sus colegas mexicanos se muestran discretos.

"Siempre está presente ese nacionalismo. Es preferible decir que Francia no debe inmiscuirse en asuntos internos mexicanos que reconocer los problemas dentro de la policía y la justicia".

Para la comisión bilateral encargada de decidir la suerte de Florence Cassez la misión es delicada. El grupo de trabajo jurídico debe emitir su resolución en tres semanas. Reina el silencio. En París, ante la Asamblea Nacional en sesión, el 6 de mayo de 2006, el diputado-alcalde de Phalempin (ciudad del norte del país galo), Thierry Lazaro, hace un llamado al ministro de Asuntos Exteriores. El diputado está preocupado. Han transcurrido dos semanas y el comité sólo se ha reunido en dos ocasiones. La respuesta refleja el aprieto en que se encuentra el Ejecutivo francés: "Es necesario allanar las diferencias entre el derecho francés y el derecho mexicano [lo cual es] un poco difícil porque las penas no son las mismas [y] los cuatro cargos que se le imputan son extremadamente graves".

La corresponsal de *Le Figaro* en México explica a los lectores la situación en un país en plena campaña electoral: "Para diversos observadores, México aplaza una de las decisiones más difíciles en pleno contexto electoral [...] En opinión de algunos analistas políticos el reenvío [de Florence Cassez] a Francia 'sería un suicidio para el presidente'".[9] El caso, convertido ya en un asunto de Estado, se convierte en una apuesta electoral. En palabras del abogado Berton, en un "rehén político". Uno

[9] *Le Figaro*, Anne Vigna, 4 de abril de 2009.

más de sus innumerables resurgimientos ocurre a mediados de mayo de 2009. La SSP convoca a una conferencia de prensa. Luis Cárdenas Palomino recibe a los medios, el hombre de oscuro pasado, el incondicional de Genaro García Luna, el hombre de la gabardina negra durante el montaje del rancho Las Chinitas, aquel a quien Israel Vallarta acusa frente a las cámaras de haberlo golpeado.[10] Cárdenas Palomino anuncia a los periodistas la presentación de la confesión en video de un hombre que habría sido detenido el 5 de mayo. Su imagen aparece después del logo de la Policía Federal. El detenido viste una camiseta blanca y responde a las preguntas de una voz en *off*.

Fragmento del video presentado por la SSP *a los medios*

—¿Cómo te llamas?

—David Orozco Hernández.

—¿Qué edad tienes?

—37 años.

—¿Estado civil?

—Casado.

—¿A qué te dedicas?

—Soy comerciante y secuestrador.

—¿Cuándo conociste a Israel Vallarta?

—En 2000. En la colonia Progresista.

—¿Cómo lo conociste?

—Él patrocinaba juegos de futbol y así lo conocí. Posteriormente me invitó a trabajar como lavador de dinero y después a trabajar como secuestrador.

—¿Cuál era tu sobrenombre dentro de la organización de Israel Vallarta?

[10] Florence Cassez asegura haber sido golpeada por el mismo funcionario "entre dos tomas".

—Géminis.

—¿Cuántos eran los integrantes de esta organización?

[El hombre vacila. Retiene la respiración. Sus palabras son indecisas; da la impresión de ser un estudiante poco aventajado en pleno examen, traicionado por la angustia, intentando recuperar los vocablos de una recitación que no logró aprender de memoria.]

—Estaba Israel Vallarta.

[En ese momento se aprecia un salto de edición del video. La grabación se interrumpió en ese punto.]

—René Vallarta, todos ellos hermanos, Alejandro Vallarta, Juan Carlos Vallarta, sobrinos.

[El video muestra otro punto de edición, antes de que la declaración prosiga:]

—Y la francesa, que era su novia de Israel Vallarta.

[El hombre calla. Mira a la derecha, buscando la aprobación de lo que acaba de decir. Se escucha entonces un "OK".]

—¿Cuál era la participación de cada uno de ellos?

—Israel Vallarta y la francesa eran los que planificaban y cobraban los secuestros. A veces la francesa participaba cuidando a las víctimas.

[Una vez más, un salto de edición. Los cortes momentáneos se multiplican. Con notorias dificultades para construir las frases, David Orozco explica su función dentro de Los Zodiaco. Afirma haber participado en cuatro secuestros: un zapatero, por el que recibió 50 000 pesos, y después un "gasolinero". Finalmente, una señora con su hijo y otra señora. Por ellos, repite, se hizo el operativo de la AFI y no se realizó el cobro (de rescate).

Es decir, Ezequiel sería una mujer…

El interrogador insiste:] "Durante el secuestro en el que fue detenido Israel Vallarta, ¿tú estuviste cuidando entonces?"

—Sí, yo salí un día antes.

[Y una nueva pregunta a propósito de Florence Cassez:]

—¿Cuándo se integra la francesa a la organización de Israel Vallarta?

[Esta vez la respuesta surge sin trabas:]

—A mediados del 2004.

[Florence Cassez conoce a Israel Vallarta a finales de agosto de 2004, mientras que su primer encuentro "romántico" sucede el 22 de octubre de 2004.]

—¿Qué realizaba la francesa dentro de la organización?

—Planificaba y hacía levantones con Israel; a veces cuidaba a las víctimas. Cuando ella entró, la discordia entre todos los miembros de la organización, porque ella quería tomar el mando, cosa que los demás miembros no estábamos de acuerdo.

[...]

[Marca de edición.]

La confesión, con una duración de seis minutos, es patética. *El Géminis* se llama David y no Ricardo (como informa un reporte de la policía), y mucho menos Gilberto, como asegura Israel Vallarta en su declaración del 9 de diciembre de 2005,[11] tampoco es *el Ojos*, como se lee en las notas de cuaderno supuestamente encontradas en *Las Chinitas* durante un cateo. Además, el hombre no guarda ningún parecido con la fotografía tomada en esa época; alrededor de 43 años, 1.75 metros de estatura, bigote... detalles de los que Luis Cárdenas Palomino hace tabla rasa. Frente a los medios, sin sombra de duda en la voz, con gestos acordes a sus palabras, repasa los años de investigaciones para reconstituir la "estructura criminal" nacida de la famosa banda de Los Zodiaco.

[11] Los autores recuerdan al lector que esta declaración fue obtenida mediante tortura.

Una trama abracadabrante. Al día siguiente del 9 de diciembre de 2005, privada de su dirigencias, "la organización" se habría separado en varios grupos: Los Palafox, quienes de inmediato se dividirán en Los Japos (cinco detenciones en agosto de 2007) y Los Tablajeros (banda detenida en julio de 2008). El resto de la banda, la familia Vallarta, René, hermano de Israel, y dos de sus sobrinos, Alejandro y Juan Carlos, habrían constituido otro grupo delictivo. Los medios mexicanos arremeten al unísono contra la "secuestradora francesa", codirigente de Los Zodiaco, en tanto que en Francia ninguna de las personas próximas al caso cree, en ningún momento, en esas revelaciones. El diario *Libération* cita las reacciones de la defensa: "Éste no es el primer caso de manipulación dentro del proceso, pero es la gota que derramó el vaso", exclama Frank Berton. "Creen que mientras más grande sea la mentira más aceptación tendrá. Pero han llegado al grado de perder toda credibilidad… Con mayor razón ante su ocurrencia de presentarla como una de los jefes de la banda. ¿Quién lo va creer? ¿Quién se beneficia de esa afirmación?"

El tema de la transferencia queda pendiente. Jean-Claude Marin participa en la tercera reunión de la comisión de juristas que se celebra el 9 de marzo. La postura francesa es flexible. No hay presiones. El ambiente preelectoral no es propicio para una decisión serena. La comisión puede esperar al día siguiente de los escrutinios para emitir su resolución. El procurador de París es, asimismo, portador de la propuesta de que un tercero funja como mediador, situación que prevé el Convenio de Estrasburgo con el propósito de destrabar cualquier diálogo empantanado. Pero, detrás de las apariencias, la parte mexicana carece de buena voluntad y el escenario de marzo se repite. A su regreso, el procurador de París da cuenta del resultado de las pláticas al Palacio del Eliseo. "Todo está arreglado", dirá.[12]

[12] Contactado por los autores, Jean-Claude Marin se rehusó a contestar preguntas.

Su convencimiento está lejos de la información que ya se filtró a la prensa mexicana: el destino de la francesa está decidido: las autoridades mexicanas se van a oponer a su extradición.

La respuesta irrumpe el lunes 22 de junio, 15 días antes de los comicios legislativos. En un discurso televisado, Felipe Calderón se pronuncia desde Los Pinos. Oficialmente, la incompatibilidad en los sistemas jurídicos y penitenciarios de ambos países es lo que justifica la decisión mexicana.

> El gobierno de la República llegó a la conclusión de que no existen las condiciones que permitan otorgar su consentimiento para el traslado de Florence Cassez a Francia, su país de origen, y al cual hace referencia el Convenio de Estrasburgo [...] Esto abría la posibilidad de que Florence Cassez no pagara su condena de acuerdo con la sentencia que las autoridades judiciales mexicanas han determinado o que la pagara en un plazo significativamente menor. Para México, esto resulta inaceptable [...] La señora Cassez ha podido hacer uso de todos los medios de defensa que la legislación mexicana y la Constitución otorgan a cualquier persona en situación similar [...] nadie en México, independientemente de su condición social, económica o de su nacionalidad, puede sustraerse al cumplimiento de la ley. La ley es igual para todos.

El presidente concluye: "No podemos permitir que a ese dolor y desesperación [de las víctimas] se sume la indignación y la impotencia derivada de la impunidad de los delincuentes".

La respuesta de París al desaire no se hace esperar. Es la constatación de la impotencia. Frédèric Desagneaux, portavoz del Ministerio de Asuntos Exteriores:

> Comenzaré por el anuncio que hizo ayer en México el presidente mexicano Calderón, para decir que estamos en extremo decepciona-

> dos [...] por la decisión tomada por las autoridades mexicanas de poner término a los trabajos del Grupo de Trabajo Franco-Mexicano encargado de examinar el tema del traslado de Florence Cassez a Francia. Lamentamos también que nuestra propuesta de recurrir a una mediación para tratar este asunto haya sido rechazada por México.[13]

El portavoz del gobierno declara a la radio France Info que "Francia continuará empleando los procedimientos internacionales". "Es un derecho, no un favor ilícito", declara un ofuscado Berton. En México, nadie se llama a engaño. El arbitraje presidencial está vinculado al contexto preelectoral. El rechazo no se arguye con elementos jurídicos, sino que responde al juego político. Pascal Beltrán del Río, director del diario *Excélsior*, plantea:

> ... la negativa de repatriar a Cassez, una francesa acusada de secuestro en México y condenada a 60 años de prisión por ese motivo, parecería una pieza más de la artillería panista en campaña [...] No dudo que el PAN ganará algunos votos el 5 de julio gracias al manejo de este *affaire*. Lo que hay que preguntarse es si serán suficientes para justificar el envenenamiento de la relación bilateral.

Anabel Hernández acaba de publicar un artículo en el que lanza la pregunta: "¿Quién teme a Florence Cassez?" Al establecer paralelos entre la historia de la ciudadana francesa y otros casos, devela bastantes similitudes: la presión que se ejerce sobre las víctimas para que reconozcan a los presuntos culpables, los montajes mediáticos, la fabricación de pruebas.

La reconocida penalista Ana Laura Magaloni, investigadora del Centro de Investigación y Docencia Económicas, evoca "las graves

[13] www.ambafrance-mx.org, 23 de junio de 2009.

irregularidades durante el arresto y el proceso de Florence Cassez que en nuestro país no son la excepción, sino la regla".[14]

El abogado José Antonio Ortega: "¿Por qué las víctimas piden en todos los medios, con una extraña insistencia, que no sea extraditada?" En entrevista, Ortega detalla cinco casos recientes en los que la policía ha manipulado a las víctimas. Manifiesta su deseo de que este caso sea juzgado ante la Suprema Corte de Justicia de la Nación, "con todas las consecuencias que ello pudiera tener".

A Florence Cassez le queda un último recurso jurídico frente a la justicia mexicana: la Suprema Corte de Justicia de la Nación, toda vez que la vía diplomática se encuentra, por ahora, en un callejón sin salida.

[14] *Le Figaro*, 6 de junio de 2009.

XXVIII

Jacinta

Procurador a la cárcel. 13 de septiembre de 2009. Crónica

Un solo día. Me gustaría que Eduardo Medina Mora, el procurador general de la República, pasara un día y su noche en una prisión estatal. En Puebla, en Chiapas o en Oaxaca, por ejemplo.

Que el mismo día levantaran también a Genaro García Luna y al director de la Agencia Federal de Investigación, hablándoles en otomí o en tzeltal para que no comprendieran los cargos, jalándoles el cabello y desnudándolos nomás llegando a la prisión; que cada uno durmiera en una celda con cucarachas y siete presos hacinados.

Quien haya pasado siquiera un día en prisión entiende por qué se creó el sistema de privación de la libertad para castigar conductas antisociales. El encarcelamiento, el trato denigrante, la violación de garantías y la corrupción del sistema de administración e impartición de justicia no van a cambiar hasta que los altos mandos en el poder comprendan lo que significa injusticia en carne propia.

Si Felipe Calderón, o un ser querido, hubiera vivido lo mismo que la indígena otomí Jacinta Francisco Marcial, condenada a 21 años de prisión junto con Alberta Alcántara y Teresa González, por el supuesto secuestro de seis agentes federales fuertemente armados, no tendría el atrevimiento de burlarse de sus compatriotas retándonos a demostrar "una sola violación a los derechos humanos que no haya sido atendida".

Jacinta, vendedora de aguas frescas otomí, que apenas habla castellano, fue sentenciada por el dicho de la policía. Curiosamente, ahora que el magistrado Hanz Eduardo Muñoz López admitió irregularidades en el caso, los agentes que las denunciaron no aparecen; sin embargo, el juez, amablemente decidió que Jacinta y sus dos compañeras sigan presas, para seguir buscando pruebas en su contra.

Llevan tres años privadas de su libertad sin una sola evidencia. ¿Dejaremos que suceda como en Acteal? ¿Que 12 años después se admita la injusticia y se les libere con un "Disculpen, nos equivocamos al atenderlas"?

Lydia Cacho

La columna que firma Lydia Cacho en el periódico *El Universal* del 13 de agosto de 2009 expone la repulsa de la periodista hacia la injusticia que gangrena al país. Cacho usa la pluma con conocimiento de causa; ha sufrido las tropelías del mismo sistema en carne propia. Su denuncia de la existencia de redes pederastas en México fue castigada con el encierro y la tortura. El 16 de diciembre de ese año, casi una docena de policías la aprehenden con un despliegue digno del narcotraficante más buscado del territorio nacional.

> Me ocultaron, me sacaron por la puerta de atrás de la sede de la Procuraduría, me agarraron del pelo, me empujaron violentamente al interior de un coche y arrancaron a toda velocidad. Todo para que mi abogada no pudiera verme. Exigí mis derechos, grité que aquello era un secuestro y uno de los policías, pistola en mano, me amenazó: "Cállate, pendeja, o te esposamos",

recuenta en entrevista con el diario madrileño *El País*.[1]

[1] *El País*, Francesc Relea, 19 de febrero de 2006.

Con toda ilegalidad la periodista fue llevada hasta Puebla. Fue torturada y alcanzó a escapar de la violación sexual gracias a la movilización de sus colegas y su familia, quienes, alarmados por su desaparición y mediante una fianza de 70 000 pesos, lograron ponerla en libertad. El cargo en su contra fue el de difamación.

El gobernador de Puebla, Mario Marín, instigador de la pesadilla judicial, como puede apreciarse en las conversaciones telefónicas, sembradas de lindezas, que se hicieron públicas, no ha recibido ninguna sanción al respecto. En su momento, el entonces candidato a la Presidencia del PAN, Felipe Calderón, promete castigar duramente "a quienes violan niños y a quienes los protegen" a lo largo de toda su campaña. La realidad es que su gobierno no ha realizado ninguna acción al respecto.

Por otro lado, al cumplirse 12 años de la matanza de 45 indígenas en Acteal, Chiapas, la Suprema Corte de Justicia de la Nación exonera a los detenidos como autores de la masacre. La Corte denuncia la fabricación de pruebas por parte de las autoridades judiciales, aun cuando hay testigos presenciales de Acteal que los reconocen y señalan. México se extravía de nueva cuenta en el delirio jurídico. ¿Cómo se atreve, en ese contexto, el presidente Felipe Calderón a retar al país entero a encontrar "una sola violación a los derechos humanos que no se haya castigado"? En ese momento, Jacinta permanece en prisión, aunque la Comisión Nacional de Derechos Humanos, que por fin acepta investigar su expediente, concluya que se sembraron pruebas y existen irregularidades. La CNDH observa que la AFI actuó con toda ilegalidad en Santiago Mexquititlán y violó las garantías individuales de las tres mujeres.

Amnistía Internacional, ONG que condujo su propia investigación sobre el caso de la mujer otomí, llega a la misma resolución: "en este caso, la Procuraduría fabricó culpables", asevera ante la prensa mexicana Tonio Tessada, coordinador de movilización e impacto de AI en México. El 18 de agosto de 2009, después de visitarla en el encierro, Amnistía Internacional la declara "prisionera de consciencia". Sus familiares y allegados ven cada vez más cerca su liberación. Tanto más cuanto que el policía de la AFI que la acusa directamente, y de cuyo testimonio depende la condena de Jacinta, no aparece. "Desapareció misteriosamente", ironiza Andrés Díaz, uno de sus abogados defensores.

Pero lejos de facilitar la liberación de Jacinta, la "ausencia" del policía sólo posterga las audiencias del proceso de apelación. Ante esta situación insólita, el juez decide justamente lo contrario de lo que espera la opinión pública: las tres mujeres indígenas permanecerán en prisión, en tanto son presentadas otras "pruebas". La justicia boceta, una vez más, una "salida" poco gloriosa. Al cumplirse el tercer año de encarcelamiento de Jacinta, el Centro Prodh hace público un cartel sencillo:[2] al pie del rostro de la indígena otomí, las palabras del periodista Ricardo Rocha: "yo soy Jacinta, soy pobre, soy mujer, soy indígena y soy inocente".

Jacinta Francisco Marcial fue liberada el 16 de septiembre de 2009 "por falta de pruebas", después de haber pasado 37 meses en prisión. Esto ocurrió tras las conclusiones de no acusación que la propia Procuraduría General de la República anunció que formularía para ella, y no así para Alberta y Teresa, quienes siguen en prisión por un delito que nunca existió y que nunca pudieron cometer.

Acción urgente

Documento público

Índice de Amnistía Internacional: AMR 41/028/2009 - ÉFAI

1º de junio de 2009

AU 137/09 Temor por la seguridad

MÉXICO Lydia Cacho Ribeiro, periodista, activista de derechos humanos

Un hombre armado ha estado fotografiando y vigilando la casa y el automóvil de Lydia Cacho Ribeiro en Cancún, estado de Quintana

[2] El cartel fue realizado por Luis Gómez Theriot, quien le agregó: "soy inocente"

Roo. Lydia Cacho es una conocida activista de derechos humanos y periodista que ha sufrido acoso, amenazas y detención arbitraria por su trabajo para sacar a la luz una red de trata y pornografía infantil.

Desde el 12 de mayo, varios testigos han visto a un hombre armado vigilando y fotografiando, desde un auto, la casa y el automóvil de Lydia Cacho. También han visto a dos hombres vigilando desde un auto las oficinas de la organización donde ella trabaja, el Centro Integral de Atención a las Mujeres (CIAM). Lydia Cacho denunció estos hechos a las autoridades locales, a las que dio los números de matrícula de ambos vehículos. Las autoridades los comprobaron, y le dijeron que los números no coincidían con los vehículos que ella había descrito, lo que sugiere que las placas de matrícula eran falsas.

[...]

XXIX

Florence

Jacinta se convierte en figura popular y símbolo de una forma de injusticia, no así Florence Cassez. La trampa que se cierra sobre ella tiene dos tenazas: la primera es mediática. Para la opinión pública, representa, en el peor de los casos, una secuestradora profesional, diabólica y cruel; en el mejor, una joven ingenua que, sin advertirlo, tuvo a su lado a un monstruo. La segunda tenaza es jurídica: el expediente de miles de fojas, dispuestas en 15 volúmenes, entregadas a la magistrada para que emitiera su resolución. Esa tenaza está dentada: inducción de testigos, falsos testimonios, incoherencias, etcétera. La posibilidad de estudiar el expediente, al cual tuvimos acceso en junio de 2009, así lo confirma. Durante 15 días, tres periodistas de medios franceses[1] leemos el expediente judicial en la oficina del abogado Agustín Acosta. Durante meses, Florence Cassez había demandado a los periodistas con quienes se entrevistaba que leyeran su expediente. Su abogado nos confió 15 tomos, pero la mayoría de las fojas que pudimos examinar no mencionan a la francesa. Apenas una veintena de páginas atañen a ella de manera directa. Los elementos que la señalan son: la primera declaración de Ezequiel y la ampliación de las declaraciones de Christian y Cristina. En sus primeras declaraciones, madre e hijo no mencionan en ningún momento la participación de

[1] Emmanuelle Steels, Léonore Mahieux y Anne Vigna.

una mujer en su secuestro, y mucho menos de una mujer francesa. Entre una y otra declaración de Cristina Ríos, el expediente jurídico contiene el registro de entradas y salidas de la SIEDO, el cual comprueba que la familia se presentó en las instalaciones de dicha institución tres veces el 10 de febrero; la tercera sucedió a medianoche, antes de partir hacia Estados Unidos e incriminar a Florence Cassez desde la ciudad de San Diego, en California.[2] El expediente no ofrece ninguna prueba de las famosas cuentas bancarias de Florence Cassez que incesantemente mencionó ante la prensa Isabel Miranda de Wallace. Sus dos estados de cuenta, uno mexicano y otro francés, sí forman parte del expediente y muestran que, en el momento de su detención, la francesa tenía 20 000 pesos.

Isabel Miranda de Wallace habla, sin embargo, de "miles de pesos" y asegura que se trata de una prueba de su participación en los ilícitos. La afirmación, una vez más, es de carácter completamente mediático, como la supuesta violación denunciada por Cristina, por ejemplo. En el nivel jurídico, en cambio, es posible advertir pistas que conducen de manera directa a diversos sospechosos y que fueron soberbiamente ignoradas. La investigación está lejos de su conclusión.

La sospecha rodea a la residencia de la Avenida Xochimilco 54, referida como el primer lugar donde permanecieron las víctimas de secuestro. Valeria[3] y Cristina reconocieron formalmente el sitio donde conocieron el cautiverio.[4] Lo mismo Ezequiel Elizalde.[5] Una pequeña indagatoria entre los vecinos permite saber que el inquilino se llama Alejandro. "Es una persona muy seria. Cuando entraba y salía no saludaba a nadie. Cuando me lo encontraba tenía una actitud hermética. Llegaba en coche, se estacionaba frente a la puerta de su casa y entraba

[2] Véase el capítulo IX.

[3] Declaración del 30 de diciembre de 2005.

[4] La casa fue reconocida también por el empresario de 44 años, secuestrado el 29 de enero de 2003 (capítulo III).

[5] Declaración del 31 de diciembre de 2005.

inmediatamente. Las persianas siempre estaban cerradas", relata una vecina a los investigadores de la AFI. La testigo se muestra como buena observadora. Señala la extraña conducta de ese hombre que vive sin familia. Una mujer lo acompaña ocasionalmente. La vecina agrega que ha visto estacionado un auto Volkswagen modelo Pointer, así como una camioneta sin ventanilla posterior, tipo Express; los vehículos corresponden con las descripciones referentes a los secuestros. También ha advertido un Volvo S40 color gris plata. Los indicios son suficientes para justificar un cateo.[6]

El inquilino se apellida Mejía Guevara y es pareja de Lupita, una de las hermanas de Israel Vallarta, a quien identifica la vecina. Un informe[7] consigna que "se han hallado indicios en su domicilio. Documentos y vehículos que lo implican en los secuestros". Alejandro Mejía Guevara no será molestado jamás por la policía.

Alejandro Mejía Guevara frecuenta a los hermanos José Antonio y Marco Antonio Rueda Cacho, personajes que llaman nuestra atención, pero no la de los investigadores. Todo parece gravitar alrededor de ellos, aun cuando la prensa no los menciona nunca,

Israel Vallarta los conoce, ya que los policías afirman que los llevó a su domicilio, en la calle Moctezuma, mientras era vigilado, a principios de 2005.

Para Valeria, la estudiante que fue secuestrada durante agosto y septiembre de 2005, estos hombres tampoco son desconocidos.

Cuando los agentes de la AFI se presentan en su domicilio para mostrarle una serie de fotografías,[8] ella les explica que los conoció en fiestas y durante la celebración de su cumpleaños, en su propio domicilio, cierto tiempo antes de su secuestro.

Pero la declaración que los incrimina con más claridad es la de Andrés Miguel Figueroa, hermano de Ignacio Abel Figueroa, el

[6] El cateo se realiza el 28 de diciembre de 2005.
[7] El informe tiene fecha del 3 de marzo de 2006.
[8] El 4 de diciembre de 2005.

comerciante de la central de abasto que murió durante su secuestro, en 2005.[9] Él los conoce de mucho tiempo atrás, puesto que estudió en la misma preparatoria que José Fernando Rueda Cacho, antes de que éste fuera expulsado por mala conducta y comprar calificaciones académicas.

Muestra un retrato un tanto comprometedor del ex condiscípulo, con quien permanece en contacto: "Salimos varias veces con Marco Rueda [...] Era muy hablador, muy echador y gustaba mucho de hablar de su primo José Fernando Rueda Cacho como si fuera su ídolo, diciendo que era muy chingón, muy verga, que era muy chingón hasta para el secuestro".[10] Andrés decide poner distancia, pero recibe invitaciones constantes de José Fernando. Los dos hermanos aprecian los paraderos de mala fama, en especial los lugares donde hay peleas de gallos. Andrés Miguel describe "que andaban armados, que eran prepotentes y que además gustaban de gastar mucho dinero en una sola noche, y calculo que en una noche podían gastar unos 10 o 15 mil pesos".

El 4 de abril de 2005, jornada funesta, ocurre el secuestro de Ignacio Abel.

> El secuestro de mi hermano inició el 4 de abril y José Fernando Rueda Cacho me habló por teléfono luego, luego, como por el 7 de abril, es decir, como a los tres días de haber sucedido y que se supone que nadie sabía aún lo sucedido, dado lo inmediato de los hechos, en su llamada José Fernando Rueda Cacho me dijo que qué mala onda lo que nos había pasado, yo fingí ignorar y él insistió en hablar como condolido, por lo cual yo le pregunté quién le había dicho lo de mi hermano y él contestó que lo había escuchado como rumor en la central de abasto y me dijo que contaba con él para lo que necesitara, esto se me hizo

[9] Véase el capítulo III.
[10] Testimonio del 14 de febrero de 2006.

> muy raro porque por lo reciente, en la central de abasto todavía nadie sabía, yo considero que en la central se habrán enterado hasta como el mes. Como a los dos meses de secuestrado mi hermano, y estando aún en cautiverio, acudí a una comida a la casa de José Fernando Rueda Cacho, y en esta comida él me dijo que conocía a un directivo de la AFI, que si quería me lo presentaba para que interviniera y yo le dije que no y le mentí diciendo que el asunto lo estábamos resolviendo a nivel familiar y él estuvo muy insistente en que metiéramos a la policía, a partir de esto, me llamaba frecuentemente, dos o tres veces por semana, preguntándome cómo iba la situación, que si ya habíamos avisado a la policía, etcétera, hasta que sucedió lo del hallazgo de mi hermano ya muerto y, curiosamente, cuando sucedió esto él dejó de llamar por teléfono hasta como el mes y medio en que, como por mediados del mes de octubre del año 2005, él me buscó y me dijo que organizáramos algo chingón para nuestros cumpleaños (que son el 29 el de él y el 30 de noviembre el mío) y andábamos tomando y buscando una banda de música, en eso, ya medio ebrios, a mí me ganó el sentimiento al recordar la muerte de mi hermano, a lo cuál él, a manera según de consuelo, me dijo que no me preocupara, que mientras anduviera con él no me iba a pasar nada, que él metería las manos por mí, pero que en lo de mi hermano él no podía porque se metía en problemas.

Tal como relata en una larga declaración ministerial, él, Andrés, sospecha que los hermanos Rueda Cacho están detrás del plagio de su hermano y de otros. En particular en la central de abasto, donde, en efecto, ocurrieron otros secuestros con el mismo *modus operandi*. Pero Andrés evoca también los casos de Valeria y del rancho Las Chinitas:

> Para esto yo ya tenía la sospecha de que José Fernando tenía algo que ver con el secuestro y muerte de mi hermano, pero por lo mismo y por recomendación de la AFI acudía para ver qué podía obtener; y ahí en la gallera vi un automóvil marca Volvo, color blanco, estacionado junto

con otros cuatro o cinco coches más, los cuales decía Fernando que le recogían a la gente que no les pagaba lo que ellos prestaban con interés. Así sucedió la fiesta, a la cual también acudieron elementos de la AFI a quienes metí como mis amigos, aunque ellos estaban trabajando, observando los carros que llegaban y salían y algunas otras cosas sin que en ésta yo advirtiera algo relevante. Luego, el 9 de diciembre de 2005 sucedió lo de la captura del secuestrador en el rancho Las Chinitas y como a la semana de esto, José Fernando Rueda Camacho, su hermano Marco Antonio Rueda Camacho y el padre de ellos, de nombre Marco Antonio Rueda Valencia, acudieron a comer al restaurante Billy Jack, del que soy administrador y que se ubica en la avenida Rojo Gómez número 621, colonia Ejidos del Moral, Delegación Iztapalapa, y estando ahí me dijeron que iban a salir de vacaciones a los Estados Unidos de Norteamérica sin especificar el estado o ciudad y desde entonces ya no he vuelto a saber de ellos y José Fernando Rueda Camacho ya no me ha vuelto a hablar por teléfono, de esta visita al restaurant, agrego que el padre de los Rueda Cacho no era asiduo, aunque los hijos sí iban a comer ahí frecuentemente. Ahora bien, en la bodega de mi hermano, Ignacio Abel, laboraba un empleado de nombre Abel García Cruz, el cual tenía relación con José Fernando Rueda Cacho, pues yo los vi saludarse y hablar entre ellos como en dos o tres ocasiones. También en un negocio de venta de chiles secos de nombre Casa Crister que se ubica en la bodega A-43 que está junto a la bodega que era de mi hermano, en la misma central de abasto, secuestraron al papá de un muchacho de nombre Julio, de quien ignoro los apellidos, este señor fue liberado, aunque quedó ciego, ya que los secuestradores le echaron pegamento de la marca Kola-Loka en los ojos, este señor es el dueño de la tienda mencionada y, curiosamente, su hijo, Julio, es amigo y socio en materia de pelea de gallos, de José Fernando Rueda Cacho. Agrego que en una de las fiestas a las que acudí con los hermanos José Fernando y Marco Antonio Rueda Cacho, vi a una señorita de nombre Valeria Cheja Tinajero, a esta persona la vi en una fiesta que no fue la de su cumpleaños y que se llevó a cabo en una casa que está en Tláhuac, pero no recuerdo dónde porque era un lugar muy perdido, difícil de recordar, incluso yo le reprochaba a José Fernando Rueda Cacho que sus fiestas siempre las hacía en lugares feos, pues las hacía en sitios corrientes, ocultos a loa [*sic*] que daba miedo llegar, pues bien en esta fiesta conocí a Valeria aunque nunca le hablé, hasta que después me enteré que ella también había sido secuestrada...".

Los Rueda Cacho no son ajenos al círculo familiar de los hermanos Ramírez Ríos. Son primos de Edgar Rueda Parra, nombre recurrente en las declaraciones de las víctimas, pero que jamás será objeto de investigación policiaca. Edgar es primo político de Christian y primo de los Rueda Cacho (véase el árbol genealógico de la familia Ramírez Ríos en los anexos). Christian conoce perfectamente a Edgar, a cuya casa acude a jugar los sábados con Marlon y Brandon, dos jóvenes de su misma edad. En su declaración ministerial de marzo de 2006, Christian relata respecto a sus secuestradores:

> ... también recuerdo que en una ocasión, cuando estábamos en la segunda casa de seguridad, mi mamá pidió unas aspirinas y el sujeto que identifiqué como que tenía la voz muy parecida a la de mi primo Edgar, le dijo a otro sujeto que le trajera unas aspirinas para su tía y al percatarse de que lo habíamos escuchado dijo chin, y este sujeto era el único de los secuestradores que me decía por mi nombre, o sea Christian y este sujeto me cuidaba una semana sí y a la siguiente no

Desde sus primeras declaraciones, el niño denuncia a Edgar.

El 8 de febrero de 2006, Cristina había confirmado que su hijo le comunicó que reconoció la voz de Edgar, de quien ella sospechaba en cuanto cómplice.

Edgar Rueda Parra, implicado por ambas víctimas, no es requerido a comparecer nunca. Sin embargo, es imposible creer en una coincidencia. En los delitos de este tipo, sucede con frecuencia que los responsables pertenezcan al entorno familiar más o menos próximo de las víctimas.

¿Por qué jamás se exploró esa pista? O, más bien, ¿por qué se dejó en el olvido?

El 2 de diciembre de 2005 es liberado un complemento de averiguación previa respecto a varias personas, entre ellas Israel Vallarta y los Rueda Cacho. El 4 de marzo de 2006 se gira una orden de aprehensión contra José Fernando Rueda Cacho. Pero el 9 de octubre del mismo año, un documento firmado por la juez que instruye el proceso, Olga Sánchez Contreras, anula la investigación. Y luego, nada: las diligencias se interrumpen. ¿Por qué desaparecen del caso mientras los elementos se acumulan? En particular, en el domicilio de los hermanos, durante un cateo, la policía encuentra el Volvo que sirvió para el secuestro de Valeria y que confirma las aseveraciones del hermano de Abel en su contra. El padre de los Rueda Cacho rinde su declaración, en la que afirma que el auto lo deja Alejandro Mejía en pensión en su domicilio. ¿Por qué la investigación no siguió esa línea? Alejandro Mejía está vinculado con los Rueda Cacho, quienes son primos de Edgar Rueda, a quien reconocen dos de las víctimas como su secuestrador. Por si no bastara, la averiguación de la muerte de Ignacio Abel apunta hacia ellos. ¿No está, acaso, la banda, simplemente ahí? ¿Cómo es posible que ninguno de esos hombres esté tras las rejas o haya pisado cuando menos las oficinas de los investigadores? ¿Acaso el contacto que uno de ellos le menciona a Andrés Miguel los protege? La agencia noticiosa Notimex señala que la colaboración de un policía, de un ex policía o de un militar se descubre en uno de cada tres secuestros.

En junio de 2009, Emmanuelle Steels, corresponsal del diario galo *Libération*, es la primera periodista que revela la existencia de José Fernando y Marco Antonio Rueda Cacho. Insiste en los nexos familiares entre los hermanos Rueda Cacho, el primo Edgar y la familia Ríos. Cuestiona a Luis Cárdenas Palomino. Nadie mejor que él para responder a su pregunta, ya que él ha sido el encargado de dirigir la investigación, desde la detención del 9 de diciembre de 2005, hasta las "confesiones" de David Orozco.

Frente a la prensa, Cárdenas Palomino asevera haber reconstruido la nebulosa de Los Zodiaco. Ante la pregunta de Steels, responde con nerviosismo: "No recuerdo esos detalles".[11] La periodista francesa trae a colación el hecho de que el mutismo por parte del procurador ha sido también de rigor. "El caso ya fue juzgado, nosotros ya no vemos el expediente," Sin embargo, los sospechosos, a toda luz identificados, están libres. En su domicilio no logramos encontrar a los hermanos Rueda Cacho, sólo a una tía suya, quien nos asegura que ahí viven, pero que por ahora se encuentran de viaje en Guadalajara.

¿Indica el hallazgo del cuerpo de un joven de 16 años de edad, en la cajuela de un auto, el 10 de mayo de 2009, que la banda continúa delinquiendo? Existen extrañas coincidencias entre este caso y el asesinato de Ignacio Abel Figueroa. Los dos trabajaban en la central de abasto y los dos murieron en la cajuela de un auto.

[11] *Libération*, 24 de junio de 2009.

XXX

Florence

Para Genaro García Luna y su equipo, convencer a la opinión pública de que la francesa es culpable de los secuestros y fincarle una reputación de mujer diabólica perteneciente al crimen organizado es parte del caso. Pero aún queda pendiente probar la existencia de la banda de Los Zodiaco en la realidad, fuera de declaraciones ministeriales contradictorias o de actas aleatorias. Todas las víctimas citan la existencia de varios secuestradores. Un informe policial de marzo de 2006 habla de "una organización criminal de cuando menos ocho participantes". Pero en la primavera de 2009 Florence Cassez e Israel Vallarta son los únicos que están tras de las rejas. Los resultados que ofrece "el mejor policía del país" son pobres y vulneran un caso sometido a la presión de las autoridades francesas. Para borrar ese punto débil, el 7 de mayo de 2009 se pone en marcha una doble maniobra. A la par de la difusión de las acusaciones de David Orozco que implican a la francesa, René Vallarta, hermano de Israel Vallarta, y dos de sus sobrinos, Juan Carlos y Alejandro, son violentamente detenidos en el taller mecánico de René. Los tres son acusados de ser cómplices de Orozco y pertenecer a Los Zodiaco. Su aprehensión es una sorpresa. Es la primera vez que aparecen sus nombres como parte del caso. Ninguna víctima, ningún testigo, ningún indicio apunta a ellos.

Semanas después, nos entrevistamos con los dos hermanos Vallarta y las dos hijas de René Vallarta. El retrato que nos ofrece dista mucho del de un hampón sin escrúpulos. No pueden evitar prorrumpir en sollozos al recordar a un padre honorable. La menor explica:

> Yo lo puedo decir porque soy el primer ejemplo de ello, soy muy trabajadora. Me levanto todos los días a la 5:15 de la mañana. Mis horarios de trabajo son entre las 7:30 y las 17:30 y todos los días hago un trayecto de 30 minutos. ¿Por qué? Porque mi papá nos enseñó que la vida se gana trabajando. Y es el primero en poner el ejemplo [...] Mis primeros recuerdos de niña son de mi papá en el taller. Ya de grande, cuando iba al taller, mi papá siempre estaba ahí.

Nos hablan de un hombre que ha entregado su vida a la mecánica automotriz y que, a fuerza de trabajo, llegó ser propietario de un modesto taller que da empleo y trata con respeto a varios mecánicos. Es el primero en llegar al trabajo y el último en salir; jamás toma vacaciones. Su principal preocupación: satisfacer a los clientes. En todo momento estuvo dispuesto a darle servicio o un consejo o un contacto cada vez que su hermano Israel lo necesitaba para su negocio de autos usados. Si era necesario, se encaminaba a Las Chinitas para poner a punto las chatarras que su hermano compraba. Un ciudadano leal que jamás había tenido problemas con la policía y que colabora con los gastos de la defensa de Israel Vallarta. Varias semanas antes de su detención, le preocupaban los rondines que realizaba la policía frente a su taller. Había tratado el tema con el abogado de Israel, sorprendido de estar bajo vigilancia policiaca.

Los dos sobrinos son arrestados en la calle, a espaldas del taller. Nos son presentados como virtuosos y estudiosos. Alejandro es militante del PRD. A partir del inicio de campaña electoral trabajo en los preparativos para los comicios. Sale de su casa todas las mañanas entre las 6 y las 7 horas. Juan Carlos tiene dos trabajos; es responsable de un salón de fiestas y da cursos en un centro deportivo. La familia es unida, trabajadora, aunque llegar a fin de mes es, a veces, complicado, como en tantos hogares mexicanos. Frente a ellos, un maleante. El único cargo en su contra es la acusación de David Orozco que hace caer el deshonor sobre la familia; los Vallarta son secuestradores.

La primera declaración de Orozco después de su confesión en video contradice por completo la versión de los medios. Asegura que fue torturado, que su esposa fue amenazada con ser violada y que no conoce a las personas a las que recrimina, entre ellas Florence Cassez.

Ezequiel recibe una llamada de auxilio y es él quien, a partir de ese momento, implicará a la familia Vallarta. Los reconoce como sus secuestradores en una declaración de unas cuantas líneas:[1]

> René Vallarta Cisneros lo reconozco ya que en la primera casa de seguridad, él me bañaba [...] Alejandro Cortés Vallarta lo reconozco como uno de mis secuestradores porque el día de mi secuestro, en el billar, él entró con un arma y pude ver parte de sus ojos y parte de su boca [...] Juan Carlos Vallarta lo reconozco como una de las personas que participó en mi secuestro y vi que amagó a unos niños que iban entrando al billar.

¿Cómo puede estar tan seguro de lo que afirma? Si sólo observó "parte de sus ojos y parte de su boca". ¿Y si en todo momento afirma que sus secuestradores usaban pasamontañas?

Los tres Vallarta niegan categóricamente tener vínculos con los secuestros. Los tres hombres son sometidos al Protocolo de Estambul, que da resultado positivo. Como lo denunció en su momento la familia Vallarta, los tres fueron torturados para acusar a Florence e Israel. Pero no admiten las imputaciones.

Para evitar que periodistas curiosos tengan acceso a sus testimo-

[1] Ampliación de declaración ministerial de Ezequiel Yadir Elizalde Flores del 11 de mayo de 2009.

nios y que la versión oficial enfrente contradicciones, las autoridades toman previsiones para mantenerlos lejos. Rápidamente encarcelados en la prisión de alta seguridad de Tepic, en Nayarit, casi totalmente incomunicados (una breve visita de los familiares cercanos a la semana, si no deciden cancelarla).

Es momento de recordar a Israel Vallarta, nacido en julio de 1970. Para muchos, se trata de la principal "zona de sombra" en el caso de Florence Cassez, "la peor persona, en el peor momento, en el peor lugar" con quien pudo haberse encontrado.[2] Los datos que hemos recabado a propósito de él son fragmentarios. No nos fue posible entrevistarlo por estar en una cárcel de alta seguridad. En el verano de 2009, tres años y medio después de su detención, se sigue declarando inocente. Al igual que Florence Cassez, fue juzgado por los secuestros de Cristina, Christian y Ezequiel Elizalde, sin recibir sentencia, otros cargos pesan en su contra. Un segundo proceso ha comenzado a puerta cerrada, en la prisión donde se encuentran detenidos Ignacio, Héctor y Felipe, de Atenco. Su abogado y su familia se rehúsan a develar los elementos de defensa con miras a no permitir a las autoridades la oportunidad de fabricar nuevas pruebas. En agosto de 2009, la defensa ganó la primera instancia. El tribunal reconoció la tortura, lo cual podría invalidar su primera declaración ministerial, la única en la que reconoce su participación en los secuestros atribuidos a la banda de Los Zodiaco. Apeguémonos a los elementos a nuestro alcance que generan dudas.

Inmediatamente después de la detención del 9 de diciembre de 2005, la AFI declara haber seguido a Israel Vallarta durante seis meses. En el expediente no figura ningún dato acerca de esas acciones de vigilancia sobre Florence Cassez, aun cuando, al volver de Francia en septiembre de 2005, la ex compañera de Vallarta pernoctaba en el rancho mientras encontraba un departamento.

[2] Declaraciones de Florence Cassez citadas por su abogado Berton.

La primera declaración que la incrimina es la de Valeria, la estudiante secuestrada entre el 31 de agosto y el 5 de septiembre de 2005. La joven habría reconocido al "patrón" al observarlo un breve instante en un espejo, durante su cautiverio. Un detalle de primera importancia que no aparece, con todo, en su declaración de septiembre, sino en la segunda, rendida en diciembre. Esta segunda declaración data de pocos días después de que la joven hubiera subido a un vehículo de la policía para realizar un patrullaje respecto a su secuestro. Sobre Tlalpan, en compañía de agentes policiacos, habría detectado e identificado a Israel. Pocos segundos fueron suficientes. "Fue rápido, porque tuve miedo de que me viera." La caza del vehículo sospechoso conducirá a la AFI al rancho Las Chinitas. En su segunda declaración, Valeria relata que durante su secuestro, un día solicitó que le fuera instalado un espejo. Los secuestradores cumplen la solicitud sin tomar precauciones, ya que durante la instalación del espejo Valeria percibe el rostro del patrón, quien a partir de ese momento se convierte en Israel.

Pero ante las preguntas del abogado, la estudiante se muestra incapaz de dar más detalles sobre el patrullaje: la marca de los autos, los nombres de los agentes, las colonias recorridas. Arguye haberlo olvidado. El informe de policía que da cuenta de los recorridos no es mucho más claro. El momento del reconocimiento del secuestrador sucedió "en una ocasión", sin fecha precisa. ¿Puede atribuirse la omisión a la negligencia del redactor? Lo más inquietante es que los agentes que la acompañan no confirman con precisión sus aseveraciones. Su lectura permite observar que no fue el conductor a quien ella identificó, sino al automóvil.

> En una ocasión que estábamos realizando uno de los recorridos de reconocimiento y nos encontrábamos por la zona de Viaducto Tlalpan, a la altura de la desviación a la carretera federal a Cuernavaca, cuando de momento observamos un vehículo de la marca Volvo gris plata, por lo que decidimos seguirlo, no sin antes dejar a la víctima a bordo de

otro de nuestros vehículos oficiales, por razones de seguridad en compañía de otro elemento de la Agencia Federal de Investigación.

En tanto que los policías comienzan a perseguir el Volvo, sus compañeros acompañan a Valeria hasta su hogar. Varios días transcurren. La AFI sostiene que sigue los pasos de Israel y reúne información sobre los lugares que frecuenta y las personas con las que se encuentra. Uno de sus recorridos los lleva al domicilio de los hermanos Rueda Cacho. Acto seguido, convocan a Valeria sin que se precise fecha.

> Se procedió a realizar una nueva entrevista con la señorita Valeria Cheja Tinajero, con el objetivo de mostrarle imágenes fotográficas del sujeto que conduce el vehículo marca Volvo color gris plata, así como las fotografías de cada una de las personas con las que se le observó en alguna ocasión, y los domicilios que frecuenta, con el propósito de ver si reconocía a algunos de los individuos como participantes de su secuestro, a lo que una vez reunidos y conversando con la víctima se pusieron a la vista cada una de las fotografías obtenidas y logró reconocer y sin temor a equivocarse al sujeto que conduce el vehículo Volvo de color gris plata, como una de las personas que decendió [*sic*] del vehículo Volvo para plagiarla, y por consiguiente reconoce al mismo vehículo como el que le cerró el paso el día de su secuestro.

Una confusión de tal envergadura permite pensar que se reescribió el guión, aun si su demostración sigue siendo imposible. Esa hipótesis se basa en las interrogantes que surgen de la lectura del testimonio, esclarecida a la luz de las prácticas de la AFI.[3] ¿Por qué en la declaración ministerial inicial no se menciona el episodio del espejo? ¿Cómo puede Valeria recordar los rasgos del patrón con tal precisión después

[3] En su fabulación, los agentes de la AFI no se toman la molestia de buscar exactitud en los detalles.

de haberlo mirado de manera furtiva tres meses antes? ¿Cómo logró reconocerlo en medio del intenso tránsito vehicular de una megalópolis de más de 20 millones de habitantes? ¿Y las fechas? Ninguna fecha se señala. Hay lugar a dudas, por lo que el primer cargo contra Israel debe ser tomado con pinzas. El segundo elemento en ristra es la declaración firmada por el acusado mismo el 9 de diciembre de 2005. En ésta, reconoce haber participado en los secuestros y revela la identidad de uno de sus cómplices, "Salustio", cuyo nombre real jamás se sabe. Tres hechos hacen tambalear a esas confesiones. La existencia de un certificado médico que da fe de las torturas que sufrió Israel. Florence Cassez afirma que recibió una llamada telefónica de Vallarta el 8 de diciembre, mientras se encontraba enclaustrada en una camioneta de la AFI. Al teléfono, él le comunica que "llegó a un acuerdo con la policía" para que ella fuera liberada y trasladada a la Embajada de Francia. Sus palabras corresponden con la ira que muestra a la mañana siguiente, cuando la descubre a su lado, frente a las cámaras. También está la repetición de su confesión, en su declaración de febrero de 2006. Otros elementos causantes de inquietud acerca de la participación de Israel son: mientras que es señalado como el jefe de una banda y de mantener a víctimas de secuestro en su rancho, él pasa varios fines de semana en Guadalajara, para visitar a sus hijos, en noviembre de 2005.

El expediente jurídico contiene las pruebas de sus viajes. Finalmente, y el detalle no es nimio tratándose del jefe de una banda, no fue él quien negoció con los familiares de las víctimas el monto de los rescates, incluso si las familias aseguran en sus declaraciones lo contrario. Enrique, el padre de Ezequiel Elizalde, reconoce "plenamente y sin temor a equivocarme" la voz del interlocutor que le exigió dos millones de dólares como rescate. La misma y categórica afirmación proviene del hermano de Ezequiel, aunque sólo habló una vez con el secuestrador. "Reconocí la voz de Israel Vallarta por su acento y el tono de su voz." Para confirmar su afirmación, las grabaciones de las llamadas realizadas por el padre son remitidas a un experto. Es verdad, la voz corresponde a la de un secuestrador implicado en diversos casos de plagio, pero no es la de Israel Vallarta. El dictamen, dado a conocer el 29 de junio de 2006, no deja lugar a dudas:

> Las características espectrales, resultado de las conversaciones telefónicas de las grabaciones de los interlocutores escuchados en los audio cassettes mencionados con anterioridad son completamente diferentes a las del espectro de voz del hoy procesado Israel Vallarta Cisneros. No existe ninguna semejanza sonora ni fonética del hoy procesado con las grabaciones de las conversaciones telefónicas grabadas en los audio cassettes.

El mismo resultado se obtiene del análisis de las conversaciones entre el marido de Cristina e "Hilario".

¿Qué parte del expediente judicial de Florence Cassez resulta convincente? El único elemento digno de fe es la declaración del joven Christian, que afirma reconocer la voz de Israel Vallarta durante la confrontación del 9 de diciembre. No así su madre... no sino hasta febrero de 2006, cuando da un giro a su declaración y llega al grado de acusarlo de haberla violado.

Es difícil saciar la sed de verdad con sólo este testimonio en medio de un bosque de mentiras que, si bien surgen de la buena voluntad, provienen de un niño de 11 años de edad, inmerso en una situación sumamente particular.

¿Dónde están las pruebas de que los plagiados fueron mantenidos en cautiverio en Las Chinitas? Alma, la mujer cocinera de un restaurante cercano y esposa del hombre que se ocupa de mantener y cuidar el rancho, abre la primera puerta a la duda cuando afirma que el lunes 5 de diciembre de 2005 en la cabaña no había nadie. En su declaración ministerial su esposo asegura que él se presentaba regularmente en el rancho, que siempre ha tenido las llaves, tanto de la finca como de la cabaña, la cual almacenaba utensilios. Era libre de acudir al rancho cuando lo decidiera, sin previo aviso; Israel tenía plena confianza en él desde mucho tiempo atrás. El lugar para retener en cautiverio a las víctimas mide seis por tres metros, parece demasiado pequeño como para dar cabida a los tres secuestrados, y por separado, como explican las víctimas. La habitación no cuenta con agua; Cristina así lo menciona. Olvida precisar que no había electricidad. En su declaración describe que la televisión estaba encendida todo el día para disimular las voces. Por otro lado, la mañana del 9 de diciembre, ¿estaban solas las víctimas? En un lugar del expediente se lee: "Israel Vallarta manifiesta que si no regresa en un tiempo determinado a su rancho corren peligro la vida de unas personas y de un menor, las cuales él tenía privadas de su libertad desde hace ya varios días, que esto es un pacto con los miembros de su banda".[4] ¿Se desvanecen por acto de magia?

Los tres secuestrados mencionan dos casas de seguridad, otro lugar de detención, que sería Las Chinitas. Pero, contrariamente a las precisas descripciones de la casa de Avenida Xochimilco 54, sus recuerdos de la cabaña son tan vagos como los de Valeria y sus patrullajes de reconocimiento. Cristina estima que el traslado entre los dos lugares de cautiverio fue de dos horas. Christian considera que fue de 20 minutos. Ezequiel Elizalde habla de 40 minutos.

Entrevistado poco antes del cierre del manuscrito de este libro, Pablo Castrens, uno de los cinco negociadores privados que prestan sus servicios en México, refiere su análisis:

> Los secuestradores jamás retienen a sus víctimas en su propio domicilio, puesto que su familia sería detenida. Tiene cuidado de mantenerlos prisioneros en una casa de seguridad en otra colonia. Si Israel Vallarta es culpable, dudo que haya hecho partícipe a su novia de una confidencia. En México acostumbramos decir que una mujer, tarde o

[4] Declaración rendida por agentes de la AFI, véase Capítulo XV.

temprano, va a confiarle un secreto a alguna amiga. Los secuestradores no comentan nada nunca, ni a su madre, ni a su esposa. Por último, el que se culpe a Florence Cassez de haber querido cortarle un dedo a una víctima es una fabulación. Es un acto extremadamente difícil de ejecutar, un acto que solamente personas con una patología psicológica podrían llevar a cabo. Y ése no es el caso de la francesa".

Con base en la información que poseemos, al parecer Israel Vallarta no es el jefe del grupo delictivo que describe la prensa mexicana. No es "el Patrón", "Horacio", "Hilario", ni "Zacarías", el negociador que entra en contacto con las familias. ¿Podríamos, por tanto, no sospechar de ningún vínculo con la industria del secuestro? Es imposible afirmarlo. El ex compañero sentimental de Florence Cassez, vendedor de autos usados, habría podido, por ejemplo, suministrar vehículos a la banda en un momento que no es posible definir. Sébastien Cassez, hermano de Florence, recuerda que en 2005 atravesó dificultades financieras. Entonces le revendió a Israel el material que había adquirido años antes para el spa de su ahora exesposa, que había dado origen a una desavenencia entre ambos. Un elemento lo vincula con los otros protagonistas: su cuñado, Alejandro Mejía. Para perfeccionar retratos fieles a los hechos y no a lo frecuentemente escritos y dichos, repasemos por un momento la relación entre los dos acusados. Frank Berton reexamina la cronología en el documento que entrega a la prensa.

Resumen del expediente de Florence Cassez (fragmento)

Conoce a Israel Vallarta en julio de 2004, en la oficina de su hermano Sébastien, donde trabaja en esas fechas.

En octubre de 2004 comienza a verlo e inicia una relación sentimental con él.

En esos días, ella vive en un departamento ubicado en la colonia Roma, en el Distrito Federal, desde el 15 de julio de 2004. Comparte el departamento con una amiga, Guadalupe.

Trabaja de lunes a viernes de 9 a 18 horas y se ven en las tardes; pasan la mayor parte del tiempo en el departamento de Florence.

[...]

A partir de febrero de 2005, mientras ella trabaja en un despacho de arquitectos, como decoradora de interiores, en el Distrito Federal, con horarios excesivos, comienza a tener problemas con Vallarta, quien le reprocha su exceso de trabajo.

Da por terminada la relación con él en varias ocasiones.

El 15 de julio de 2005 pone fin al contrato de arrendamiento del apartamento que ocupa, al cumplirse un año de éste, para regresar a Francia.

Rompe definitivamente con Vallarta a su regreso de Francia, el 22 de julio de 2005.

Al partir de México, le solicita a Vallarta que guarde sus muebles, y que si no regresa, él puede venderlos.

[...]

El 7 de septiembre de 2005 está presente en el festejo de cumpleaños de su padre en Francia, y el 9 de septiembre regresa a México.

A su regreso a México, convence a Vallarta de que le permita vivir en su rancho mientras encuentra trabajo y un departamento; cada uno hace su vida por su cuenta en cuartos separados.

[...]

Con todo, Florence permaneció junto a Vallarta en la época en la que contaba con su propio departamento en la ciudad de México, antes de regresar a Francia, fecha en la que ella había terminado ya toda relación sentimental; y en el periodo del 9 de septiembre al 8 de diciembre de 2005, fecha de la mudanza definitiva de éste al rancho y época en la que no sostienen ya una relación amorosa.

> Cabe destacar este dato en vista de que, a menudo, se le reprocha a Florence Cassez el hecho de que no haya sido capaz de darse cuenta de las actividades de su ex pareja, Israel Vallarta, en el supuesto de que éste, quien no ha recibido sentencia, fuera el jefe de la banda conocida como "Los Zodiaco"...
>
> Tanto sus horarios de trabajo como el final de su relación sentimental con Vallarta y el escaso tiempo que pasa cerca de él, obran de manera manifiesta a favor de la imposibilidad de que ella constatara cualquier dato de cualquier naturaleza.

Si bien se perfilan las evidencias, algunas preguntas alrededor de Las Chinitas y la familia Vallarta quedan flotando. Florence Cassez afirma haber encontrado a Israel en el rancho, en compañía de un policía, a principios de diciembre. El oficial estaba a cargo de una investigación en los alrededores relacionada con drogas. Los dos hombres hablaban tranquilamente, el inquilino del rancho se mostraba tranquilo. ¿Pudo pasar inadvertida al oficial la presencia de personas secuestradas que afirman que escuchaban la televisión a un volumen alto? El funcionario se ha negado a declarar por temor a represalias. Charly y Ditter, dos mecánicos, se dirigían a Las Chinitas cada vez que un auto requería de su pericia. Días antes del 9 de diciembre, Israel le informa a la joven francesa que los va a hospedar en la cabaña mientras encuentran otro alojamiento. Ninguno de los dos aparece en ningún momento en la investigación y nadie sabe qué fue de ellos. Sólo Florence Cassez habla de "los dos amigos que estaban en la cabaña" desde su primera declaración. Insiste en este hecho mientras que nadie más lo señala. "Yo los vi, ahí dormían. ¿Adónde fueron? Si son cómplices de Israel o la prueba de que [en la cabaña] no había víctimas, habría que buscarlos."

Por último, Lupita. Toda la familia Vallarta está aterrada después de la detención de René y sus sobrinos, pues demuestra que "todo es posible". Mario, otro hermano Vallarta, se esconde tan pronto se entera de que hay una orden de aprehensión en su contra.

Al igual que Charly y Ditter, Lupita, compañera sentimental de Alejandro Mejía, el inquilino de Avenida Xochimilco 54, quien está desaparecido, nunca es interrogada por los investigadores, aunque resulta ser una testigo incontestable.

"¿Existe una manera de justificar semejantes yerros, salvo si se considera que bastaba con Florence y no era necesario ir más allá en la investigación?", escribe el abogado Berton.

EPÍLOGO

Una visita en prisión

El ritual es inmutable. Los celadores, los puntos de control, las puertas con cerrojo, los corredores. Tepepan es una cárcel de mujeres insignificante en México, pero sin duda es la más agradable del país. El penal de Santa Martha Acatitla, donde Florence estuvo presa un tiempo, es, al decir de las detenidas, bastante menos deseable. En las dos prisiones para mujeres de la ciudad de México, los visitantes sólo tienen acceso al espacio destinado para recibirlos, en Santa Martha, por ejemplo, es un patio con grandes mesas de concreto, frente a las que las familias comparten los alimentos con las reclusas a lo largo de varias horas.

Hacen su aparición los tacos, las cocas, los pasteles; los niños corren por doquier, las madres prodigan cuidados a los más pequeños, las abuelas platican. En Tepepan la visita se realiza en un enorme salón cerrado donde, de acuerdo con la afluencia en turno, en especial de los infantes, el ruido se vuelve ensordecedor.

Florence Cassez se instala invariablemente en el mismo rincón al aire libre, en un patio bañado por el sol. Siempre está dispuesta a recibir a sus visitantes de buen talante; detrás de sus gestos se transparenta la *hostess* y gerente que fue. Despliega un mantel para ocultar el viejo plástico de la mesa, y ofrece "té o café ". Aunque todo es "desechable", no olvida la servilleta con la cucharilla, la leche en polvo y una galletita. Convida un cigarrillo a su visitante, no sin antes prometer:

"Allá afuera dejaría de fumar, pero aquí no puedo". Viste el uniforme color azul de las presas de Tepepan, pero no muestra el paso fatigado de quien abandona el ejercicio. Florence Cassez luce siempre impecable. Su pundonor la lleva a querer "vivir como antes": se levanta a las seis de la mañana, antes que todas las demás, se baña, se peina y se maquilla como si fuera a salir a trabajar. "No voy a abandonarme", expresa. Es gentil, amable, entusiasta. A veces bromea con una carcajada franca. Sabe qué esperan los periodistas de ella. Tiene cada dato en la memoria, ha leído y releído durante cuatro años su expediente jurídico. Su retentiva no la traiciona. "Una historia como ésta es difícil de olvidar." Frunce el ceño, se concentra y narra los hechos principales y los mínimos detalles, esos instantes que marcan la memoria. Como el cepillo y el gel que llevaba en su bolso cuando estuvo encerrada en la camioneta. La mujer policía que le propone que se peine y ella que se niega: "Si hubiera sabido lo que me esperaba, lo hubiera hecho". Risas, bocanadas de humo de cigarrillo. Florence Cassez dice que no ha perdido el sentido del humor, "y afortunadamente", agrega. Su relato continúa: recuerda cómo era el clima, la luz, las palabras de los policías, el color de la banqueta.

Ésa es la parte sorprendente de su testimonio; a diferencia de las víctimas, que reiteran las mismas historias sin dar nunca detalles. Las intervenciones de Cristina y Ezequiel se limitan a un puñado de frases y relatos repetidos *ad nauseam*. "Es la misma voz, es la misma voz", se le ha escuchado decir a Cristina. Ezequiel, por su parte, no cesa de mostrar la marca en el dedo meñique, la "cicatriz" de la inyección, pero ya olvidó todo lo relacionado con su liberación. Ezequiel y Cristina olvidan con facilidad, Florence no.

Se tensa, sabe que las preguntas que detesta vienen en camino: el tema es "Israel". Inhala profundamente, mira fijamente a los ojos a su interlocutor y hace un esfuerzo por no dejar escapar su enojo. A veces ataja: "Sí, lo sé, puede pensarse que fui una idiota". Por lo general, intenta guardar la calma antes de confesar, simplemente: "Israel, no sé qué pensar, y les juro que me gustaría saberlo inocente. Sería la primera persona feliz, porque la gente sabría que si no vi nada, es que no habia nada que ver". En desagravio, repite que Vallarta nunca fue el hombre de su vida, que "si hubiera estado enamorada, si lo hubiera llamado por teléfono todo el día, tal vez habría sabido más sobre él". Durante el proceso, se sintió aliviada al saber que, si Israel estaba de una manera u otra inmiscuido, al menos no era el jefe de la banda. Entiende las dudas de la gente sobre él, "antes, yo habría pensado lo mismo".

Antes era una joven emprendedora, feliz, apasionada. En las empresas donde trabajaba alcanzó puestos gerenciales. A veces despertaba el recelo de otros. Pero un día, de golpe, su mundo dio un vuelco. Tiene que vivir entre prisioneros. Un choque de culturas, el encuentro de dos mundos. Al principio, muestra reservas, es tímida, introvertida: "No quería mezclarme, después de todo, no por nada están en prisión". Florence se encuentra en el dormitorio número 1, el más tranquilo de la cárcel, "que no está reservado a los reos VIP", como afirmó Ezequiel.

En ese lugar no hay problemas que impliquen drogas. Las mujeres se organizan para comer, realizar los quehaceres, la solidaridad permea. La joven francesa se abre y confraterniza con algunas de sus compañeras. "Son muchachas que cayeron con el hombre equivocado: *dealer*, ladrón, criminal. Están encerradas 10, 20 años por complicidad con su hombre." Se carece de estadísticas sobre este fenómeno, pero cabe preguntarse, ¿cuántas mujeres están en prisión por un delito vinculado a su esposo o a su novio en turno? Muchas, sin duda, sobre todo en México. Pareciera que la detención de un *dealer*, ladrón o asesino fácilmente entraña la de su compañera sentimental, a menos de que ésta pertenezca a alguna de las clases privilegiadas y pueda defenderse. Pocas mujeres pueden hacerlo; pocas tienen la oportunidad.

Antes del 8 de diciembre de 2005, Florence era una mujer despreocupada. No leía los periódicos —"México era bello, la gente, afable"—, no sabía nada de política, nunca había tenido tratos con la policía. Su contacto con las autoridades mexicanas se había limitado a la renovación de su forma migratoria FM3 en septiembre. Una "migrante más", podría pensar cualquiera.

Florence leyó con fruición *Los cómplices del presidente*, de Anabel Hernández, y lo envió con anotaciones al Palacio del Eliseo. Tres veces al día ve los noticiarios, ha aprendido mucho sobre México y los hombres en el poder. Ha logrado dimensionar "con quiénes trató". Sueña con carearse frente a frente con Ezequiel, el único que la acusó en su primera declaración y el mismo que felicita a Felipe Calderón por no permitirle regresar a Francia. Está consciente de que ha logrado sembrar la duda en algunas personalidades mexicanas, pero que un país entero está esperando ser convencido. "¿Cómo puede ser que una francesa se encuentra en una espiral político-mediática mexicana?", pregunta el periodista. "Así, de la noche a la mañana, se lo juro." Debe ser convincente acerca del "así", asunto poco sencillo cuando se ha estado recluida cuatro años en prisión. Aquí, en Tepepan, ha ganado la batalla y hoy goza de cierta distinción frente a las celadoras y, sobre todo, las otras presas. "Tengo amigas, y la mirada de todas ha cambiado." Cuanto más grandes son las acusaciones de las autoridades mexicanas contra Florence Cassez, más muestras de simpatía recibe en el encierro. "Nadie creyó en lo que dijo Orozco cuando apareció; las muchachas me dijeron: 'Qué burdo, van a quedar en ridículo'." La negativa de su traslado a Francia fortaleció la solidaridad en el dormitorio número 1, donde la experiencia de estar lejos de la familia es bien conocida.

Florence no habla mucho de tener una familia. Acaba de cumplir 35 años de edad y le espera una condena de por vida. De su salida de prisión ya no habla tanto. "La gente me sugiere que tome vacaciones junto al mar, en las montañas, que tome un bien merecido descanso cuando salga de aquí. Pero sólo deseo encontrar trabajo y comenzar a regresarles a mis padres el dinero que gastaron en mí, hacer lo que he hecho siempre. Ya tuve demasiadas vacaciones."

UNA VISITA A EZEQUIEL

En septiembre de 2009, al cabo de varios intentos, vislumbramos la posibilidad de entrevistar por fin a Ezequiel Elizalde. El joven aceptó recibir a la televisión francesa,[1] tan pronto como Isabel Wallace nos dio luz verde.[2]

Ezequiel nos cita en Laredo, Texas y, tal como lo ha hecho con la prensa en diversas ocasiones, en un hotel de la ciudad.

Ipso facto, insiste en relatarnos su calvario, pero nosotros queremos comenzar por saber cómo es "su nueva vida en Estados Unidos. ¿Qué hace después de su secuestro? "Estudio criminología y quiero convertirme en policía para ayudar a mi país", responde de inmediato. Queremos conocer su universidad: "No hay problema, los llevo". Israel conduce con comodidad y habla mucho. Ya llevó hasta el mismo punto a la televisión mexicana. En cada ocasión, se sienta en una banca frente a la facultad y afirma que forma parte de la comunidad estudiantil desde hace tres años y medio. Queremos ir más lejos, al otro lado de la reja, ver sus salones de clase, hablar con sus profesores. "De hecho, mis profesores están en San Antonio, aquí sólo estudio en la biblioteca." Tenemos que insistir en visitar la biblioteca, conocer los libros que consulta, pero Ezequiel no parece inmutarse. Avanza, casi sereno. Frente a los anaqueles bibliográficos, el joven gira hacia las computadoras y sonríe: "de hecho, nuestros cursos son por internet". Las pantallas descuellan en el medio del salón; hacemos hincapié en que queremos saber y observar más. Toma asiento, se frota las manos e intenta tener acceso a internet tecleando una serie de claves. "*A ver, espera*". La pantalla no cesa de desplegar el mismo mensaje: "clave inválida". Un estudiante que se encuentra a su dere-

[1] Programa *Envoyé Spécial* (Enviado Especial), Canal 2 de Francia.

[2] Cristina Valls, a quien intentamos hacer llegar un par de mensajes, sin saber si en realidad los recibió, no repondió nunca. Únicamente, Isabel Wallace nos hizo saber que la ciudadana española no deseaba tener contacto con la prensa.

cha entiende su predicamento y le indica las claves para tener acceso "como invitado", que se encuentran en una cartulina a su izquierda. Ezequiel logra finalmente llegar a la página de Google.

—¿Son esos los cursos?

Ezequiel abre una página, la de la PGR, y nos lee un párrafo. Entonces se dirige a la página de Wikipedia y busca la palabra "AFI". Con lentitud, lee en voz alta la definición. Después lee un artículo de la prensa sobre el secuestro. Nada se relaciona con sus cursos. En ningún momento consigue entrar en la página de la universidad. "De hecho, sólo llevo inscrito un semestre." Nos queda claro que no es estudiante de esa institución y jamás lo ha sido. No lo sabíamos, lo habíamos observado en un reportaje de Televisa[3] sentado en la misma banca de la universidad. Si nos bastó con cruzar la puerta y hacerle unas cuantas preguntas, mostrar un mínimo de curiosidad para conocer la verdad, ¿por qué los reporteros de la televisora no lo hicieron?

Los informes que nos facilita la universidad,[4] en días posteriores, muestran: Ezequiel Elizalde no ha formado nunca parte del alumnado y no saben nada de él. Ni en Laredo ni en San Antonio.

¿Por qué miente? Fue víctima de un secuestro y no es necesario que falsee información sobre sus actividades.

Ezequiel levanta suspicacias inevitablemente, pero proseguimos. Nos gustaría ir a un sitio más tranquilo para hablar de su secuestro. Nos lleva a la casa de una amiga. Mientras conduce, esta vez nos dice que se dedica a la exportación de autos a México, en la línea fronteriza. Información que posteriormente no será posible ratificar.

Su esposa y su madre nos reciben en la casa, que no es la suya, pero Ezequiel se dirige de inmediato a un mueble donde hay un reproductor de video. Antes de tocar el tema, quiere mostrarnos su aparicio-

[3] "Investigaciones especiales", Guillermo López Portillo, Canal 2 de Televisa, 22 de junio de 2009.

[4] Universidad TAMIU, Criminal Justice Program, Laredo, Texas, http://www.tamiu.edu.

nes en televisión: en Univisión, con Jorge Ramos; en Televisa, con López Dóriga. Entonces se instala y comienza:

—A Florence la vi el primer día y el último. El primer día me trajo un sándwich y el último fue cuando me quiso cortar el dedo.

—¿Cómo que la viste?

—Le vi la cara, ella no traía pasamontañas.

—Pero, Ezequiel, en tus declaraciones dices que todos tenían pasamontañas y que reconoces su voz, no que viste su rostro.[5] Es un punto importante…

—La vi, no se ocultaba, pues de todas formas me iban a matar. Reconozco todo de ella: su voz, sus manos, su cara, tiene una marca en el mentón.

En el momento de su liberación, Ezequiel llevaba una venda en la cabeza. La tarde de ese día, durante su primera declaración ministerial, Florence relata que este hombre la vio detrás de una gruesa mampara que los agentes de la AFI colocaron para dividir la cabaña. Cuando la llevan a la cabaña y la ponen frente a las cámaras, ella observa a un hombre inclinado detrás de la mampara, donde se encuentran las víctimas: "Veo a un hombre con una venda blanca en la cabeza que se asoma detrás de la pared". Florence no sabe aún que se trata de Ezequiel. Es la única de las tres víctimas que ve a Florence en ese momento y será la única que la inculpe, esa misma tarde, en su primera declaración.

En sus testimonios ante el ministerio público, Ezequiel omite el episodio. Pero ésta, frente a la televisión francesa, es la primera vez que menciona que ella no llevaba pasamontañas. Nunca menciona ni ante la justicia ni los medios que haya visto físicamente a su

[5] Declaración de Ezequiel, del 9 de diciembre de 2006: "… hace aproximadamente tres días, volví a escuchar la voz de la mujer con acento extranjero […] y que vi con pasamontañas y de cabello teñido color güero […] Me dijo que le iba a mandar un regalito a mi papá, sentí un piquete en mi dedo meñique de mi mano izquierda, le pedí por favor que no me dañara, que respetara mi integridad física y ella me dijo que ni modo que eran gajes del oficio".

secuestradora. ¿Desea parecer más convincente frente a la Tv francesa? Retoma el hilo:

El último día antes de mi liberación, ella me anestesió para cortarme el dedo. Me dio a escoger entre el dedo y la oreja. Me anestesió, y la marca que ven en mi dedo (aprieta fuertemente su meñique izquierdo y aparece un puntito rojo), me la hizo ella.

Todo México conoce perfectamente esa marca, en más de una ocasión ha aparecido en pantalla. No somos ingenuos. Además de que en el expediente judicial consta el dictamen de un especialista que reconoce que se trata de una marca de nacimiento[6], los médicos nos han informado que "incluso una marca de anestesia aplicada con máquina pesada desaparece en cuatro años". Ezequiel se rehúsa a reconocerlo e insiste en que la marca que lleva es resultado de la inyección que le aplicó Florence. Así, pues, continuamos:

—Ezequiel, cuando hablas de la anestesia dices que ocurrió en la víspera de tu liberación. Florence en ese momento se encontraba ya en una camioneta de la policía. Pero en la declaración que rindes la tarde de tu liberación, afirmas que sucedió "tres días antes"

—No me acuerdo de nada porque, después de la anestesia, me golpearon y los afis me liberaron, no sé ni el día ni la hora. Yo dormía profundamente.

Ezequiel se ha referido ya antes a los "afis" como "ángeles" que aparecieron y lo sacaron de su sueño. Pero no recuerda ningún otro detalle de su liberación. Ni la llegada de los agentes ni la de las cámaras de televisión. La emoción es demasiado intensa, lo embarga. Se había mostrado comunicativo y sereno durante varios minutos, pero entonces el recuerdo se volvió doloroso. De manera amable, da por terminada la conversación.

[6] Un peritaje médico realizado por el doctor Juan Carlos Rueda García, en junio 2006, dictamina que esta mancha "corresponde a una petequia [marca de nacimiento] y no a una cicatriz por punción previa".

Pero tenemos una pregunta final, y tanto más importante porque no concierne de manera directa a Florence.

—Ezequiel, acusas a Florence, pero también a otras personas. Tu familia política, cuñado, tu suegra y sus amigos, un tal Jaime y e*l Norteño*[7]. Incluso entregaste un video a la policía para ayudar en la investigación. Pero no van a investigar a esas personas, ¿no te parece injusto?

Ezequiel no tiene tiempo de responder. Su madre, presente, nos conmina a que dejemos de interrogar a su hijo como si fuéramos policías, e interrumpe nuestras preguntas. Rompe en sollozos y nos invita a retirarnos. Ezequiel llama un taxi para nosotros y nos acompaña a la salida:

—Pensé que eran unos amables periodistas, venían de parte de Isabel Wallace.

—Pero, Ezequiel, nosotros hacemos preguntas porque es nuestro trabajo, no estamos haciendo una investigación como policías, sino como periodistas.

—No es verdad, los otros periodistas que habían venido no me preguntaron lo mismo que ustedes.

Ezequiel es honesto al decirlo y le creemos. Sólo podemos responderle: "qué lástima que no te hayan hecho preguntas". Pero aun cuando hayamos podido plantearle varias preguntas, salimos de la entrevista sin haber obtenido más información sobre él. ¿Qué hace

[7] Declaración del 2 de marzo de 2006: "Sospecho que en mi secuestro participaron mi suegra, Leticia Gómez López y mi cuñado Arturo Castillo [...] Arturo me amenazó porque lo había corrido de mi casa. Él se junta con personas de aspecto de delincuentes, traen carros de modelo reciente y ninguno de ellos trabaja, me siguieron en varias ocasiones antes de mi secuestro [...] Mis secuestradores tenían información que sólo mi madre y mi suegra tenían [...] En un baby shower para mi esposa embarazada [...] quiero decir que a estos dos sujetos a quienes identifico como Jaime y el Norteño, estaban sentados a la mesa de mi suegra [...] y vi que convivió con ellos, el tal "JAIME" y "El NORTEÑO" me sacaban plática preguntándome en qué trabajaba, a qué hora salía, a qué hora salía a comer [...] Reconozco al Norteño como uno de mis secuestradores, quien en una ocasión me llevó al baño".

en Estados Unidos? ¿Dónde está su familia política? ¿Por qué sigue mostrando una marca como prueba cuando ya se comprobó que no lo es? ¿Por qué no desea recordar su liberación?

POSFACIO

Al momento de entregar el manuscrito de este libro al editor, las noticias más recientes sobre los hechos, personas e instituciones citados en esta investigación, son los siguientes:

Florence Cassez

Después de haber concedido dos entrevistas a los medios mexicanos, una a la periodista Denise Maerker, a principios de junio de 2009, fue transferida al penal de Santa Martha Acatitla, donde ya había permanecido algunas semanas en 2006; este centro penitenciario se caracteriza por imponer un régimen más estricto que el de Tepepan. La decisión fue de carácter punitivo. Frente a las protestas del gobierno francés, los poderes públicos dan marcha atrás y la reintegran a su celda en Tepepan.

El comité de apoyo organiza una manifestación frente a la embajada de México en París, el 8 de diciembre de 2009, para recordar los cuatro años en prisión de Florence. Numerosos miembros de la política, así como la madre de Ingrid Betancourt, participan en la marcha. Su defensa no ha tomado aún una decisión respecto a la presentación de un recurso ante la Suprema Corte de Justicia de la Nación. En la radiodifusora francesa RTL Florence se muestra combativa: "El único panorama para mi defensa es mostrar mi inocencia aquí, en México". El 4 de febrero de 2010 se presentó en Francia el libro en el que Florence Cassez cuenta su propia historia. Su traducción al español y su publicación en México ya se planean. Florence concedió también diversas entrevistas en la radio.

Jacinta

Fue puesta en libertad el 16 de septiembre de 2009, en plena fiesta nacional. La buena nueva tuvo su origen en la presión mediática y la movilización del Centro de Derechos Humanos Miguel Agustín Pro Juárez. Al día siguiente, durante una conferencia de prensa a la que asisten medios nacionales e internacionales, Jacinta declara, simplemente, que desea la liberación de las otras dos mujeres de su comunidad que fueron detenidas junto con ella, Alberta y Teresa, "por un secuestro que jamás ocurrió". En febrero de 2010, Amnistía Internacional declaró a Alberta y Teresa "presas de conciencia" al igual que Jacinta. La justicia mexicana no ha reconocido sus errores ni ofrecido ninguna forma de reparación por los tres años que Jacinta estuvo en prisión.

Comunicado de prensa del Centro de Derechos Humanos Miguel Agustín Pro Juárez, A.C.

México, D.F., 30 de noviembre de 2009

La PGR insiste en acusar a dos mujeres por el secuestro de seis afis; en breve, un juez federal dictará sentencia a Alberta Alcántara y Teresa González.

—El ministerio público de la Federación presenta conclusiones acusatorias y pide una pena de más de cuarenta años para ambas mujeres.

—El Juez Rodolfo Pedraza Longi, que ya las consideró culpables, dictará una nueva sentencia.

—La acusación presenta los mismos vicios que las autoridades reconocieron al liberar a Jacinta Francisco Marcial; familiares de Alberta y Teresa, su defensa y el Centro Prodh anuncian acciones para demandar que se les exonere.

Ignacio y los otros...

Una campaña de corte nacional e internacional exige la revisión de los casos judiciales y la transferencia a una cárcel menos rigurosa de los tres detenidos en la prisión de alta seguridad de La Palma. En febrero de 2010, 11 ganadores del Premio Nobel de la Paz entregaron una carta al presidente Calderón solicitando la liberación de los "12 presos políticos", la revocación de las sentencias condenatorias y la cancelación de las órdenes de aprehensión contra los "perseguidos" de Atenco del 3 y el 4 de mayo de 2006.

Genaro García Luna

Las encuestas no se equivocan. El PAN sufrió una severa derrota en las elecciones legislativas del 5 de julio de 2009. El PRI obtuvo la mayoría absoluta en el Congreso y se prepara con miras a la elección presidencial de 2012. La derrota implicó la destitución del procurador de Justicia. Genaro García Luna se mantiene como el paladín de la lucha contra el crimen y el brazo derecho del presidente Felipe Calderón.

La AFI

Ya no se llama AFI. Cambió de nombre. En el verano de 2009, después de una reforma al aparato policiaco, se creó la Policía Federal

Ministerial (PFM). Sus poderes y facultades son aún más amplios que en el caso de la extinta agencia. Y su director es…

WILFRIDO ROBLEDO

Comunicado de prensa del Centro de Derechos Humanos Miguel Agustín Pro Juárez, A.C.

México, D.F., a 18 de diciembre de 2009

Lamenta el Centro Prodh la designación de Wilfrido Robledo como nuevo responsable de la Policía Federal Ministerial.

Ayer fue confirmada la designación de Wilfrido Robledo Lamadrid como máximo responsable de la recién creada Policía Federal Ministerial, perteneciente a la Procuraduría General de la República.

El Centro de Derechos Humanos, Miguel Agustín Pro Juárez, considera que es lamentable el nombramiento de Robledo Lamadrid para tan importante cargo, debido a su negro historial en materia de derechos humanos. El servidor público estuvo involucrado en el diseño y la ejecución de los operativos policiales que desembocaron en graves violaciones a derechos humanos en contra de las personas detenidas en San Salvador Atenco y Texcoco, mientras se desempeñaba como responsable de la Agencia de Seguridad Estatal mexiquense.

Robledo Lamadrid y otros funcionarios del gobierno del Estado de México, incluyendo al gobernador Peña Nieto, negaron la existencia de violaciones a derechos humanos; su existencia, sin embargo, fue confirmada por la Comisión Nacional de los Derechos Humanos y la Suprema Corte de Justicia de la Nación (SCJN). Actualmente estas violaciones son investigadas por la Comisión Interamericana de Derechos Humanos.

Particularmente, Robledo Lamadrid y Peña Nieto negaron persistentemente las agresiones sexuales cometidas en contra de varias de las mujeres detenidas. El involucramiento de Robledo en los hechos fue tácitamente aceptado por él mismo cuando se retiró de su cargo al iniciar la investigación constitucional realizada por la SCJN.

ANEXOS

Cronología

Florence Cassez

2 de julio de 2000: Elección de Vicente Fox (PAN) a la presidencia de México.

13 de junio de 2001: Primer secuestro atribuido a Los Zodiaco.

11 de marzo de 2003: Florence Cassez se instala en México.

Agosto de 2004: Florence Cassez conoce a Israel Vallarta.

Octubre de 2004: Comienza la relación sentimental entre Florence Cassez e Israel Vallarta.

4 de abril al 5 de julio de 2005: Secuestro de Ignacio Abel Figueroa.

Junio de 2005: Florence Cassez pasa el verano con su familia, en Francia.

31 de agosto de 2005: Secuestro de la estudiante Valeria.

5 de septiembre de 2005: Liberación de la estudiante Valeria.

9 de septiembre de 2005: Florence Cassez toma el avión de regreso a México.

13 de septiembre 2005: Primera declaración ministerial de Valeria.

4 de octubre de 2005: Fecha del secuestro de Ezequiel Elizalde, de acuerdo con la declaración de su familia.

19 de octubre de 2005: Secuestro de la familia Ríos Valladares.

6 de noviembre de 2005: Florence Cassez es contratada en un importante hotel de la ciudad de México.

Mediados de noviembre de 2005: Los familiares de Ezequiel, Cristina y Christian dejan de recibir llamadas telefónicas.

Fines de noviembre de 2005: Enrique Elizalde da aviso a la policía del secuestro de su hijo, ocurrido el 4 de octubre.

4 de diciembre de 2005: Valeria amplía su declaración ministerial, en la que implica a Israel Vallarta.

8 de diciembre de 2005: Detención de Florence Cassez e Israel Vallarta.

9 de diciembre de 2005: Puesta en escena de su arresto para la televisión mexicana.

9 de diciembre de 2005: Declaración preparatoria de Israel Vallarta en la que acepta los cargos de secuestro que se le imputan.

9 de diciembre de 2005: Primeras declaraciones de Cristina, Christian y Ezequiel Elizalde.

5 de febrero de 2006: Emisión del programa *Punto de Partida* dedicado al caso Cassez.

10 de febrero de 2006: La familia Ríos Valladares ingresa en diversas ocasiones a lo largo del día a las oficinas de la SIEDO.

14 de febrero de 2006: Ampliación de declaración de Christian, en San Diego, California, en la que afirma reconocer a Florence Cassez.

15 de febrero de 2006: Ampliación de declaración de Cristina, en San Diego, California, en la que afirma reconocer a Florence Cassez.

30 de marzo de 2006: Audiencia de Ezequiel Elizalde.

7 de junio de 2006: Audiencia en video de Christian y Cristina, quien asegura haber sido violada.

Agosto de 2006: Cambio de abogado defensor de Florence Cassez.

Diciembre de 2006: Genaro García Luna es nombrado secretario de Seguridad Pública federal.

25 de abril de 2008: Veredicto de la primera instancia, sentencia contra Florence Cassez de 96 años de prisión.

7 de mayo de 2008: Entrevista de los padres de Florence y el presidente de Francia, Nicolas Sarkozy.

Febrero de 2009: El presidente Felipe Calderón propone recurrir al Convenio de Estrasburgo.

Primera semana de marzo de 2009: Concluye el proceso de apelación y se dicta sentencia de 60 años de prisión a Florence Cassez.

6 al 9 de marzo de 2009: Visita de Nicolas Sarkozy a México.

7 de mayo de 2009: Declaración de David Orozco.

7 de mayo de 2009: Detención del hermano de Israel Vallarta y dos de sus sobrinos.

22 de junio de 2009: El presidente Calderón anuncia su rechazo a la repatriación de Florence Cassez.

5 de julio de 2009: El PRI vence en las elecciones legislativas.

Jacinta

26 de marzo de 2006: "Día de los discos". Irrupción de seis agentes de la AFI en el tianguis de Santiago Mexquititlán.

3 de agosto de 2006: Detención y encarcelamiento.

19 de diciembre de 2008: Jacinta es condenada a pasar 20 años en prisión.

5 de marzo de 2009: Se publica "Yo soy Jacinta", columna que hace del conocimiento público este caso.

Julio de 2009: Es declarada "prisionera de conciencia" por Amnistía Internacional.

Agosto de 2009: Después de que ha pasado tres años en prisión, la CNDH reconoce que las pruebas de su caso fueron fabricadas.

Ignacio y los otros…

22 de octubre de 2001: Vicente Fox anuncia la construcción del nuevo aeropuerto de México sobre terrenos ejidales de San Salvador Atenco.

2 de agosto de 2002: Vicente Fox anuncia el abandono del proyecto aeroportuario.

2 de mayo de 2006: Acuerdo entre el subprocurador del Estado de México y los floristas ambulantes gracias a la mediación de Ignacio del Valle.

3 y 4 de mayo de 2006: El operativo Rescate en Texcoco y Atenco conduce a la detención de 207 personas.

8 de mayo de 2006: Se publican en la prensa los primeros testimonios de ciudadanas extranjeras que denuncian torturas sexuales.

10 de junio de 2006: Entierro de Alexis Benhumea, asesinado por el golpe de una granada de gas lacrimógeno el 3 mayo, en Atenco.

5 de mayo de 2007: Primer veredicto condenatorio contra Ignacio del Valle, Felipe Álvarez y Héctor Galindo, a 67 años de prisión.

9 de noviembre de 2007: Liberación de Magdalena.

26 de enero de 2008: Liberación de siete de los detenidos, entre ellos el médico Guillermo Selvas.

22 de agosto de 2008: Ignacio del Valle es sentenciado a 120 años de prisión; nueve procesados más reciben penas de 31 años.

Septiembre de 2008: Inicia la campaña en pro de la liberación de los prisioneros de Atenco, con el apoyo del músico Manu Chao.

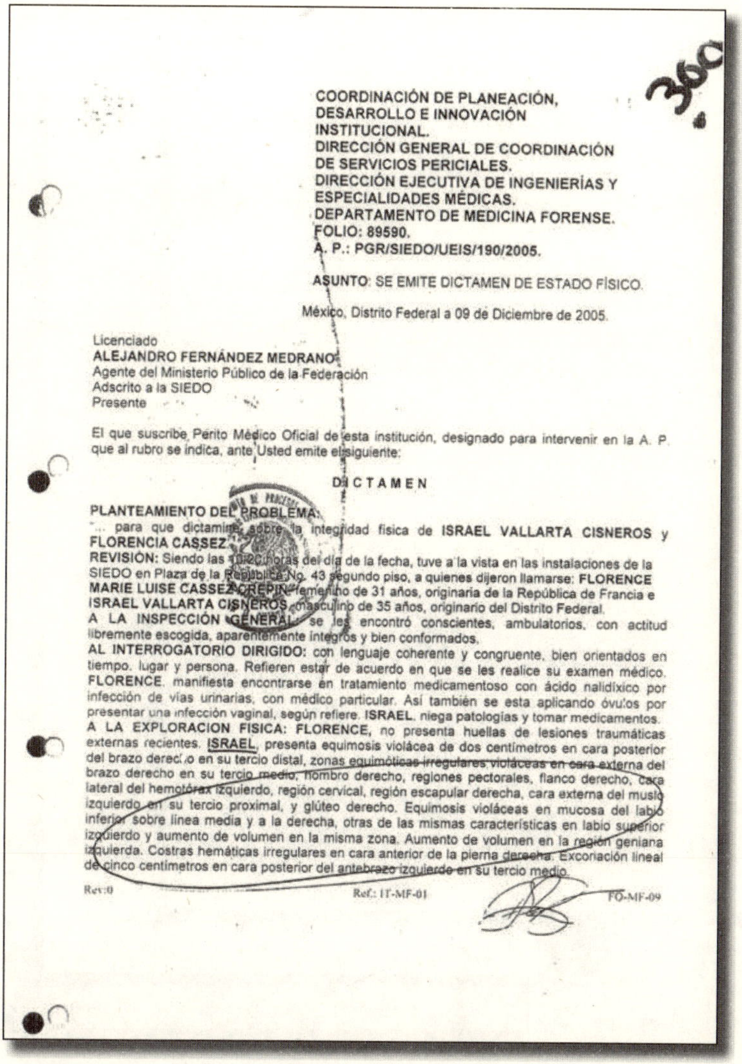

360

COORDINACIÓN DE PLANEACIÓN,
DESARROLLO E INNOVACIÓN
INSTITUCIONAL.
DIRECCIÓN GENERAL DE COORDINACIÓN
DE SERVICIOS PERICIALES.
DIRECCIÓN EJECUTIVA DE INGENIERÍAS Y
ESPECIALIDADES MÉDICAS.
DEPARTAMENTO DE MEDICINA FORENSE.
FOLIO: 89590.
A. P.: PGR/SIEDO/UEIS/190/2005.

ASUNTO: SE EMITE DICTAMEN DE ESTADO FÍSICO.

México, Distrito Federal a 09 de Diciembre de 2005.

Licenciado
ALEJANDRO FERNÁNDEZ MEDRANO
Agente del Ministerio Público de la Federación
Adscrito a la SIEDO
Presente

El que suscribe Perito Médico Oficial de esta institución, designado para intervenir en la A. P. que al rubro se indica, ante Usted emite el siguiente:

DICTAMEN

PLANTEAMIENTO DEL PROBLEMA:
"... para que dictamine sobre la integridad fisica de **ISRAEL VALLARTA CISNEROS** y **FLORENCIA CASSEZ**."
REVISIÓN: Siendo las 10:20 horas del día de la fecha, tuve a la vista en las instalaciones de la SIEDO en Plaza de la República No. 43 segundo piso, a quienes dijeron llamarse: **FLORENCE MARIE LUISE CASSEZ CREPIN**, femenino de 31 años, originaria de la República de Francia e **ISRAEL VALLARTA CISNEROS**, masculino de 35 años, originario del Distrito Federal.
A LA INSPECCIÓN GENERAL: se les encontró conscientes, ambulatorios, con actitud libremente escogida, aparentemente integros y bien conformados.
AL INTERROGATORIO DIRIGIDO: con lenguaje coherente y congruente, bien orientados en tiempo, lugar y persona. Refieren estar de acuerdo en que se les realice su examen médico. **FLORENCE**, manifiesta encontrarse en tratamiento medicamentoso con ácido nalidíxico por infección de vías urinarias, con médico particular. Así también se esta aplicando óvulos por presentar una infección vaginal, según refiere. **ISRAEL**, niega patologías y tomar medicamentos.
A LA EXPLORACION FISICA: FLORENCE, no presenta huellas de lesiones traumáticas externas recientes. **ISRAEL**, presenta equimosis violácea de dos centímetros en cara posterior del brazo derecho en su tercio distal, zonas equimóticas irregulares violáceas en cara externa del brazo derecho en su tercio medio, hombro derecho, regiones pectorales, flanco derecho, cara lateral del hemotórax izquierdo, región cervical, región escapular derecha, cara externa del muslo izquierdo en su tercio proximal, y glúteo derecho. Equimosis violáceas en mucosa del labio inferior sobre línea media y a la derecha, otras de las mismas características en labio superior izquierdo y aumento de volumen en la misma zona. Aumento de volumen en la región geniana izquierda. Costras hemáticas irregulares en cara anterior de la pierna derecha. Excoriación lineal de cinco centimetros en cara posterior del antebrazo izquierdo en su tercio medio.

Rev:0 Ref.: IT-MF-01 FO-MF-09

Certificado médico con fecha del 9 de diciembre de 2005 que comprueba los actos de tortura en la persona de Israel Vallarta.

"...presenta equimosis violácea de dos centímetros en cara posterior del brazo derecho en su tercio distal, zonas equimóticas irregulares violáceas en cara externa del brazo derecho en su tercio medio, hombro derecho, regiones pectorales... "

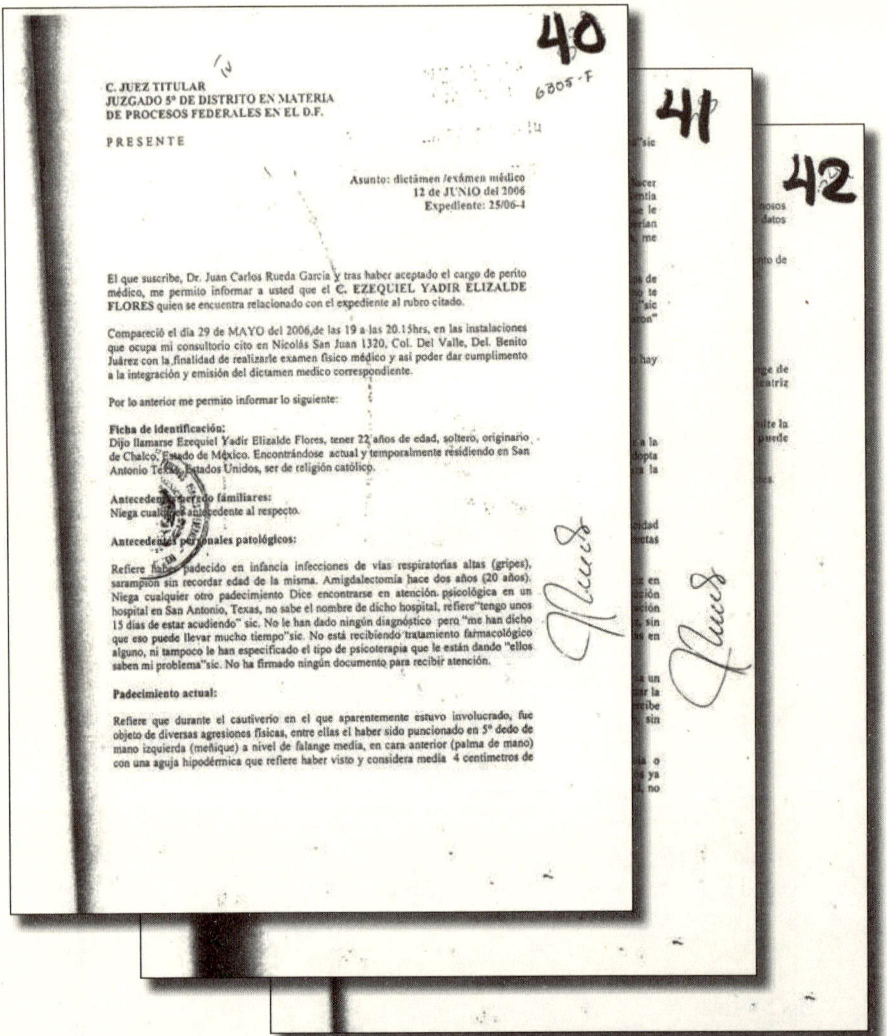

C. JUEZ TITULAR
JUZGADO 5° DE DISTRITO EN MATERIA
DE PROCESOS FEDERALES EN EL D.F.

PRESENTE

Asunto: dictámen /exámen médico
12 de JUNIO del 2006
Expediente: 25/06-4

El que suscribe, Dr. Juan Carlos Rueda García y tras haber aceptado el cargo de perito médico, me permito informar a usted que el **C. EZEQUIEL YADIR ELIZALDE FLORES** quien se encuentra relacionado con el expediente al rubro citado.

Compareció el día 29 de MAYO del 2006,de las 19 a las 20.15hrs, en las instalaciones que ocupa mi consultorio cito en Nicolás San Juan 1320, Col. Del Valle, Del. Benito Juárez con la finalidad de realizarle examen físico médico y así poder dar cumplimento a la integración y emisión del dictamen medico correspondiente.

Por lo anterior me permito informar lo siguiente:

Ficha de identificación:
Dijo llamarse Ezequiel Yadir Elizalde Flores, tener 22 años de edad, soltero, originario de Chalco, Estado de México. Encontrándose actual y temporalmente residiendo en San Antonio Texas, Estados Unidos, ser de religión católico.

Antecedentes heredo fámiliares:
Niega cualquier antecedente al respecto.

Antecedentes personales patológicos:

Refiere haber padecido en infancia infecciones de vías respiratorias altas (gripes), sarampion sin recordar edad de la misma. Amigdalectomía hace dos años (20 años). Niega cualquier otro padecimiento Dice encontrarse en atención psicológica en un hospital en San Antonio, Texas, no sabe el nombre de dicho hospital, refiere"tengo unos 15 días de estar acudiendo" sic. No le han dado ningún diagnóstico pero "me han dicho que eso puede llevar mucho tiempo"sic. No está recibiendo tratamiento farmacológico alguno, ni tampoco le han especificado el tipo de psicoterapia que le están dando "ellos saben mi problema"sic. No ha firmado ningún documento para recibir atención.

Padecimiento actual:

Refiere que durante el cautiverio en el que aparentemente estuvo involucrado, fue objeto de diversas agresiones físicas, entre ellas el haber sido puncionado en 5° dedo de mano izquierda (meñique) a nivel de falange media, en cara anterior (palma de mano) con una aguja hipodérmica que refiere haber visto y considera media 4 centímetros de

Dictamen médico concerniente al meñique izquierdo de Ezequiel Elizarde.
"La característica que presenta en superficie dérmica en quinta falange de mano izquierda, falange media, corresponde a un petequia y no a cicatriz por punción previa". (Conclusión 1)

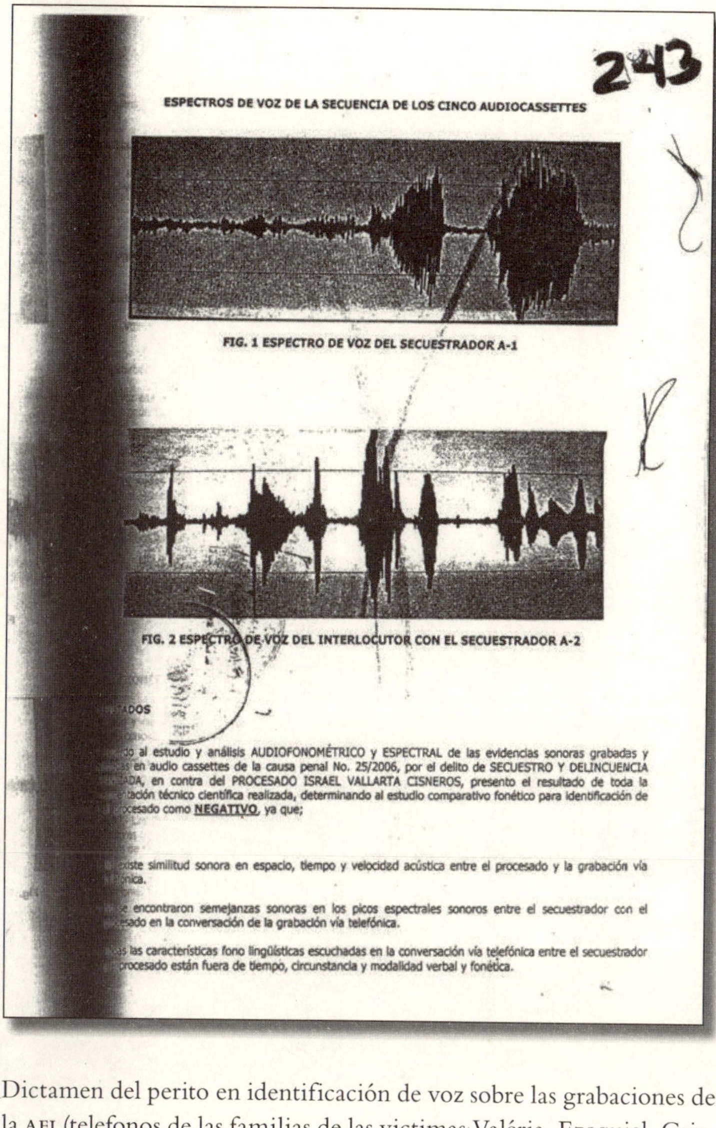

243

ESPECTROS DE VOZ DE LA SECUENCIA DE LOS CINCO AUDIOCASSETTES

FIG. 1 ESPECTRO DE VOZ DEL SECUESTRADOR A-1

FIG. 2 ESPECTRO DE VOZ DEL INTERLOCUTOR CON EL SECUESTRADOR A-2

...ADOS

...do al estudio y análisis AUDIOFONOMÉTRICO y ESPECTRAL de las evidencias sonoras grabadas y ...s en audio cassettes de la causa penal No. 25/2006, por el delito de SECUESTRO Y DELINCUENCIA ...ADA, en contra del PROCESADO ISRAEL VALLARTA CISNEROS, presento el resultado de toda la ...tación técnico científica realizada, determinando al estudio comparativo fonético para identificación de ...ocesado como **NEGATIVO**, ya que;

...xiste similitud sonora en espacio, tiempo y velocidad acústica entre el procesado y la grabación vía ...ónica.

...e encontraron semejanzas sonoras en los picos espectrales sonoros entre el secuestrador con el ...esado en la conversación de la grabación vía telefónica.

...s las características fono lingüísticas escuchadas en la conversación vía telefónica entre el secuestrador ... procesado están fuera de tiempo, circunstancia y modalidad verbal y fonética.

Dictamen del perito en identificación de voz sobre las grabaciones de la AFI (telefonos de las familias de las victimas Valéria, Ezequiel, Cristina) en relación con la voz de Israel Vallarta.

"No existe semejanza sonora ni fonética del hoy procesado con las grabaciones de las conversaciones telefónicas grabadas (sic) en los audiocasettes." (Conclusión final)

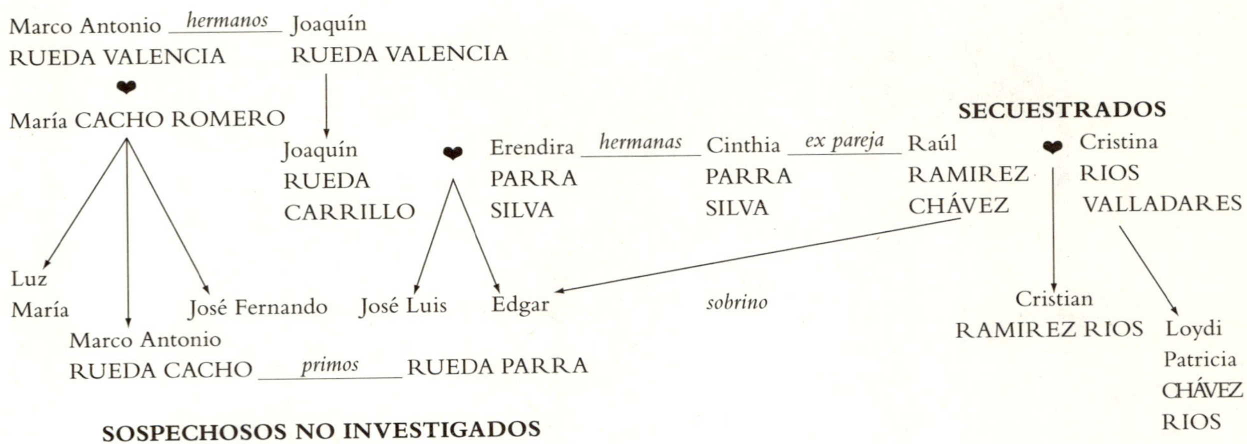

SOSPECHOSOS NO INVESTIGADOS

Indicios sobre José Fernando RUEDA CACHO (orden de aprensión cancelada, no citado a comparecer, desaparece del expediente)

—Es familia de Raúl, Cristina y Cristian

—Valeria reconoce su foto y la de su hermano Marco Antonio

—Andrés Miguel Figueroa Torres lo sospecha de haber secuestrado y matado a su hermano Ignacio Abel, dice que hay mucha gente secuestrada en el entorno directo de los Rueda Cacho, y dice que José Fernando presume de tener amigos en la AFI.

—Alejandro Mejía Guevara deja empeñado el Volvo utilizado en el secuestro de Valeria Cheja a los Rueda Cacho, estos lo tienen en su casa desde principios de noviembre 2005 hasta enero 2006, cuando lo incauta la policía. Andrés Miguel lo vio.

—Los AFIs afirman haberlo visto con Israel Vallarta en la puerta de su casa con su hermano el 4 de diciembre

—Florence Cassez afirma que un policía le contó que los Rueda Cacho estaban protegidos

Indicios sobre Edgar RUEDA PARRA (no investigado, no citado a comparecer, ausente en el expediente salvo en testimonios rehenes)

—Cristina y Cristian lo identifican como uno de sus secuestradores, Loydi confirma estas sospechas

Árbol genealógico de la familia de Cristina Ríos, que explica los vínculos de parentesco con Edgar Rueda Parra y los hermanos Rueda Cacho.

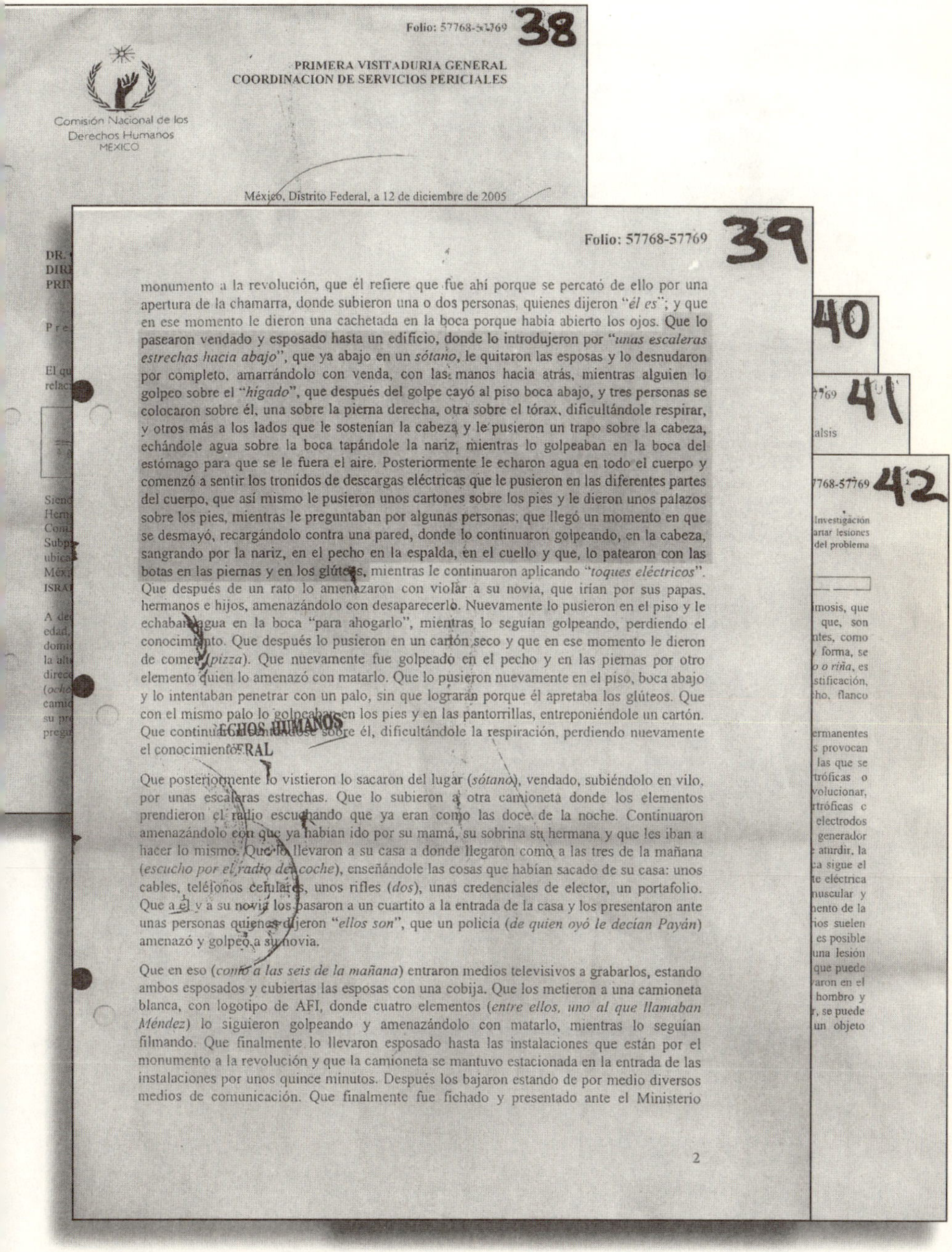
Folio: 57768-57769 38

Comisión Nacional de los Derechos Humanos MEXICO

PRIMERA VISITADURIA GENERAL
COORDINACION DE SERVICIOS PERICIALES

México, Distrito Federal, a 12 de diciembre de 2005

Folio: 57768-57769 39

monumento a la revolución, que él refiere que fue ahí porque se percató de ello por una apertura de la chamarra, donde subieron una o dos personas, quienes dijeron *"él es"*; y que en ese momento le dieron una cachetada en la boca porque había abierto los ojos. Que lo pasearon vendado y esposado hasta un edificio, donde lo introdujeron por *"unas escaleras estrechas hacia abajo"*, que ya abajo en un *sótano*, le quitaron las esposas y lo desnudaron por completo, amarrándolo con venda, con las manos hacia atrás, mientras alguien lo golpeo sobre el *"hígado"*, que después del golpe cayó al piso boca abajo, y tres personas se colocaron sobre él, una sobre la pierna derecha, otra sobre el tórax, dificultándole respirar, y otros más a los lados que le sostenían la cabeza y le pusieron un trapo sobre la cabeza, echándole agua sobre la boca tapándole la nariz, mientras lo golpeaban en la boca del estómago para que se le fuera el aire. Posteriormente le echaron agua en todo el cuerpo y comenzó a sentir los tronidos de descargas eléctricas que le pusieron en las diferentes partes del cuerpo, que así mismo le pusieron unos cartones sobre los pies y le dieron unos palazos sobre los pies, mientras le preguntaban por algunas personas; que llegó un momento en que se desmayó, recargándolo contra una pared, donde lo continuaron golpeando, en la cabeza, sangrando por la nariz, en el pecho en la espalda, en el cuello y que, lo patearon con las botas en las piernas y en los glúteos, mientras le continuaron aplicando *"toques eléctricos"*. Que después de un rato lo amenazaron con violar a su novia, que irían por sus papás, hermanos e hijos, amenazándolo con desaparecerlo. Nuevamente lo pusieron en el piso y le echaban agua en la boca "para ahogarlo", mientras lo seguían golpeando, perdiendo el conocimiento. Que después lo pusieron en un cartón seco y que en ese momento le dieron de comer (*pizza*). Que nuevamente fue golpeado en el pecho y en las piernas por otro elemento quien lo amenazó con matarlo. Que lo pusieron nuevamente en el piso, boca abajo y lo intentaban penetrar con un palo, sin que lograrán porque él apretaba los glúteos. Que con el mismo palo lo golpeaban en los pies y en las pantorrillas, entreponiéndole un cartón. Que continuaron sentándose sobre él, dificultándole la respiración, perdiendo nuevamente el conocimiento.

Que posteriormente lo vistieron lo sacaron del lugar (*sótano*), vendado, subiéndolo en vilo, por unas escaleras estrechas. Que lo subieron a otra camioneta donde los elementos prendieron el radio escuchando que ya eran como las doce de la noche. Continuaron amenazándolo con que ya habían ido por su mamá, su sobrina su hermana y que les iban a hacer lo mismo. Que lo llevaron a su casa a donde llegaron como a las tres de la mañana (*escucho por el radio del coche*), enseñándole las cosas que habían sacado de su casa: unos cables, teléfonos celulares, unos rifles (*dos*), unas credenciales de elector, un portafolio. Que a él y a su novia los pasaron a un cuartito a la entrada de la casa y los presentaron ante unas personas quienes dijeron *"ellos son"*, que un policía (*de quien oyó le decían Payán*) amenazó y golpeó a su novia.

Que en eso (*como a las seis de la mañana*) entraron medios televisivos a grabarlos, estando ambos esposados y cubiertas las esposas con una cobija. Que los metieron a una camioneta blanca, con logotipo de AFI, donde cuatro elementos (*entre ellos, uno al que llamaban Méndez*) lo siguieron golpeando y amenazándolo con matarlo, mientras lo seguían filmando. Que finalmente lo llevaron esposado hasta las instalaciones que están por el monumento a la revolución y que la camioneta se mantuvo estacionada en la entrada de las instalaciones por unos quince minutos. Después los bajaron estando de por medio diversos medios de comunicación. Que finalmente fue fichado y presentado ante el Ministerio

2

Declaración de Israel Vallrta a la CNDH del 12 de diciembre. El perito acredita los toques eléctricos y las lesiones consecuencia de múltiples golpes.

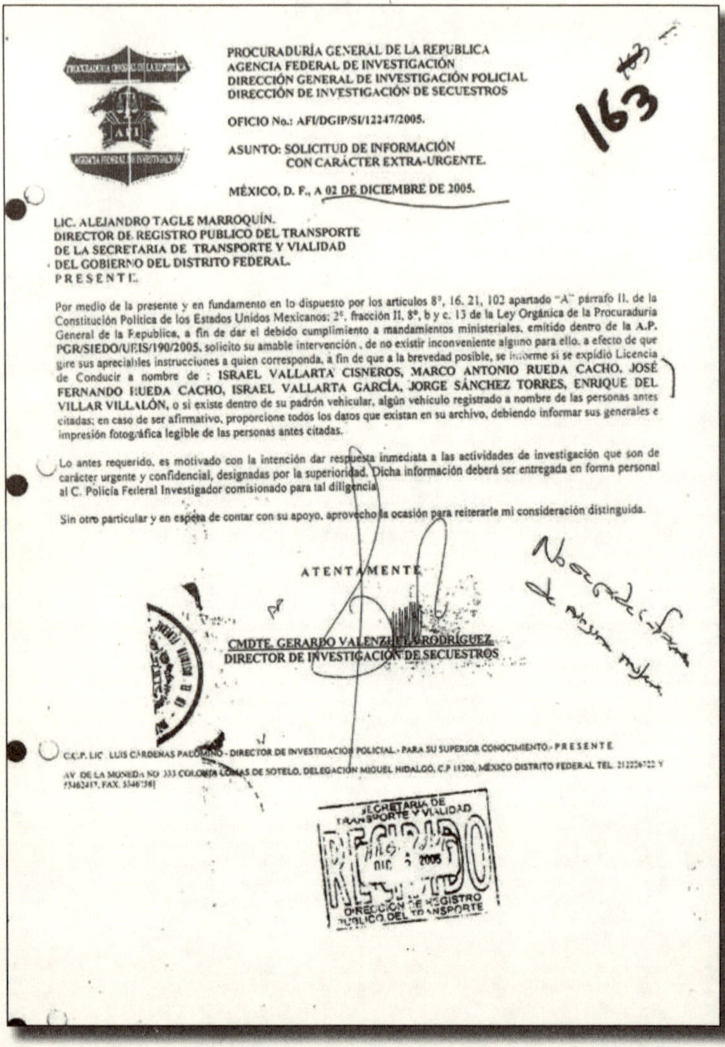

PROCURADURÍA GENERAL DE LA REPUBLICA
AGENCIA FEDERAL DE INVESTIGACIÓN
DIRECCIÓN GENERAL DE INVESTIGACIÓN POLICIAL
DIRECCIÓN DE INVESTIGACIÓN DE SECUESTROS

OFICIO No.: AFI/DGIP/SI/12247/2005.

ASUNTO: SOLICITUD DE INFORMACIÓN CON CARÁCTER EXTRA-URGENTE.

MÉXICO, D. F., A 02 DE DICIEMBRE DE 2005.

LIC. ALEJANDRO TAGLE MARROQUÍN.
DIRECTOR DE REGISTRO PUBLICO DEL TRANSPORTE
DE LA SECRETARIA DE TRANSPORTE Y VIALIDAD
DEL GOBIERNO DEL DISTRITO FEDERAL.
PRESENTE.

Por medio de la presente y en fundamento en lo dispuesto por los articulos 8°, 16. 21, 102 apartado "A" párrafo II. de la Constitución Politica de los Estados Unidos Mexicanos: 2°, fracción II, 8°, b y c. 13 de la Ley Orgánica de la Procuraduria General de la Republica, a fin de dar el debido cumplimiento a mandamientos ministeriales, emitido dentro de la A.P. **PGR/SIEDO/UEIS/190/2005**, solicito su amable intervención, de no existir inconveniente alguno para ello, a efecto de que gire sus apreciables instrucciones a quien corresponda, a fin de que a la brevedad posible, se informe si se expidió Licencia de Conducir a nombre de : **ISRAEL VALLARTA CISNEROS, MARCO ANTONIO RUEDA CACHO, JOSÉ FERNANDO RUEDA CACHO, ISRAEL VALLARTA GARCÍA, JORGE SÁNCHEZ TORRES, ENRIQUE DEL VILLAR VILLALÓN**, o si existe dentro de su padrón vehicular, algún vehiculo registrado a nombre de las personas antes citadas; en caso de ser afirmativo, proporcione todos los datos que existan en su archivo, debiendo informar sus generales e impresión fotográfica legible de las personas antes citadas.

Lo antes requerido, es motivado con la intención dar respuesta inmediata a las actividades de investigación que son de carácter urgente y confidencial, designadas por la superioridad. Dicha información deberá ser entregada en forma personal al C. Policía Federal Investigador comisionado para tal diligencia.

Sin otro particular y en espera de contar con su apoyo, aprovecho la ocasión para reiterarle mi consideración distinguida.

ATENTAMENTE

CMDTE. GERARDO VALENZUELA RODRÍGUEZ.
DIRECTOR DE INVESTIGACIÓN DE SECUESTROS

C.C.P. LIC. LUIS CÁRDENAS PALOMINO - DIRECTOR DE INVESTIGACIÓN POLICIAL - PARA SU SUPERIOR CONOCIMIENTO - PRESENTE

AV. DE LA MONEDA NO 333 COLONIA LOMAS DE SOTELO, DELEGACIÓN MIGUEL HIDALGO, C.P 11200, MÉXICO DISTRITO FEDERAL TEL. 212226722 Y 53462417, FAX. 53467581

SECRETARIA DE TRANSPORTE Y VIALIDAD
RECIBIDO
DIC 5 2005
DIRECCIÓN DE REGISTRO PÚBLICO DEL TRANSPORTE

Documento de la AFI que comprueba que los hermanos Rueda Cacho son señalados en el contexto de la investigación que implica a Israel Vallarta en diciembre de 2005.

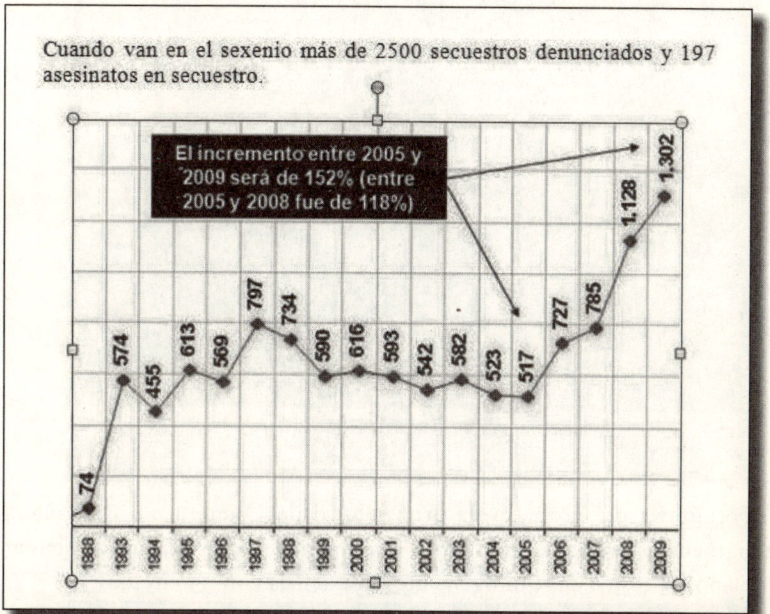

Cifras proporcionadas por el Consejo Ciudadano para la Seguridad y la Justicia Penal, precidida por el abogado José Antonio Ortega.

Fotografía publicada en la prensa local de Querétaro a la mañana siguiente del "día de los discos", donde puede verse a Jacinta en tercer plano. El rostro de la indígena otomí se señala con un círculo.

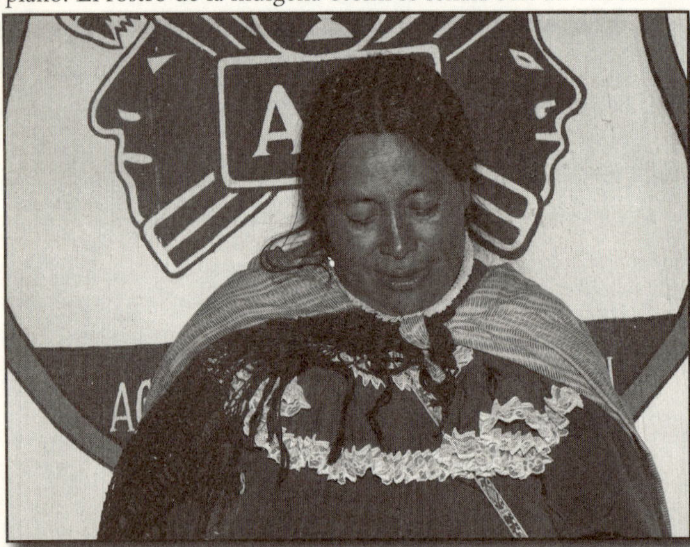

El 3 de agosto de 2006, Jacinta se encuentra en la sala de prensa de la Procuraduría de Querétaro. Creyendo que fue requerida por el problema de "un árbol tumbado". Pese a las indicaciones de los agentes, mantiene la cabeza baja.

Carteles de la campaña para la Liberación de Jacinta.

Cartel de la campaña internacional para la Liberación de los prisioneros de Atenco.

Cartel en memoria de Alexis.

La Jornada

DIRECTORA GENERAL: CARMEN LIRA SAADE
DIRECTOR FUNDADOR: CARLOS PAYAN VELVER

MEXICO, DISTRITO FEDERAL • AÑO 22 • NUMERO 7792 • www.jornada.unam.mx • VIERNES 5 DE MAYO DE 2006

10 PESOS

REPRESION

A las cinco y media de la mañana del jueves se cerró la pinza policiaca sobre San Salvador Atenco. Media hora más tarde se registró el primer enfrentamiento para dejar libre la vía Texcoco-Lechería. En el poblado, la operación se dio por varios flancos; hubo un bombardeo incesante de gases lacrimógenos. En términos generales, los ejidatarios opusieron poca resistencia. De inmediato se desataron una serie de *razzias* y múltiples cateos de viviendas en las que se aprehendía a los moradores. Estos eran brutalmente golpeados y arrastrados en vilo hacia las camionetas oficiales. Según reportes, hasta el momento hay 217 personas encarceladas en los dos días de violencia ■ **Marco Peláez**

■ 3, 5 y 7

LA HIPÓTESIS DE LA SUBVERSIÓN

"Pequeño grupo violento"; "células"; "acción orquestada"; con esas expresiones los gobiernos federal y mexiquense echan mano de la lógica conspirativa para justificar la infinita torpeza, la nula sensibilidad política y la falta de sentido con que han venido actuando en el oriente del estado de México. Ahora las autoridades –acompañadas por su orquesta de fieles medios informativos que medran con el escándalo y la distorsión de las cosas– atribuyen la violencia que se

2

opinión

Atenco: la revancha
LUIS HERNÁNDEZ NAVARRO 18

■ **Tres mil policías en la incursión**

Con saña, la *toma* de Atenco; 110 detenidos más

ROBERTO GARDUÑO, GUSTAVO CASTILLO, RENE RAMON Y JAVIER SALINAS ■ 3 y 5

"Ese pequeño grupo es una afrenta a la sociedad": Fox

■ La operación seguirá hasta que todos los líderes caigan, advierte el gobierno mexiquense

■ 5 y 17

Condenas a la torpeza oficial; hoy, marcha en apoyo de los ejidatarios

■ 12 a 18

La portada del diario *La Jornada* del 5 de mayo: *"Con saña, la toma de Atenco; 110 detenidos más"*.

La Jornada

DIRECTORA GENERAL: CARMEN LIRA SAADE
DIRECTOR FUNDADOR: CARLOS PAYAN VELVER

JUEVES 11 DE MAYO DE 2006
MEXICO, DISTRITO FEDERAL • AÑO 22 • NUMERO 7798 • www.jornada.unam.mx

10 PESOS

VIDEO ACUSADOR

El Centro de Derechos Humanos Miguel Agustín Pro presentó ayer una grabación con entrevistas a tres integrantes de la policía del estado de México que participaron en la operación en San Salvador Atenco, y dieron cuenta de la represión y saqueos por parte de las fuerzas estatales y federales : "Los uniformados entraron a los domicilios apuntando a la gente; las armas las ocultaban en el pantalón o en la camiseta", relataron

■ **"Ibamos armados y Robledo lo sabía", revelan agentes**

Se confirma que policías mataron al joven de Atenco

■ "Golpear todo lo que se moviera, la orden", narran al Centro Pro
■ Permanecerán en prisión 28 detenidos, entre ellos Ignacio del Valle
■ Se procesa a 144 por ataque a vías de comunicación; alcanzan fianza

VICTOR BALLINAS, JESUS RAMIREZ CUEVAS E ISRAEL DAVILA ■ 3 a 20

Aún no hay transformación real en América Latina: *Marcos*

■ Se constituyen gobiernos administrados por la derecha, pero hablados con la izquierda

■ Bolivia, caso aparte; si Evo Morales quiere poder popular deberá mirar hacia abajo

HERMANN BELLINGHAUSEN/ III Y ULTIMO ■ 16

Ordena el IFAI a Fox entregar lista de familiares invitados a giras

■ Aportó datos incompletos; hijos suyos y de Sahagún, entre los acompañantes

■ Pide también difundir relación de celulares que usa la oficina de apoyo de su esposa

KARINA AVILES ■ 28

El cierre de la mina San Martín dispara el precio mundial del cobre

■ Grandes dividendos para Grupo México por las huelgas

JUAN ANTONIO ZUÑIGA Y AGENCIAS ■ 34

opinión

Contrapunto (la LIX Legislatura y las mujeres violadas)
ADOLFO GILLY 18

El Consejo de Derechos Humanos
MIGUEL MARÍN BOSCH 32

La portada del diario La Jornada del 11 de mayo presenta una imagen tomada del video de los tres policías que participaron en el operativo Rescate. *"Se confirma que policías mataron al joven de Atenco"*.

Documentación

Florence Cassez

Bibliografía

Huesos en el desierto, Sergio González Rodríguez, Editorial Anagrama, 2006.
"La alfombra roja, el imperio del narcotráfico", El Periódico de Catalunya, Juan Villoro, 1 de febrero de 2009.
El Secuestro en México, José Antonio Ortega, Planeta, 2008.
Los cómplices del presidente, Anabel Hernández, Grijalbo, 2008.
Fin de fiesta en Los Pinos, Anabel Hernández, Grijalbo, 2007.
La familia presidencial, Anabel Hernández y Arelí Quintero, Grijalbo, 2005.

Informes

"Informe anual 2009 sobre México", Reporteros sin fronteras, 2009.
"México: leyes sin justicia", informe de Amnistía Internacional, 2007.
"México: muertes intolerables", informe de Amnistía Internacional, 2003.

Sitios web

http://www.florence-inocente.com
http://www.liberezflorencecassez.com
United Artists for Florence Cassez,
http://www.myspace.com/uaforflorencecassez
Sitio de apoyo: http://www.cassez.com/Florence/
Portada.html

Sitio del Consejo Ciudadano para la Seguridad y la Justicia Penal, AC, presidido por José Antonio Ortega:
http://www.seguridadjusticiaypaz.org/
Sitio de la campaña permanente en pro de los medios mexicanos:
http://www.libertad-expresion.org.mx
Sitio de la revista *Proceso*: http://www.proceso.com.mx/
Sitio de *Reporte Índigo* (colaboraciones de Anabel Hernández):
http://www.reportebrainmedia.com/
Denise Maerker: Existen numerosos videos disponibles en el sitio *You Tube.*

Filmes

Man on Fire (Hombre en llamas), Tony Scott (director), 2003
Conejo en la luna, Jorge Ramírez Suárez (director), 2004
Florence Cassez, Cuatro años sin luz, Michel Fenollar, 2009 (Québec)

Jacinta

Informes

"Injusticia e impunidad: los desafíos de la justicia penal en México", informe de Amnistía Internacional, 2007.
"México: violencia contra las mujeres", informe de Amnistía Internacional, 2006.
"México: leyes sin justicia", informe de Amnistía Internacional, 2007.

Sitios

Centro de Derechos Humanos Miguel Agustín Pro Juárez: http://centroprodh.org.mx/

Sitio de Lydia Cacho: http://www.lydiacacho.net/
Las columnas de Ricardo Rocha, Lydia Cacho y Denise Maerker en *El Universal*: http://www.eluniversal.com.mx/columnas

Videos

Masacre de Acteal, reportaje de Ricardo Rocha:
http://www.youtube.com/watch?v=J5MLFdTBa9w
Estela, en el foro del programa de Carmen Aristegui:
http://www.youtube.com/watch?v=EWhee9Hygz0&feature=related

Ignacio y los otros…

Informes

"Atenco. Estado de derecho a la medida", informe del Centro Miguel Agustín Pro Juárez, AC.
"Répression policière et violence de genre au Mexique, le cas de San Salvador Atenco" (Represión policiaca y violencia de género en México, el caso de San salvador Atenco), Marie-Ève Filteau, Éditions de l'université du Québec à Montréal.

Informe de observación de la Comisión Internacional de Derechos Humanos para Atenco: http://cciodh.pangea.org

Sitios

Campaña Libertad y justicia para Atenco: http://www.atencolibertadyjusticia.com
Blog del FPDT: http://atencofpdt.blogspot.com
Sitio de la otra campaña: http://enlacezapatista.ezln.org.mx

Sitio de la radio Insurgente (EZLN): http://www.radioinsurgente.org/index.php

Informe de la CNDH: http://www.cndh.org.mx/lacndh/informes/espec/recAtenco/atenco.htm

Videos

¡Tierra si! ¡Aviones no! (Land Yes! Airplanes No!), Greg Berger, 2003

Descargable en http://salonchingon.com/cinema

Atenco, Romper el cerco, documental del Canal 6 de Julio, 2006. Descargable en http://salonchingon.com/cinema

Videos de la CCIODH:

Descargable en http://cciodh.pangea.org/?q=es/taxonomy_menu/3/79

Videos sobre las mujeres, del Centro Prodh:

Descargables en http://www.youtube.com/user/

AGRADECIMIENTOS

Sin citar sus nombres por razones de seguridad, los autores agradecen a todas las personas que de una u otra forma han hecho posible esta obra. Vaya su gratitud, muy especialmente, a sus colegas mexicanos y franceses por su ayuda invaluable y el valor que demuestran en el ejercicio diario de su trabajo como periodistas. Gracias en particular a las revistas electrónicas *Reporte Índigo* y Narconews.com por su existencia.

De parte de Alain Devalpo:

Gracias a Yvon Le Bot por el interés prestado a este manuscrito.
Gracias a Sophie por su relectura luminosa.

De parte de Anne Vigna:

Mi gratitud especial al plantón de Santiaguito, a los voluntarios de la Comisión Internacional de Observación para Atenco, al Centro Prodh, a los abnegados abogados, a Bárbara Italia. Un emocionado reconocimiento por su confianza a todos los prisioneros y prisioneras así como a sus familias con quienes coincidimos en el transcurso de la investigación. Gracias a Philippe Ollé Laprune por esta edición. Un fuerte abrazo a mi familia francesa y mexicana por su apoyo y energía.

Fábrica de culpables
de Anne Vigna y Alain Devalpo
se terminó de imprimir en **Marzo** 2010 en
Drokerz Impresiones de México S.A. de C.V.
Venado Nº 104, Col. Los Olivos
C.P. 13210, México, D. F.